W0189460

RICHARDI/SCHUMANN
Geheimakte Gerlich/Bell

HANS-GÜNTER RICHARDI
KLAUS SCHUMANN

Geheimakte Gerlich / Bell

Röhms Pläne für ein
Reich ohne Hitler

W. Ludwig Verlag

Die Verfasser widmen das Buch Amalie Breit,
der Sekretärin von Dr. Fritz Gerlich,
und Hildegard Huber, der Braut von Georg Bell.
Damit wollen sie die Tapferkeit würdigen,
die beide Frauen in schwerer Zeit bewiesen haben.

Umschlaggestaltung: Wolfgang Lauter, München,
unter Verwendung eines Fotos
aus dem Bilderdienst Süddeutscher Verlag

© 1993 W. Ludwig Buchverlag in der Südwest Verlag GmbH & Co. KG,
München
Alle Rechte vorbehalten. Printed in Germany
Satz: OK Satz GmbH, Dachau
Druck und Bindearbeiten: Kösel, Kempten

ISBN 3-7787-2135-6

INHALT

Vorwort

Im Jahre 1930 befindet sich Hitlers SA in einer schweren Krise. Die Berliner SA revoltiert. Im Vertrauen auf Röhms Fähigkeit, die Ruhe in der SA wiederherzustellen, ruft Hitler den alten Kampfgefährten aus Bolivien zurück und überträgt ihm Ende 1930 wieder die Führung der Organisation. Dieser macht die SA zu einem Machtfaktor in Deutschland.

Röhm geht so weit, daß er sogar versucht, die Macht ohne Hitler zu erlangen. Das belegen bisher unentdeckte Dokumente, die in diesem Buch zum erstenmal vorgelegt werden. Im Mittelpunkt des Geschehens stehen neben Röhm zwei von der Forschung bislang wenig beachtete Männer: Der eine ist der konservative Publizist und Journalist Dr. Fritz Gerlich, ein kompromißloser Gegner der Nationalsozialisten und Adolf Hitlers, den er seit 1931 mit seiner Wochenzeitung *Illustrierter Sonntag*, später *Der gerade Weg* genannt, bekämpft.

Der andere ist Georg Bell, ein international bekannter Nachrichtenmann, dessen Verbindungen zu englischen und französischen Wirtschaftskreisen der Stabschef der SA für seine Pläne nutzen will. Röhm plant ein Zusammengehen mit England.

Im Auftrag von Röhm sucht Bell im Ausland mit Erfolg nach Geldgebern, die bereit sind, den weiteren Aufbau der SA zu finanzieren. Unter ihnen befindet sich der Erdölmagnat Sir Henry Deterding, der die niederländische »Royal Dutch Petroleum Company« mit der britischen »Shell Company« zum mächtigen Konzern der *Royal Dutch/Shell-Gruppe* zusammengeschlossen hat. Röhm ist bereit, Deterding nach der Machtübernahme eine Vormachtstellung auf dem deutschen Ölmarkt einzuräumen. Bedingung für Röhm ist, daß er sich allein an die Spitze der NSDAP stellt und Hitler verdrängt.

Diese Vorgänge wären vermutlich weiter im Dunkeln geblieben, wenn nicht der Gesellschafter des Süddeutschen Verlages in München, Dr. Alfred Schwingenstein, die beiden Verfasser damit beauftragt hätte, das Leben von Fritz Gerlich zu dokumentieren. Schnell zeigte sich bei den Recherchen, daß eine Biographie über den streitbaren Publizisten ohne eine Berücksichtigung der Person von Georg Bell nicht zu schreiben ist. So widmete sich Hans-Günter Richardi bei seinen Nachforschungen völlig der Lebensgeschichte des Nachrichtenmannes, während Klaus Schumann seine ganze Aufmerksamkeit Fritz Gerlich zuwandte.

Mit Georg Bell war schließlich auch der Schlüssel zu den sensationellen Dokumenten gefunden, die, wohlverwahrt in den verschiedensten Archiven im In- und Ausland, Röhms geplanten Alleingang ohne Hitler bis in alle Einzelheiten belegen. Die genauen Nachforschungen lohnten sich in jeder Hinsicht. Sogar das Grab von Bell wurde noch gefunden und auch seine Braut, Hildegard Huber, die zunächst unbekannt war, in Krottenmühl am Simssee ausfindig gemacht. Sie bestätigte, was die Akten bereits verraten hatten.

In monatelanger Arbeit gelang es außerdem, die letzten Stunden von Gerlich und Bell zu erforschen und mit zum größten Teil noch nie veröffentlichten Unterlagen zu dokumentieren. Beide Männer zählten zu den ersten Opfern der Nationalsozialisten in Bayern nach deren Staatsstreich in München am 9. März 1933. Für sie gab es keine Rettung mehr, weil ihr Wissen den neuen Machthabern gefährlich werden konnte. Neben der Dokumentation von Röhms heimlichen Machtbestrebungen war es auch die Absicht der Verfasser, Dr. Fritz Gerlich, der als einer der ersten Widerstandskämpfer gegen Hitler heute leider fast vergessen ist, den Platz in der Geschichte zu sichern, der ihm als Kämpfer für Recht, Freiheit und Wahrheit zusteht.

Das vorliegende Buch diente als Grundlage für eine Serie in der *Süddeutschen Zeitung*, die im Frühjahr 1993 zum 60. Jahrestag der nationalsozialistischen Machtergreifung in Bayern erschien. Außerdem basiert auf dem Werk die Fernsehdokumentation, die Henric L. Wuermeling unter demselben Titel für den Bayerischen Rundfunk und für den ORF (»Oesterreichischer Rundfunk und Fernsehen«) gestaltet hat. Der Film, der im März

1993 ausgestrahlt wurde, war das erste Projekt, das die SZ und der BR gemeinsam realisierten.

Besonders zu danken haben die Autoren Herbert Exenberger und Hans Landauer vom Dokumentationsarchiv des österreichischen Widerstandes und dem Österreichischen Staatsarchiv in Wien, dem Berlin Document Center, hier vor allem Renate Wolf und Heinz Fehlauer, dem Bundesarchiv in Koblenz, der Generaldirektion der Staatlichen Archive Bayerns, namentlich dem Bayerischen Hauptstaatsarchiv und dem Staatsarchiv Nürnberg, dem Institut für Zeitgeschichte in München, dem Archiv des Erzbistums München und Freising, hier besonders Dr. Sigmund Benker, Dr. Richard Bauer vom Stadtarchiv München und der Monacensia- und Handschriftensammlung in München, ferner Amalie Breit und Hildegard Wieland, Professor Dr. Albert Aschl, Dr. Johannes Steiner, Gabriele Siegmund, Sekretärin im *Geraden Weg*, Dr. Otto Gritschneder, Dr. Hans Heiss, Georg Fürst von Waldburg zu Zeil sowie dem früheren Kammerdiener des Fürsten Erich von Waldburg zu Zeil, Dominikus Beck, und seinem Sohn Rudolf Beck (Fürstlich Waldburg Zeil'sches Gesamtarchiv), Oswald Graf Strachwitz Hamilton und seinen Schwestern Maria Antonia Fürstin von Hanau-Schaumburg und Elisabeth Gräfin Fries von Friesenberg, dem früheren Oberbürgermeister von Eichstätt, Dr. Hans Hutter, den Kapuzinerklöstern Eichstätt und München, Margarete Berger und Ferdinand Neumann, dem Bruder von Therese Neumann. Sie alle haben die Verfasser großzügig unterstützt und so zum Gelingen des Werks beigetragen.

Nicht zuletzt danken die Autoren ihrem Verleger Dr. Alfred Schwingenstein, der sie für die Forschungsarbeit monatelang von ihrer reaktionellen Tätigkeit freigestellt hat. Er gab nicht nur den Anstoß zu dieser Dokumentation, sondern ermöglichte auch, daß mit ihr zwei Männern, denen es nicht an Mut gefehlt hatte, Hitler in den Weg zu treten, nun ein längst verdientes Denkmal gesetzt worden ist: Dr. Fritz Gerlich und Georg Bell.

München, 12. Januar 1993   *Hans-Günter Richardi*
                                             Klaus Schumann

I.

DER KAMPF GEGEN DIE TYRANNEI

»Heute nacht habe ich in München noch herrlich im Gemeinde-
asyl geschlafen. Wie gut das Essen und wie sauber in diesen Ge-
bäuden das Schlafen ist, kann man fast nicht glauben.«[1] Noch ist
der Mann, der diese Zeilen am 14. September 1931 in sein Tagebuch schreibt, ein unbekannter Wanderbursche. Anderthalb
Jahre später aber kennt ihn die ganze Welt. Sein Name lautet
Marinus van der Lubbe.

Als Arbeitsloser trampt der Maurergeselle aus Leiden mit
vier Gulden in der Tasche im Herbst 1931 durch Deutschland.[2]
Das Ziel der Reise, das sich der holländische Rätekommunist
gesteckt hat, sind die Sowjetunion und China. Als er jedoch am
23. Oktober von einem Mitreisenden auf einem Boot vor Belgrad
erfährt, daß, wie er schreibt, »zwischen China und Japan um die
Mandschurei der Krieg ausgebrochen sei«[3], kehrt er um. Das
niederländische Konsulat in Budapest bezahlt ihm die Heim-
fahrt nach Leiden.

Politik der »nationalen Konzentration«

Im Februar 1933 bricht der Arbeiterjunge, der an Augentuber-
kulose leidet und weiß, daß er erblinden wird, zu seiner letzten
Reise auf.[4] Ihn treibt die Unruhe über die politische Entwicklung in Deutschland, wo Adolf Hitler am 30. Januar zum Reichskanzler ernannt worden ist, nach Berlin. Van der Lubbe sieht,
wie er später aussagt, in der Politik der »nationalen Konzentration«, zu der sich die Deutschnationale Volkspartei (DNVP), der
Bund der Frontsoldaten, »Stahlhelm«, und die Nationalsozialistische Deutsche Arbeiterpartei (NSDAP) zusammengeschlossen haben, zwei Gefahren: »1. werden die Arbeiter unterdrückt,
und 2. wird sich die nationale Konzentration niemals von den

anderen Staaten ducken lassen, so daß es schließlich doch zum Krieg kommen wird.«[5]

In Berlin trifft der Niederländer aber keinen Arbeiter, der bereit wäre, gegen die politische Entwicklung aufzubegehren. Und so kommt er selbst zu einem Entschluß mit verhängnisvollen Folgen. »Meine Meinung war«, gesteht er nach seiner Tat, »daß unbedingt etwas geschehen müßte, um gegen dieses System zu protestieren. Da nun die Arbeiter nichts unternehmen wollten, wollte ich eben etwas tun. Für ein geeignetes Mittel hielt ich irgendeine Brandstiftung.«[6] So legt er Feuer am Wohlfahrtsamt in Neukölln, am Roten Rathaus und am Berliner Schloß, ohne jedoch eine nennnswerte Wirkung zu erzielen. »Da diese drei Brände«, berichtet er weiter, »nun nicht funktioniert haben, also der Protest nicht zustande gekommen war, habe ich den Reichstag gewählt, weil das ein Zentralpunkt des Systems ist.«[7]

Diesmal gelingt ihm der Anschlag, und am Rosenmontag, dem 27. Februar, schlagen nach 21 Uhr aus dem Gebäude des Reichstags die ersten Flammen.[8] Sie werden, anders als es sich Marinus van der Lubbe gedacht hat, zum Fanal für eine Welle der Gewalt und der Verfolgung, die alle Linksparteien, vor allem die Kommunisten, erfaßt und die demokratischen Grundrechte mit sich reißt. Die Nationalsozialisten machen sich die Brandstiftung mit einer solchen Eile zunutze, daß bald das Gerücht aufkommt, sie seien es in Wirklichkeit selbst gewesen, die das Feuer gelegt hätten. Die Diskussion um die Täter ist auch heute, 60 Jahre nach der Tat, noch nicht verstummt.[9]

Die Errichtung der Polizeidiktatur in Deutschland

Die Waffe, mit der die Reichsregierung unter Hitler ohne Rücksicht auf geltendes Recht gegen ihre Gegner vorgeht, ist schnell gefunden. Bereits am Tag nach der Brandstiftung – es ist Faschingsdienstag, der 28. Februar, – erläßt sie die »Verordnung zum Schutze von Volk und Staat«, auch »Reichstagsbrandverordnung« genannt, durch die, wie Wilhelm Hoegner, von 1925 bis 1929 Mitglied des Bayerischen Landtages und seit 1930 Reichstagsabgeordneter der SPD, später feststellt, »praktisch alle Freiheitsrechte der Verfassung außer Kraft gesetzt«[10] werden. Die Gewaltmaßnahmen, die der Staat über seine Bürger verhängt, sind enorm: »Beschränkungen der persönlichen Freiheit, des Rechtes der freien Meinungsäußerung, einschließlich der Pressefreiheit, des Vereins- und Versammlungsrechtes, Eingriffe in das Brief-, Post-, Telegraphen- und Fernsprechgeheimnis, Anordnungen von Haussuchungen und von Beschlagnahmen sowie Beschränkungen des Eigentums auch außerhalb der sonst hierfür bestimmten gesetzlichen Grenzen« (Paragraph 1 der Verordnung).[11] »Damit«, spricht Hoegner aus, was zur schrecklichen Gewißheit geworden ist, »war die Polizeidiktatur errichtet, der Staatsbürger gegenüber aller Verwaltungswillkür schutzlos geworden.«[12]

Aber auch die Selbständigkeit der Länder im Reich ist bedroht. Ausdrücklich heißt es in der Verordnung, die mit der »Abwehr kommunistischer staatsgefährdender Gewaltakte« begründet wird und die »mit dem Tage der Verkündung« in Kraft tritt: »Werden in einem Lande die zur Wiederherstellung der öffentlichen Sicherheit und Ordnung nötigen Maßnahmen nicht getroffen, so kann die Reichsregierung insoweit die Befugnisse der obersten Landesbehörde vorübergehend wahrnehmen« (Paragraph 2 der Verordnung).[13]

Damit sind der Willkür Tür und Tor geöffnet, und es ist nur noch eine Frage der Zeit, wann auch das letzte Land in Deutschland zwischen Flensburg und Bad Reichenhall dem Willen der Reichsregierung untergeordnet und durch Entsendung eines Staatskommissars aus Berlin gleichgeschaltet ist. Wie umfassend die Macht des Sendboten aus der Reichshauptstadt sein würde, geht aus einer amtlichen Definition dieser Position hervor: »Der Staatskommissar ist befugt, in dem ihm überwiesenen Aufgabenkreis den Minister des Innern zu vertreten und an seiner Stelle die jeweils notwendig erscheinenden Maßnahmen selbständig zu treffen.«

Der bayerische Ministerpräsident Dr. Heinrich Held (rechts) mit Franz von Papen im Jahre 1932 bei einem Besuch im oberbayerischen Kloster Andechs.

Die Entwicklung in Berlin erfüllt den bayerischen Minister-präsidenten Dr. Heinrich Held, der einem nur geschäftsführen-den Kabinett der Bayerischen Volkspartei (BVP) ohne Mehrheit im Landtag vorsteht, mit Sorge. Bevor noch am Rosenmontag die Flammen aus der Kuppel des Reichstagsgebäudes in Berlin schlagen und Adolf Hitler zusammen mit seinem Reichsinnen-minister Dr. Wilhelm Frick die Brandstiftung zum Anlaß nimmt, die seit langem herbeigesehnte Jagd auf die Kommunisten zu eröffnen, veröffentlichen die *Münchner Neuesten Nachrichten* (MNN) am Samstag, dem 25. Februar 1933, Worte aus einer Rede des Ministerpräsidenten in Speyer, die von Helds Weit-blick zeugen. »Ich«, so erklärt er, der die deutsche Katastrophe voraussieht, »sage es heute zur Warnung: Wer in Deutschland den Zentralstaat aufbaut, der gibt erst die Grundlage für eine deutsche Diktatur, und wer die Grundlage für eine Diktatur gibt, der gibt die Grundlage für den deutschen Untergang so-

14

wohl des Geistes wie des Bestandes des deutschen Volkes in einer Nation.«[14]

»Wer die deutsche Freiheit mit Füßen tritt,
der zerstört Deutschland!«

Die Sorge vor Eingriffen Berlins in die Länderhoheit ist schon damals nicht unbegründet gewesen. Nach der Amtsenthebung des preußischen Ministerpräsidenten Otto Braun und des Innenministers Carl Severing am 20. Juli 1932 durch den damaligen Reichskanzler Franz von Papen, den eine Notverordnung Hindenburgs zum »Reichskommissar für das Land Preußen« bestellte, und nach der Auflösung des Preußischen Landtags am 6. Februar 1933, die aufgrund der von Hindenburg erlassenen »Verordnung zur Herstellung geordneter Regierungsverhältnisse in Preußen« erfolgte, war das Mißtrauen gegen die Reichsregierung in den Ländern weiter gewachsen. Und deshalb ist es verständlich, wenn der Vorsitzende der BVP, Staatsrat Fritz Schäffer, am Sonntag, dem 19. Februar, auf Versammlungen in Wolfratshausen und in Bad Aibling deutliche Töne anschlägt, die seine Entschlossenheit zum Kampf gegen eine Bevormundung aus Berlin zum Ausdruck bringen. Für ihn ist die Mainlinie, die in den innenpolitischen Auseinandersetzungen bald zum Schlagwort wird, eine unantastbare Grenze. So erklärt er, wie den MNN zu entnehmen ist, »er habe in Berlin nicht verhehlt, daß die Bevölkerung einen Reichskommissar, der nach Bayern entsandt würde, an der Grenze verhaftet werde.«[15] Deswegen empfehle er der Reichsregierung nicht, einen Kommissar ins Land zu schicken.

Kampfbereit gibt sich auch Held in einer Wahlkundgebung, die der Kreisverband München der Bayerischen Volkspartei am Abend des 21. Februar für die von Hitler erzwungene Reichstagswahl am 5. März unter der Devise »Freiheit für Volk, Heimat und Glaube!« im überfüllten Saal des »Hotels Union« veranstaltet. »Wir werden«, warnt er mit erhobener Stimme, »in

Nicht immer stand die SA, wie es hier scheint, geschlossen hinter Hitler, was dieser bereits vor der »Machtergreifung« zu spüren bekam. Auf dem Bild schreitet er, gefolgt von Röhm, eine Front von SA-Standarten ab.

Bayern auf Versuche gerüstet sein müssen, uns eines schönen Tages über den Haufen zu rennen und die Herrschaft an sich zu reißen.«[16] Stürmischer Beifall brandet auf, als er fortfährt: »Sie dürfen aber überzeugt sein, daß uns nicht noch einmal das Schauspiel wird, das wir in München schon einmal erlebt

16

haben.« Nachdem er mit dieser Bemerkung auf die Räterepublik im Frühjahr 1919 in Bayern angespielt hat, erklärt er: »Der Großteil des deutschen Volkes wird heute dem am dankbarsten sein, der den Mut besitzt, jedermann gegenüber das Recht zur Geltung zu bringen und die öffentliche Ordnung und Sicherheit aufrechtzuerhalten.« Und an die Adresse der neuen Machthaber in Berlin gerichtet, meint er: »Wer die deutsche Freiheit mit Füßen tritt, der zerstört Deutschland!«

Die Entschlossenheit der Bayern, sich dem Druck der Reichsregierung zu entziehen, bleibt dem Reichsinnenminister nicht verborgen. Frick reagiert darauf seinerseits mit einer Kampfansage, die er am 23. Februar auf einer Wahlkundgebung der NSDAP in Hamburg an die Länder, vor allem an Bayern, richtet. »Wir haben nun«, sagt er, »die Tatsache zu verzeichnen, daß gewisse Länderregierungen den Sinn der neuen Zeit noch nicht recht erfaßt haben und der Politik der Reichsregierung Widerstand leisten. Das ist sowohl in süd- als auch in norddeutschen Ländern der Fall. Ich als Reichsinnenminister möchte diese Länder warnen, auf diesem gefährlichen Pfade weiterzuwandeln. Für die Reichsregierung gibt es keine Mainlinie. Sie ist vielmehr entschlossen, auch südlich des Main ihre Autorität durchzusetzen.«[17] Drohend fügt er hinzu: »Die Reichsregierung wird die Entwicklung in Ländern, die noch eine Regierung haben, die nicht in der Richtung der Reichsregierung liegt, mit besonderer Aufmerksamkeit verfolgen und, wenn Anlaß besteht, rücksichtslos durchgreifen.« Offen erklärt der Nationalsozialist hier seine Bereitschaft zur Gewalt.

Seine Skrupellosigkeit wird auch in den folgenden Äußerungen deutlich, die Frick im Blick auf die bevorstehende Reichstagswahl macht: »Auch wenn nicht 51 Prozent des Volkes der Regierung das Vertrauen aussprechen, dann wird sie trotzdem auf ihrem Platz ausharren; denn das steht fest, wenn schon die Nationalsozialisten und ihre Verbündeten nicht diese Mehrheit erzielen, dann wird es noch unmöglicher sein, daß sich auf der anderen Seite eine Mehrheit zusammenfindet. Damit ist aber der Staatsnotstand gegeben, der der Reichsregierung die Vollmacht gibt, am Platz zu bleiben.« Seine Worte gipfeln schließlich in der Feststellung: »Ein Zurück kann es niemals mehr geben.«

Ähnliches erklärte Frick bereits am 19. Februar in einer national-sozialistischen Wahlkundgebung, die in Dresden stattfand: »Sollte die Wahl keine Mehrheit der Regierung bringen, so wird dennoch das Rettungswerk am deutschen Volke unbeirrt fort-gesetzt werden. Wir sind nicht gewillt, das Feld freiwillig zu räumen.«[18]

Die Gegner der Nationalsozialisten denken nicht anders. Auch sie sind zum Widerstand bereit und schrecken dabei in Bayern sogar nicht vor einem Griff in die Vergangenheit zurück. So erwacht unter den Monarchisten im Freistaat, die sich zum »Bayerischen Heimat- und Königsbund« (Mitgliederstärke: 70 000 Personen) zusammengeschlossen haben, der Gedanke, im »Land vor den Bergen« das Königtum wiederherzustellen, um Hitler den Weg nach München zu versperren.

Selbst die bayerischen Sozialdemokraten unter ihrem Führer Erhard Auer sehen in der Restauration der Monarchie eine Möglichkeit, den Nationalsozialismus von den Grenzen Bay-erns fernzuhalten. Sie wissen, daß »zur Abwehr der herein-brechenden Lawine Hitlers«, wie der königstreue Publizist Er-wein Freiherr von Aretin, Chef des innenpolitischen Ressorts der MNN, schreibt, »die stärkste Waffe der Sozialdemokratie, der Generalstreik, unbrauchbar«[19] ist. »Denn in der Zeit der katastrophalen Arbeitslosigkeit«, so argumentiert er, sind »für jeden Streikenden zehn Arbeitswillige einzuspringen nur allzu bereit«. Immerhin waren im Jahre 1932 mehr als 75 000 Münch-ner ohne Beschäftigung. Das heißt, daß jeder zehnte Einwohner der Stadt keinen Arbeitsplatz besaß.

»Wie mir später Erhard Auer als mein Zellengenosse in der Polizeidirektion München erzählte«, berichtet Aretin, »waren die Führer der bayerischen Sozialdemokratie gegenüber Hitler einstimmig zur Duldung und Förderung der Monarchie ent-schlossen: gewiß nicht aus Gefühlsduselei, sondern aus der po-litisch klaren Erkenntnis, daß ihre eigene Partei nicht mehr die Macht besaß, das Unglück aufzuhalten, das Hitler hieß.«

Auch die bayerische Staatsregierung verschließt sich nicht dem Gedanken, in der Monarchie Zuflucht zu suchen. Vor allem Staatsrat Fritz Schäffer, der das Finanzministerium verwaltet, sieht darin den »einzigen, vielleicht noch möglichen Weg zur Rettung«. Aber auch Held erwägt diesen Schritt, allerdings nur mit halbem Herzen, wie sich später herausstellt.[20]

So blicken immer mehr Bayern mit letzter Hoffnung auf den Kronprinzen Rupprecht, den Chef des Hauses Wittelsbach, der von vielen noch als der rechtmäßige König betrachtet wird. Wie groß seine Popularität ist, zeigt sich zur Jahreswende 1932/33, als Professor Paul Nikolaus Cossmann die Januar-Ausgabe seiner bekannten *Süddeutschen Monatshefte* unter dem Titel »König Rupprecht« herausbringt. In wenigen Tagen ist die gesamte Auflage vergriffen.

Im Februar 1933 nimmt in München der Plan feste Konturen an, den Kronprinzen – ebenso wie Jahre zuvor Gustav Ritter von Kahr – zum Generalstaatskommissar zu ernennen. Diesem Schritt steht weder die Reichsverfassung noch die bayerische Landesverfassung entgegen.

Doch zunächst gilt es, mit einer spektakulären Aktion seiner Anhänger die Aufmerksamkeit der Öffentlichkeit auf Rupprecht zu lenken, der in Bayern zurückgezogen auf seinen Gütern lebt. »Diesem Zweck«, berichtet Aretin, »diente eine große Ovation für den Kronprinzen im Staatstheater. Für eine Aufführung der Operette ›Der Vogelhändler‹ am 10. Februar 1933 baute die Regie einen Aktschluß mit einer Huldigung für einen Fürsten aus, der durch eine Flut von weiß-blauen Fahnen zu einem bayerischen Fürsten gestempelt wurde. Der Kronprinz war als Zuschauer im Theater anwesend, und als die genannte Szene kam, begannen einige vorher bestimmte, im Raum verteilte Leute zu klatschen. Aber was nicht vorhergesehen werden konnte: Dieses Klatschen hatte die Wirkung einer Atombombe. Das gesamte Theater sprang von den Sitzen auf, und die jubelnde, tosende Huldigung hielt die ganzen zwanzig Minuten der vorgesehenen Pause zwischen den Akten an. Zwanzig Minuten sind eine sehr lange Zeit!«[21]

Als Bayern von den Nationalsozialisten noch nicht bedroht war, entstand dieses Photo, das den bayerischen Ministerpräsidenten Dr. Heinrich Held (links) im Jahre 1931 mit dem Reichspräsidenten Paul von Hindenburg zeigt. Rechts ist der Sohn des Reichspräsidenten mit Helds Frau zu sehen.

Der Rückzug des Ministerpräsidenten

Doch Ministerpräsident Held schwankt noch. Seine wankelmütige Haltung wird deutlich, als ihn am Montag, dem 20. Februar, eine Delegation aufsucht und bittet, den Kronprinzen noch vor der Reichstagswahl am 5. März 1933 zum Generalstaatskommissar zu ernennen.[22] Held windet sich und erklärt, er werde Rupprecht nicht zum Generalstaatskommissar, sondern gleich zum König ausrufen, wenn Hitler den Main überschreite. Als Held entgegengehalten wird, daß es für diesen Schritt dann zu spät sei, stimmt er dem Vorschlag zu, Rupprechts Berufung am folgenden Tag zu vollziehen.

In gespannter Erwartung der kommenden Dinge versammelt sich am 21. Februar ein kleiner Kreis von Eingeweihten, unter ihnen Eugen Fürst zu Oettingen-Wallerstein, Alfons Freiherr von Redwitz, Joseph Maria Graf Soden-Fraunhofen, Enoch Freiherr von Guttenberg, Erwein Freiherr von Aretin und der

21

MNN-Hauptschriftleiter Fritz Büchner, im Leuchtenbergpalais um Rupprecht. »Die Ausrufung des Kronprinzen zum Generalstaatskommissar«, erinnert sich Aretin, »war für die Mittagsstunde (…) vorgesehen, aber Dr. Helds Entschlußkraft versagte in letzter Stunde!«[23]

Um 11.30 Uhr erscheint der Ministerialrat Paul Freiherr von Stengel und überbringt dem Kronprinzen die Botschaft, daß sich der Ministerpräsident nur dann an die Seite Rupprechts stelle, wenn dieser seine Bedingung erfülle und die amtierende Regierung bestätige. Der Kronprinz geht auf diesen Handel, der an den vom Volk gewünschten Änderungen im staatlichen Leben

Erwein Freiherr von Aretin, der im Jahre 1924 als Leiter des Ressorts Innenpolitik zu den »Münchner Neuesten Nachrichten« kam und dessen aufsehenerregender Bericht über Therese Neumann am 3. August 1927 für Fritz Gerlich der Anlaß war, nach Konnersreuth zu fahren, »um dem Schwindel auf die Spur zu kommen«.

vorbeigegangen wäre, nicht ein und verzichtet auf das Amt. So ist die Proklamation, die in der Setzerei der MNN für die Ausrufung des Kronprinzen zum Generalstaatskommissar vorbereitet worden ist, bereits Makulatur, bevor sie gedruckt worden ist.[24] Auch die Reise, die Fürst zu Oettingen-Wallerstein und Freiherr von Redwitz noch in der Nacht zum 22. Februar nach Berlin antreten, um den Reichspräsidenten Hindenburg dazu zu bewegen, »der entschlußlosen Regierung Held den Rücken zu steifen« (Aretin), ändert daran nichts mehr.[25] Hindenburg, der den Fürsten Oettingen am 24. Februar allein empfängt, kann sich für die Pläne der Bayern nicht erwärmen und warnt vor übereilten Schritten. Damit ist der Versuch, den Nationalsozialismus mit der Krone von Bayern abzuwenden, endgültig gescheitert.

Am selben Freitag, an dem Hindenburg dem Kronprinzen eine Absage erteilt, bereiten die Nationalsozialisten ihrem Führer in München einen triumphalen Empfang.[26] Zum erstenmal seit seiner Ernennung zum Reichskanzler spricht Adolf Hitler in der Stadt seines Aufstiegs wieder vor versammelten Massen. Ort der Veranstaltung ist am Abend des 24. Februar die Halle I im Ausstellungspark auf der Theresienhöhe. In seiner Rede, die ganz auf seine bayerischen Zuhörer zugeschnitten ist, bezeichnet sich Hitler selbst als Bayer, dem erstmals in der deutschen Geschichte das Amt des Reichskanzlers übertragen worden sei. Zugleich macht er deutlich, daß ihn auch eine Mainlinie nicht daran hindern könne, seine politischen Ziele durchzusetzen. Kein Land, so betont er, ohne auf Namen und Parteien einzugehen, habe allein die Kraft, einen »erfolgreichen Schicksalskampf« durchzuführen, wenn es sich nicht »in den großen Rahmen« einfüge. Und Deutschland müsse leben, wenn die Länder leben wollten. Die Länder aber müßten »verkommen«, wenn Deutschland für sie nicht eintrete.

In Anspielung auf seine Partei erklärt Hitler: »Wir sind Kämpfer geworden für des Reiches Größe und Herrlichkeit, ausgehend von München, der bayerischen Stadt. Damit haben wir mehr getan für Bayern als jene, die nur im Kampfe und Haß gegen das andere Deutschland ihre Aufgabe erfüllen. Wenn der eine oder andere meint, eine Mainlinie androhen zu müssen, so können Sie überzeugt sein, daß dahinter niemals Bayern und nicht Süddeutschland, sondern höchstens eine Partei steht. Aus Bayern selbst aber würde ein solches Verbrechen zerbrochen und zerschlagen werden.«[27]

Bedrohungen am Telephon

Diese Worte Hitlers lassen für den Freistaat nichts Gutes erwarten. Dennoch unterschätzt Held weiter die Gefahr, wie sich zeigt, als er am Sonntag, dem 26. Februar, im Schnellzug zufällig den Reichstagsabgeordneten Wilhelm Hoegner trifft, der von einer Versammlung seiner Partei in Traunstein nach München zurückfährt.»Das Gespräch«, berichtet Aretin, den Hoegner über die Begegnung unterrichtet hat,»drehte sich natürlich um die Lage und gerade um die bayerische Monarchie, weil Hoegner zu jenen führenden bayerischen Sozialdemokraten gehörte, die mit klarem staatsmännischem Blick die Lage erkannten und die Monarchie der Hitlerherrschaft vorgezogen hätten. Da fiel von Dr. Held (...) das wunderbare Wort: ›Welche Grundrechte *ich* dem König einräumen werde, das weiß ich heute noch nicht.‹ Hoegner schloß seine Mitteilung an mich mit den Worten: ›Da gab ich es auf, denn Held schien noch nicht gemerkt zu haben, was die Stunde geschlagen hatte.‹ Am Tage nach diesem Gespräch brannte in Berlin der Reichstag ab.«[28]

Am selben Sonntag, als Hoegner das unbefriedigende Gespräch mit Held im D-Zug führt, erscheint in München die Wochenzeitung *Der gerade Weg* mit einem aufsehenerregenden Bericht, der verrät, wie groß die Gefahr für Bayern bereits ist, von den Nationalsozialisten überrannt zu werden.[29]

Der Artikel informiert über geheime Pläne in der SA, nach denen beabsichtigt sei, den Stabschef der SA, Hauptmann Ernst Röhm, zum Generalstaatskommissar für die öffentliche Sicherheit im ganzen Reich zu ernennen, dem neben der SA und der SS nun auch noch die gesamte Polizeimacht unterstellt werden solle.

Über die Überlegungen, die hinter dem Ganzen stehen, heißt es in dem Beitrag:»Um Verfassungsschwierigkeiten, die sich bei der Ernennung von Reichskommissaren für die süddeutschen Länder ergeben würden, auszuweichen, sollen unter dem Generalstaatskommissar Röhm für die einzelnen Bundesländer Untergeneralstaatskommissare ernannt werden, die in jedem einzelnen deutschen Bundesstaat nun ihrerseits die dortigen Polizeistreitkräfte, die SA. und die SS. in einer Hand vereinigen. Die SA. und SS. sollen auf diesem Wege den Charakter der Hilfspolizei verliehen erhalten und als einheitliche Polizeiorganisation die Staatshoheit nach innen vertreten. Der Zweck dieser Organisation soll der sein, alle Elemente, die die jetzige,

Deutschland neuaufbauende Regierung an ihrer Tätigkeit irgendwie zu behindern versuchen, niederzuhalten und auszuschalten. (...)

Auf diese Weise solle den süddeutschen Länderregierungen die Möglichkeit genommen werden, sich bei ihrem Kampfe gegen Reichskommissare nach dem Vorbilde des Landes Preußen auf die Reichsverfassung zu beziehen und möglicherweise mit Erfolg beim Reichsstaatsgerichtshof ein Verfahren anhängig zu machen. Die Maßnahme solle als eine reine Maßnahme zur Wiederherstellung der öffentlichen Sicherheit in Deutschland aufgezogen werden, die heute schwer gefährdet ist, wie die täglichen Totschläge und Morde beweisen.«

Bald jedoch sind die Überlegungen in der SA durch van der Lubbes Verzweiflungstat überholt: Der Reichstagsbrand eröffnet den Nationalsozialisten unversehens einen anderen Weg, die Gleichschaltung der Länder durchzusetzen. Die Notverordnung, die von der Reichsregierung am 28. Februar erlassen wird, »legalisiert« nicht nur die Verfolgung der politischen Gegner, sondern ermöglicht Hitler auch, die Länderregierungen auszuschalten.

An dieser Entwicklung wird deutlich, wie richtig der *Gerade Weg* gehandelt hat, als er sich entschloß, mit den Geheimplänen der SA an die Öffentlichkeit zu treten. Der Schreiber des Enthüllungsartikels, der, wie ausdrücklich betont wird, nur aus »vaterländischer Sorge« veröffentlicht worden ist und der nicht zuletzt in diesen gefährlichen Zeiten auch vom Mut seines Verfassers zeugt, ist kein anderer als der streitbare Herausgeber der Zeitung selbst: Dr. Fritz Gerlich.

Seit Jahren führt der Journalist mit beispielloser Unerschrockenheit in Bayern den Kampf gegen den Nationalsozialismus. Selbst Bedrohungen, denen er immer wieder ausgesetzt ist, können ihn nicht von seinem geraden Weg (daher der Titel der Zeitung!) abbringen, weiter nach der Wahrheit zu suchen und den Lügen der braunen Demagogen entgegenzutreten. Und was er schreibt und bloßlegt, trifft Hitler oft an seinen verwundbarsten Stellen.

Ende der Demokratie? Siehe Seite 3

Der gerade Weg

Deutsche Zeitung für Wahrheit und Recht.

HERAUSGEBER DR. FRITZ GERLICH

NATURRECHTSVERLAG G. M. B. H. MÜNCHEN

Mittwoch-Ausgabe

Nummer 20 · München, 8. März 1933 · 5. Jahrgang

Das Mandat der 52%

Wunsch und Erfahrung – Jugend und Alter

Von 20—32 Jahren: 14 Mill. Wähler

Die Titelseite der letzten Ausgabe der von Fritz Gerlich herausgegebenen Wochenzeitung »Der gerade Weg« vom 8. März 1933.

Wie sehr die Gegner die Feder dieses Mannes fürchten, beweist der Hinweis, den die Schriftleitung des *Geraden Weg* am 1. Februar 1933 ihren Lesern zur Kenntnis bringt: »Ehe uns die Ernennung Hitlers zum Reichskanzler durch die Nachrichtenbüros mitgeteilt wurde, erhielten wir bereits Proben nationalsozialistischer Erziehung zum echten Deutschtum. Man rief die Ehefrau unseres Herausgebers fortwährend telephonisch an und teilte ihr Bedrohungen ihres Mannes mit, wie z.B. man würde ihm heute nacht beim Heimgehen ›die Därm aus-lassen‹.«[30]

Doch auch diese Drohung kann Gerlich nicht daran hindern, seinen Widerstand gegen Hitler fortzusetzen. Denn noch ist Bayern in seinen Augen nicht verloren.

II.

ANWALT DER WAHRHEIT:
FRITZ GERLICH

»Publizist sein heißt, der erkannten Wahrheit zum Siege verhelfen!« Das ist das Motto Dr. Fritz Gerlichs in der Wochenzeitung *Illustrierter Sonntag*[1], später *Der gerade Weg*, und dieser Auffassung bleibt er sein Leben lang verpflichtet – bis in den Tod.

Gerlich will stets der Wahrheit zum Siege verhelfen, er ist geradezu besessen von der Suche nach den Ursachen aller Dinge und fasziniert vom Aufspüren menschlicher Motive bei Entscheidungen in Geschichte und Politik. Beides gehört für ihn untrennbar zusammen. »Wenn er sich auf eine Frage stürzte, mußte man an einen Raben denken, der eine Beute aufhackt«, erinnert sich der Münchner Historiker Karl Alexander von Müller an seine erste Begegnung mit Gerlich.[2]

Das Naturrecht als Maßstab

Gerlich bekennt aber auch: »Ich bin ein Mensch, der nicht nur viel geirrt, sondern bei der Leidenschaft seines Temperaments sicher mehr gefehlt hat als die meisten seiner Zeitgenossen.« Wenn Gerlich seine Meinung ändert, so bleibt doch stets das Naturrecht sein Maßstab. Das Naturrecht ist eigentlich sein Glaubensbekenntnis. Und Gerlich weiß es erklärend, überzeugend und – wenn es sein muß – auch in aller Schärfe zu vertreten.

Fritz Gerlich wächst in eine Zeit, die auf den Ersten Weltkrieg zusteuert, der zwanzig Jahre später zum Zweiten führen wird. Die Hohenzollern haben 1918 zwar den Krieg verloren, aber noch nicht »ausgespielt«. Es zeigt sich, daß die gedemütigte Nation der Deutschen für Vergeltung weit mehr empfänglicher ist als für die Demokratie. Ebenso zeugt die Tatsache, daß nach Friedrich Eberts Tod (1925) das Amt des Reichspräsidenten dem Feldmarschall (und Verlierer des Ersten Weltkriegs!), Paul von Hindenburg, aufgedrängt werden kann, eher vom Bedürfnis nach einer militärisch-väterlichen Leitfigur der Nation als für die politische Reife der Deutschen.

In diesem Irrgarten der Zeit geht Fritz Gerlich seinen geraden Weg als Aufklärer und kompromißloser Gegner der Nationalsozialisten und besonders Adolf Hitlers, und er verläßt ihn auch nicht, als daraus der Kreuzweg eines Märtyrers wird.

Das schwer geprüfte Leben des Karl Albert Fritz Gerlich[3] beginnt in Pommern, wo er am 15. Februar 1883 in Stettin geboren wird. Er ist der älteste von drei Söhnen des Kaufmanns und Fischgroßhändlers Paul Gerlich und seiner Frau Therese, geb. Scholwin.

Gerlich besucht das Stettiner Marienstiftsgymnasium, das als Hort humanistischer Bildung einen sehr guten Ruf besitzt. Er interessiert sich vor allem für Geschichte und für die beschreibenden Naturwissenschaften. Er ist nicht nur neugierig, er will alles stets ganz genau wissen und entwickelt eine weit über den Unterrichtsstoff hinausgehende Lesewut. Am Marienstiftsgymnasium – die Stiftung war eine katholische – gibt es zudem Schülervereine (»Lesevereine« genannt), in denen unter der Leitung eines Oberlehrers (auch Kneipabende werden stillschweigend geduldet) die Debattierkunst gepflegt wird. Der »Advocatus diaboli«, der die Argumente seiner Diskussions-Gegner achtet, aber dann zerpflückt, heißt meistens Gerlich.[4]

Im September 1901 erhält er sein Abiturzeugnis mit der Gesamtnote 2,4 und zieht dann gegen den Willen seiner streng calvinistischen Mutter (der Vater ist inzwischen gestorben) zum Studium an die Alma mater nach München. Im Wintersemester 1901/02 belegt Gerlich Vorlesungen in Mathematik, Physik, Philosophie, Anthropologie und nimmt auch eine Stunde pro Woche an einem »Disputatorium« über theologische Zeitfragen teil.[5]

Sein Blick war gerade, sein Wissen enorm und umfassend, sein Verstand messerscharf: Dr. Fritz Gerlich, der den Demagogen Adolf Hitler und die Nationalsozialisten schon früh durchschaute und kompromißlos bekämpfte. Das Bild zeigt Gerlich um 1930.

Im dritten Semester folgt Gerlich den Wünschen seiner Mutter und geht mit seinem Stettiner Schul- und Studienfreund an die Universität Leipzig. Diese Stadt aber ist für Gerlich kein Ersatz für die Münchner Atmosphäre, wie er Jahrzehnte später seinem Kollegen, Dr. Erwein Freiherr von Aretin, erzählt. Zu Ostern 1902 unternimmt Gerlich mit einem Stettiner Freund eine Reise nach Florenz und kommt tief beeindruckt von der Geschichte und Kultur des Südens zurück. Aretin schreibt:»Für Gerlich, dessen immer rege Vorliebe für Geschichte im berauschenden Anblick jener Städte neu erwacht war, in denen die Steine reden, der zutiefst den Zauber jener Straßen empfunden hatte, auf denen Roms Legionen und die Ritterheere deutscher Kaiser einst gezogen waren, für diesen Gerlich war Leipzig nicht nur ein karger, es war ein unerträglicher Boden.«

Nach wenigen Wochen kehrt Gerlich nach München zurück, gibt die Naturwissenschaften auf und studiert Geschichte und Philosophie mit Beginn des Sommersemesters 1903. Am 9. März 1907 legt Gerlich das Doktorexamen mit der Note *Magna cum laude* an der Philosophischen Fakultät der Universität München ab. Das Thema seiner Dissertation heißt:»Das Testament Heinrichs VI.«[6]

Aus finanziellen Gründen kann Gerlich nie einer studentischen Verbindung beitreten, aber er beteiligt sich so eifrig an Veranstaltungen und Diskussionen der »Freien Münchner Studentenschaft«, daß er bald zum 1. Vorsitzenden gewählt wird. Die Freie Studentenschaft hat in München etwa 3000 Mitglieder. Gerlich verdient sich die Kosten seines Unterhalts als Student und Archivpraktikant in der Werbeabteilung von »Kathreiners Malzkaffee-Fabriken«, für die er Prospekte und Werbebroschüren entwirft.

Mit Schreiben Nr. 9750 vom 3. Mai 1907 teilten die »K. Staatsministerien des Königlichen Hauses u. des Aeussern und des Innern« dem »K. Allgemeinen Reichsarchiv« mit:»Dem Dr. phil. Fritz Gerlich von Stettin wird gemäss § 2 Abs. 1c und § 3 der

K. Allerhöchsten Verordnung vom 3. März 1882, die Vorbedingungen für Anstellung im K. Archivdienst betreffend, die erbetene Zulassung zum archivalischen Vorbereitungsdienst, und zwar zunächst beim K. Allgemeinen Reichsarchiv erteilt. Der Genannte hat Doktordiplom und Dissertation dem K. Allgemeinen Reichsarchiv vorzulegen.«

Am 21. Mai 1907 wird Gerlich zum dreijährigen Vorbereitungsdienst zugelassen. 1910 legt er die archivalische Staatsprüfung ab; am 4. Juni 1910 erwirbt Gerlich, »preußischer Staatsangehöriger, auf Grund seiner Niederlassung in der Stadt München (…) die Staatsangehörigkeit im Königreiche Bayern.« Den Treueid auf König Ludwig III. und auf den Staat schwört Gerlich als beamteter Kreisarchivassessor (Jahresgehalt: 3000 Mark) am 1. Februar 1915.[7]

Im Jahre 1913 erscheint Gerlichs Buch »Geschichte und Theorie des Kapitalismus« bei Duncker & Humblot, München und Leipzig, das Gerlichs Tätigkeitsdrang in Richtung Politik und Publizistik deutlich offenbart. Dieses (geistreich geschriebene und wirtschaftsgeschichtlich hochinteressante) Werk soll dem Verfasser eigentlich auch helfen, einen Weg zur Professur für Nationalökonomie an der Technischen Hochschule München zu bahnen. Woran die Habilitation letztlich scheitert, ist nicht bekannt.

Für eine liberale Arbeiterbewegung in Bayern

Dafür gelingt ein anderer Plan des rast- und ruhelosen Fritz Gerlich: Sein Freund Emil Liecke kommt durch eine Erbschaft zu Vermögen und ist bereit, mit diesem Geld eine politische Wochenzeitschrift zu finanzieren. Sie soll Sprachrohr der alldeutschen Kreise sein, in denen Gerlich damals verkehrt. Im April 1917 erscheint die erste Nummer der Zeitschrift *Die Wirklichkeit – Deutsche Zeitung für Ordnung und Recht*. Die Wünsche des Herausgebers, Karl Reichsgraf von Bothmer, des Verlegers Emil Liecke, des Schriftstellers Kurt Friedrich Freksa und

Selbstbewußtsein verraten die Züge des vier-unddreißigjährigen Gerlich, dessen Profil im Jahre 1917 von dem Bildhauer Turi Weinmann in einem Relief gestaltet wurde.

des Hauptschreibers Gerlich gehen zwar »an der Wirklichkeit« der Kriege vorbei (Aretin), aber die Militärzensur muß dennoch reagieren. Erst Worte, dann Sätze, schließlich Seiten und Artikel und letztlich ganze Hefte werden verboten. Ein zusätzlicher Krach mit Bothmer sorgt im September 1917 für die Einstellung des Blatts.[8]

Gerlich ist im Jahre 1917 in München ein bekannter Mann mit besten Beziehungen zu Politikern nationaler Kreise. Auch sorgt im Dezember 1917 ein politischer Beleidigungsprozeß vor dem Schöffengericht München für Aufsehen: Ludwig Quidde, liberaler Landtagsabgeordneter und Führer der Deutschen Friedensgesellschaft (der im Jahre 1927 den Friedensnobelpreis erhalten wird), hat Gerlich verklagt. Gerlich nannte nämlich Quidde einen Denunzianten, nachdem dieser sich über Gerlich bei dessen Chef, Dr. von Baumann, beschwert hatte. Hin und her – Quidde und Gerlich einigen sich noch im Gerichtssaal auf einen Vergleich. Keiner habe den anderen beleidigen wollen. (Zum Zeitpunkt des Vorfalls sind beide Mitglieder der *Liberalen Partei Bayerns*.)[9]

In einem Leitartikel, der am 9. August 1931 im *Illustrierten Sonntag* erscheint, schreibt Gerlich über diese Zeit (und bezieht sich dabei auf einen Angriff des *Völkischen Beobachter* vom 3. August auf seine Person): »Unwahr ist seine Behauptung, ich hätte meine politische Tätigkeit als Alldeutscher während des Krieges angefangen. Ich habe schon in sehr jungen Jahren –

nämlich als Neunzehnjähriger im Jahre 1902 –, begeistert durch Friedrich Naumann, angefangen, mich aktiv mit Politik zu beschäftigen. Ich war natürlich auch Mitglied der Naumann-Organisation, nämlich der Nationalsozialen Partei. Als solches gehörte ich zum *Verband der Vereinigten Liberalen Bayerns*. Ich war dann längere Zeit ehrenamtlich als Sekretär des *Liberalen Arbeitervereins München* tätig (1905/06) und beteiligte mich auch an der Jungliberalen Bewegung, da wir Naumann-Nationalsozialen eben deswegen, weil wir nur eine soziale und nationale Reformbewegung, aber keine politische Partei waren, auch Mitglied uns nahestehender liberaler Parteiorganisationen werden konnten. (...) Ich selbst habe nie den Weg zur Sozialdemokratie mitgemacht, sondern war immer gegen den Marxismus eingestellt und habe deshalb meine Kräfte dem Versuch zur Verfügung gestellt, eine liberale Arbeiterbewegung in Bayern ins Leben zu rufen.«[10]

Im Jahre 1915 schreibt Fritz Gerlich erstmals in den *Süddeutschen Monatsheften* von Professor Paul Nikolaus Cossmann einen Aufsatz über »Das Geheimziel der englischen Politik«. Er gehört zu jenen Kreisen, die aus ihrer »vaterländischen Besorgnis« gegen die Politik des Reichskanzlers Bethmann-Hollweg kein Hehl machen. Gerlich ist Mitbegründer der sogenannten *U-Boot-Bewegung* (1916), der *Vaterlandspartei* in Bayern (1917), und er warnt – allerdings erfolglos – im Sommer 1918 vor dem Ausbruch einer Revolution in Deutschland. Nachdem der Umsturz erfolgt ist, gründet Gerlich den »Verband der Beamten der wissenschaftlichen Anstalten und Kunstsammlungen Bayerns« (Bewiku) mit der Absicht, das »Eindringen von Eisner-Protegés zu verhindern«.[11]

Der MNN »eine nationale
und antimarxistische Haltung geben«

Im Januar 1919 gründet Gerlich den bayerischen Zweig der »Liga zur Bekämpfung des Bolschewismus« und hält als dessen

34

Vorsitzender im Februar 1919 die erste öffentliche Versammlung in München ab.[12]

Nach Ausbruch der Räterepublik zählt Gerlich, wie er selbst schreibt, »zu den ersten in München, die verhaftet werden sollten«. Mit falschen Pässen gelingt ihm die Flucht über Nürnberg nach Bamberg, wohin auch die bayerische Regierung unter Hoffmann geflüchtet ist. Gerlich vermittelt die Verbindung zu Reichswehrminister Noske in Weimar, und er agitiert als Redner vor den Freikorps – auch vor dem des Oberst Franz Ritter von Epp – für die Befreiung Münchens von der Räteregierung.[13]

Als Gerlich wieder nach München zurückgekehrt ist, bearbeitet er das antikommunistische Material für die Aufklärung und Erziehung der Reichswehr und tritt auch als Redner vor den Soldaten auf. Aus dieser Propagandatätigkeit und aus zahlreichen Aufsätzen in den *Süddeutschen Monatsheften* und in der *Liberalen Korrespondenz* sowie in den *Historisch-politischen Blättern* von Archivdirektor Jochner entsteht sein Buch »Der Kommunismus als Lehre vom Tausendjährigen Reich«.[14]

Außerdem kämpft Gerlich im Münchner Bürgerrat und im Bayerischen Heimatdienst sowie mit der Wochenzeitschrift *Feurio* gegen den gesamten marxistischen Sozialismus. Er beschafft auch Geldmittel für die Gründung der *Bayerischen Einwohnerwehr* und für die Überwachung der Kommunistischen Partei (KP).

Dies trägt zu Gerlichs Ruf als »Marxistentöter« bei. In der Tat ist und bleibt er ein Gegner des Kommunismus bis zuletzt. Am 1. Juli 1920 übernimmt er die Chefredaktion der *Münchner Neuesten Nachrichten* (MNN) »mit dem ausgesprochenen Zwecke, dem Blatte eine nationale und antimarxistische Haltung zu geben« (Gerlich).[15]

Gerlich ist 37 Jahre alt, als er von Cossmann zum mächtigsten Mann der größten und wichtigsten Zeitung Süddeutschlands gekürt wird. Die MNN ist das einzige Presseorgan, das von Bayern aus weltweit Beachtung findet.

Im Mai 1920 sind die MNN an ein Konsortium von »Münchner und auswärtigen Vaterlandsfreunden« übergegangen, unter denen die rheinische »Gutehoffnungshütte« die Mehrheit hält. Der Münchner Öffentlichkeit bleibt dieser Verkauf völlig verborgen. Cossmann ist der Vertreter der Redaktion, als er den »bekannten demokratischen Politiker Dr. Fritz Gerlich«[16] an die Spitze des national-liberalen Blattes holt. Und Cossmann ist gleichzeitig auch der Generalbevollmächtigte der neuen Besitzer.

Die erste Begegnung Gerlichs mit Hitler findet im Frühjahr 1923 in Gerlichs Wohnung in der Richard-Wagner-Straße 27 statt. Hitler hat darum gebeten, weil er sich nicht traute, die MNN-Redaktion an der Sendlinger Straße zu betreten. Seine Anhänger könnten das »mißverstehen«, sagt er entschuldigend. Gerlich zieht seine Schlüsse daraus.[17]

Nach dem Hitler-Putsch: Gerlichs Kehrtwendung und das »Mirakel von Konnersreuth«

Im Jahre 1923 plädiert Gerlich durchaus für eine Sammlung der nationalen Kräfte. Damit dieser Nationalismus »von Bayern aus seinen Weg ins Reich nehmen« könne, unterstützt er die »Ermächtigung« des bayerischen Generalstaatskommissars Gustav Ritter von Kahr zum »legalen« Diktator. Das ist so gedacht, daß Berlin einverstanden sein sollte, wenn in Bayern endlich »Ordnung« befohlen wird. Als aber nach dem ersten Teil von Kahrs Rede (sie ist an Gerlichs Schreibtisch entstanden)[18] am 8. November 1923 im Bürgerbräukeller Hitler die bayerische Sondertour zum Putsch umfunktioniert und das blutige Abenteuer an der Feldherrnhalle verschuldet, ist dies für Gerlich »eine der größten Verrätereien an der deutschen Geschichte« (MNN).[19]

Gerlichs radikale Kehrtwendung bleibt vielen unverständlich, denn sie kommt innerhalb von zwei Tagen zustande. Aber sie entspricht seinem Charakter: Er hat nach dem Abend des 8. November 1923 im Bürgerbräukeller erkannt, daß ein durch Hitler aufgepeitschter Pseudo-Nationalismus Tod und sogar

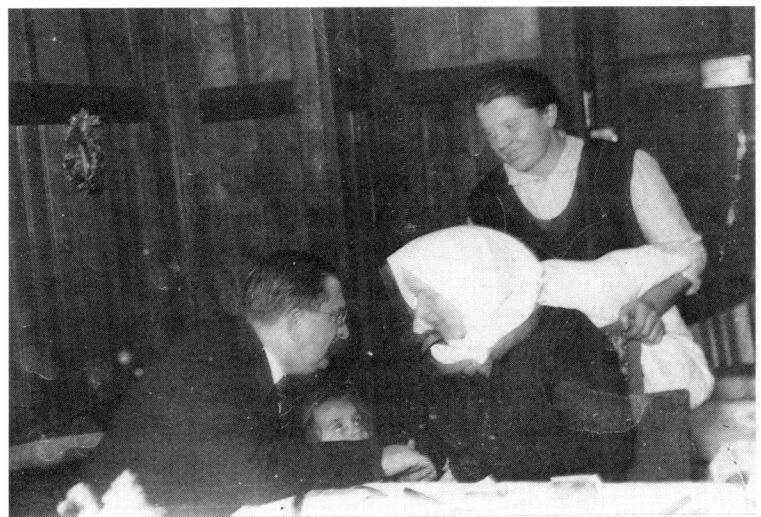

Fritz Gerlich begrüßt Therese Neumann im Eichstätter Haus von Professor Wutz. Rechts Ottilie Neumann, Schwester von Therese und Haushälterin bei Wutz. Das kleine Mädchen ist Theres Härtl, eine Nichte der Schwestern, und lebt heute im Kloster der Benediktinerinnen in Eichstätt.

Bürgerkrieg bedeuten würde. Gerlich ist im Denken schnell, und er scheut sich nie, neue Erkenntnisse auch sofort zu vertreten. Bestürzt hat er im Bürgerbräukeller mit ansehen müssen, wie Hitler 3000 Menschen mit weniger Sätzen umzudrehen vermag. Gerlichs Ernsthaftigkeit, seine ständige Suche nach dem Kern der Wahrheit, sein Patriotismus, der über den bayerischen Bereich hinausblickt, lassen ihn die Gefährlichkeit der nur auf Angriff und Kampf gezielten Hetzreden Hitlers spüren.

In den Jahren 1926/27 sorgt der Fall der Therese Neumann aus Konnersreuth in der Presse für Schlagzeilen. Der Bericht, den Aretin in der Beilage »Die Einkehr« der *Münchner Neuesten Nachrichten* vom 3. August 1927 über die »Resl von Konnersreuth« und über ihre unerklärbare Nahrungslosigkeit sowie über ihre Blutleiden schreibt, macht die Stigmatisierte weithin bekannt. Die großen Zeitungen im In- und Ausland drucken den dreiseitigen Artikel nach, der in 32 Sprachen übersetzt wird.

Zwar hatten davor schon manche Blätter und auch die MNN über Konnersreuth berichtet, aber die Geschichte galt eher als absonderliches »Mirakel von Konnersreuth«. (Unter diesem Titel erschien am 2. Mai 1926 ein Artikel von G. O. Bayer.)[20]

Die Betrachtung Aretins aber schlägt wie eine Bombe ein: Die MNN müssen seinen Bericht in zehn Tagen viermal nachdrucken. Paul Nikolaus Cossmann, die »Graue Eminenz« des Verlages Knorr & Hirth, und Chefredakteur Fritz Gerlich sind beeindruckt. Gerlich will die rätselhaften Vorkommnisse um Therese Neumann gar nicht glauben und reist selbst nach Konnersreuth, um »dem Schwindel auf die Spur zu kommen«.[21] Franz Xaver Wutz, Theologie-Professor in Eichstätt, begleitet ihn.

Der Saulus kommt als Paulus zurück und ist zutiefst betroffen von seinen Beobachtungen und Erlebnissen. Gerlich schreibt darüber und findet seine Lebensaufgabe. Das Mirakel von Konnersreuth läßt ihn nicht mehr los, das Unerklärbare fasziniert den streitbaren, messerscharfen und logischen Denker Gerlich so sehr, daß er bald spürt, wie sich eine seelische Veränderung in ihm vollzieht. Aretin hatte Konnersreuth zu einem weltweiten Begriff gemacht, und Gerlich beginnt, ihn jetzt auszufüllen.

Am 6. November 1927 erscheint in der MNN-Beilage »Die Einkehr« sein berühmter Aufsatz. Gerlich – der scharfsinnige Analytiker und Naturwissenschaftler – findet keine Erklärung für Heilung, Visionen und Leidensekstasen der neunundzwanzigjährigen Schneiderstochter. Er schreibt: »Den stärksten Eindruck machte auf mich dieser Mensch in seiner absoluten Einstellung auf die christliche Religion. (...) Ich habe eine vollkommenere Erfüllung der christlichen Forderungen bisher noch nicht erlebt.«

In diesem Chorraum, hinter dem Altar der Kirche im Kapuzinerkloster Eichstätt, wurde Fritz Gerlich am 29. September 1931 von Pater Ingbert Naab auf den Namen des Erzengels Michael getauft.

Therese Neumann zu Naab und Gerlich: »Ihr zwei müßt kämpfen«

Am 15. Februar 1928, seinem 45. Geburtstag, verläßt Gerlich die MNN. Äußerer Anlaß ist ein Streit mit dem bayerischen Kultusminister Goldenberger und dessen Ministerialrat Daxenberger, die den MNN schlechte, gesteuerte Opernkritik vorgeworfen haben. Tatsächlich ist ein handfester Krach mit Cossmann und mit dem Geschäftsführer Otto Pflaum der Grund, der zur Trennung führt. Am 26. Juni 1928 stellt Gerlich den Antrag auf Wiederbeschäftigung bei den bayerischen Archiven, der aber erst zum 1. November 1929 wirksam wird.[22] In dieser Zeit schreibt er das zweibändige Standardwerk »Die Stigmatisierte von Konnersreuth«.

Im Winter 1929 lernt Gerlich in Konnersreuth auch den Fürsten Erich von Waldburg zu Zeil kennen, der einer der ältesten oberschwäbischen Adelsfamilien entstammt. Der dreißigjährige Fürst ist durch seine Schwester Walburga, die dem Orden der Benediktinerinnen in Eichstätt angehört, mit Therese Neumann bekanntgeworden. Im Eichstätter Haus von Professor Wutz (wo eine Schwester Therese Neumanns, Ottilie, Haushälterin ist) entwickelt sich ein »Freundschaftsbund«, den die Gegner bald geringschätzig »Konnersreuther Kreis« nennen. Dazu gehören in der Zeit um 1930: Professor Wutz, Gerlich, der Kapuzinerpater Ingbert Naab (der angesehene Jugendseelsorger leitete das Studienhaus Eichstätt und hat in seiner Zeitschrift *Der Weg* schon wiederholt die Nationalsozialisten angegriffen), Pater Cosmas, der Konnersreuther Pfarrer Joseph Naber, Fürst Erich von Waldburg zu Zeil, die Äbtissin des Klosters St. Walburg, Benedikta von Spiegel, die Eichstätter Hochschulprofessoren Dr. Joseph Lechner sowie Dr. Franz X. Mayr und Dr. Johannes Steiner, damals Verlagsleiter beim Verlag *Zeichenring*, in dem Ingbert Naab seine Jugendzeitschriften herausgibt. Zum Kreis von Naab zählen der spätere Bischof von Eichstätt, Alois Brems, die Eichstätter Bischöfe Leo von Mergel, Konrad Graf Preysing (später Berlin), Michael Rackl und Joseph Schröffer, ferner die späteren Professoren Friedrich Dörr, Alfons Fleischmann, der Generalbevollmächtigte des Fürsten Waldburg, Dr. Simon Schorer, Dr. Richard Emslander und der spätere Oberbürgermeister von Eichstätt, Dr. Hans Hutter sowie der Sekretär Naabs, der Kapuzinerpater Fredegard Braun.[23]

Man diskutiert gern, viel und oft und entwirft dabei Konzepte für politische Aufsätze. Irgendwann sagt Therese Neumann zu Ingbert Naab (und bezieht dabei Gerlich mit ein): »Ihr zwei müßt kämpfen. Helfen wird es ja nichts, aber ihr müßt es doch tun.«[24] Fürst Walburg, der sich mit Gerlich darüber einig ist, daß in Deutschland eine unabhängige Zeitung gegen den Radikalismus von rechts und von links fehlt, ist bereit, die finanziellen Mittel für den Kauf eines Presseorgans bereitzustellen. Das Blatt soll das klassische, christliche Naturrecht vertreten. Waldburg sagt dies zu, obwohl seine Möglichkeiten begrenzt sind. Der Fürst und Gerlich nehmen Verbindung mit

Pater Ingbert Naab, der in geschliffenen Worten vor Hitler und der »Massenerkrankung des Nationalsozialismus« warnte. Johannes Steiner photographierte Naab bei einem Besuch im »Geraden Weg«.

dem Grafen Pestalozza auf und erwerben dessen verschuldeten *Illustrierten Sonntag*. Das Wochenblatt des Grafen war an den Druckereibesitzer Adolf Müller gefallen, der auch das Zentralorgan der NSDAP, den *Völkischen Beobachter* (VB), druckt. Den Druckauftrag für das Blatt aber behält Müller weiter, »sonst wäre es nicht zu haben« gewesen.[25] Der Finanzier Fürst Waldburg tritt jedoch nach außen nicht in Erscheinung. Als Eigentümer werden Justizrat Karl Werner und Oberstleutnant Max Weippert, als Geschäftsführer Diplom-Kaufmann Hanns Steiner ins Handelsregister eingetragen. Der Kapuzinerpater Ingbert Naab ist Gerlichs publizistischer Mitstreiter. Gerlich, der über kein Geld verfügt, bringt allein seine Arbeitskraft in den Verlag ein.

Die Nr. 40 vom 5. Oktober 1930 ist die erste Ausgabe, die im neugegründeten »Naturverlag« (später: Naturrechtsverlag) erscheint. Der Titel des Wochenblattes *Illustrierter Sonntag* wird zunächst beibehalten. Die Auflage beträgt im Sommer 1930 etwa 30 000 Exemplare bei rund 24 000 festen Abonnenten.

Fritz Gerlich (Bildmitte) auf der Willibaldsburg in Eichstätt. Links sitzt Professor Wutz, rechts von Gerlich der Vater von Therese Neumann, Ferdinand Neumann, ganz rechts Ottilie Neumann.

Februar 1932:
Gerlich im »Geraden Weg« gegen »hitlerische Volksverhetzung«

Von Januar bis Juni 1931 wandelt Gerlich erst einmal vorsichtig die Wochenzeitung in ein aufklärendes, politisches (Kampf)- Blatt um. Mit der Ausgabe Nr. 28 von 12. Juli 1931 – und einer Auflage von 100 000 Exemplaren – eröffnet er dann den Kampf gegen die Nationalsozialisten: »Hitler und Wilhelm II.« So leuchtet knallrot – wie im VB – die Schlagzeile auf der ersten Seite.

Hier ein Auszug aus Gerlichs Artikel: »Im November 1918 aber riß er (gemeint ist der Kaiser, Anm. d. Verf.) aus, nachdem Millionen seiner zu herrlichen Zeiten geführten Untertanen auf den Schlachtfeldern Europas geblutet haben. Nun sehen Sie sich Adolf Hitler an: Die Uniform, die Heldengeste, die Reitpeitsche als Marschallstab, der stets militärische Aufzug und das Ausreißen, als der Marsch an die Feldherrnhalle im November 1923 auf Widerstand stieß: alles genau wie bei Wilhelm II. Die Rasse-Reden (...), Beschimpfung als ›vaterlandslose Gesellen‹ (...), die Paraden, der öffentliche Pomp und Radau (...), das Eindringen Homosexueller in leitende Stellungen (...) des kommenden Cäsar (eine Anspielung auf den Stabschef der SA, Ernst Röhm, Anm. d. Verf.) (...), eine weitere erschreckende Parallele zur Eulenburg-Zeit Wilhelms II.? (...) Auch das Köpfe-rollen-lassen (...) hat ja seine Parallele (...) aus der Kampfzeit gegen die Sozialdemokraten. (...) Daß (...) der Gummiknüppel die geistigen Beweise ersetzt, rundet nur das Bild der hitlerischen Feldwebelkultur, die auch dem wilhelmischen Zeitalter eigentümlich war.«

In seinem Kampf gegen Hitler verstärken sich unter dem Einfluß von Therese Neumann noch Gerlichs Bindungen zur Kirche. So konvertiert er am 29. September 1931, dem Fest des heiligen Michael, im Eichstätter Kapuzinerkloster zur katholischen Konfession und wird durch Pater Ingbert Naab auf den Namen Michael getauft.[26]

Ab 3. Januar 1932 heißt der *Illustrierte Sonntag* nun *Der gerade Weg* mit dem Untertitel »Deutsche Zeitung für Wahrheit und Recht«. Gerlich postuliert den kompromißlosen Kampf gegen Hitler.

Gerlichs Artikel »Hetzer, Verbrecher und Geistesverwirrte« in der Ausgabe vom 14. Februar 1932 gegen die NS-Presse bewirkt, daß Hitler dem Drucker des *Völkischen Beobachter* mit der Kündigung des VB-Auftrags droht, falls Müller noch eine einzige Nummer des *Geraden Weg* drucke. Müller bietet Gerlich darauf die Vertragsauflösung an, wenn Gerlich ihn nicht schadenersatzpflichtig mache. »Die Völkischen selbst«, klagt Gerlich, »betätigen sich mir gegenüber weiter in den altgewohnten Drohungen. Ihre Presse wagte aber bis jetzt nicht, auf meine Aufsätze mit einem Wort zu antworten. Ebenso hat Hitler Herrn Müller erklärt, ich könnte überhaupt nicht so gegen ihn schreiben, daß er mich verklagen würde. Es scheint, die Völkischen fürchten, es könnte bei einer Gerichtsverhandlung mit mir vieles aufgedeckt werden, was ihnen sehr unangenehm ist. Und

Am Tag der Konversion, am 29. September 1931, in der Bibliothek von Professor Wutz in Eichstätt: Stehend v. l. n. r.: Pater Cosmas, der Konnersreuther Pfarrer Joseph Naber, Franz Xaver Wutz, Fritz Michael Gerlich, Erich Fürst von Waldburg zu Zeil, Dr. Ludwig Weitmann, Dr. Josef Lechner; sitzend v. l. n. r.: Äbtissin Benedikta von Spiegel, Therese Neumann, Sophie Gerlich und Pater Ingbert Naab, der die Konversion vorgenommen hatte.

zwar fürchten sie das nicht ohne Grund.« Soweit dieser Auszug aus einem Schreiben Gerlichs vom 20. Februar 1932 an den Schweizer Bischof Georgius von Grüneck.[27]

Gerlich zieht mit dem *Geraden Weg* zur Münchner Druckerei Manz in die Hofstatt 4-6. Verlag und Redaktion werden im Gebäude Hofstatt Nr. 5 im 2. Stock untergebracht.

Daß Hitler über Gerlichs Artikel vor Wut schäumt, ist kein Wunder, denn der NS-Führer wurde in der Nr 7 vom 14. Februar 1932 an einer besonders empfindlichen Stelle getroffen: Hitlers Staatsangehörigkeit. Sie sei ihm »nur nicht nachgetragen worden«, nachdem er sich auch nicht darum beworben habe.

Gerlich nimmt sich dann den VB vor und macht Hitler selbst verantwortlich »für den Sauherdenton« und für die »hitlersche Volksverhetzung« in dieser Zeitung. »Denn er zeichnet das Blatt (...) seit Jahren als Herausgeber.«

44

Gerlich entlarvt Hitlers »Theater des nationalen Befreiers«

Gerlich warnt, daß die »Massenwahnhetzer (...) logisch äußerst folgerichtig und mit einer ans Genialische grenzenden Raffiniertheit zu denken vermögen« in all jenen Fragen, »die für ihr geheimes, einziges wirkliches Ziel wichtig sind. Es ist das die eigene Machterhöhung und die Errichtung der Diktatur. Die Massenwahnhetzer – oder gleich deutlicher gesagt –, die Führer der Hitlerpartei, haben nämlich in Wirklichkeit gar kein vaterländisches, deutsches oder allgemein-menschliches Interesse. Alle Redensarten, die sie in dieser Hinsicht machen, haben nur den einen Zweck, den Geist ihrer Zeitgenossen zu verwirren und sie ihnen hörig zu machen. Das Führertum der Hitlerbewegung hat nur eine einzige Überzeugung, nämlich die Erreichung der Macht.«

Hitler müsse die Stimme seines Gewissens zum Schweigen bringen, weil »das vergossene Blut von ihm irregeleiteter Menschen anklagend vor ihn tritt. (...) Er weiß ganz genau, wie er unter Ehrenwortbruch an dem Abend des Bürgerbräukellers den Streich eines Größenwahnsinnigen begangen hat. (...) Der Zug an die Feldherrnhalle wäre ja als ein Fastnachtsstreich zu bezeichnen (...), wenn nicht dort durch die Schuld Hitlers Blut hätte vergossen werden müssen. (...) Um sein Gewissen zu beruhigen, muß er uns das Theater des nationalen Befreiers vorspielen.«

Nachdem Hitler im ersten Wahlgang gegen den Reichspräsidenten Hindenburg nicht gewonnen hat, schreibt Pater Ingbert Naab, Gerlichs Mitstreiter, im *Geraden Weg* vom 20. März 1932 einen offenen Brief: »Herr Hitler, wer hat Sie gewählt?« Dieser Artikel wurde schon vor seinem Erscheinen in der Zeitung auch in Form eines Flugblatts mit dem Titel »Adolf Hitler erwache!« an 15 000 katholische Geistliche sowie an die Parteibüros der Bayerischen Volkspartei und des Zentrums geschickt. Das Flugblatt wurde in einer Auflage von 1 250 000 Exemplaren verkauft, der Artikel selbst von über 1000 deutschen Zeitungen mit einer Gesamtauflage von 20 000 000 Exemplaren nachgedruckt. Diese

Aktion wurde innerhalb von acht Tagen durchgeführt, um sie rechtzeitig vor dem zweiten Wahlgang wirken zu lassen.[28]

Die Reichsleitung der NSDAP erstattet Anzeige wegen »Vergehens gegen die Verordnung zum Schutze des inneren Friedens«, aber trotz Erhebung der Anklage gegen Herausgeber Gerlich und Verlagsgeschäftsführer Johannes Steiner werden beide am 31. Oktober 1932 freigesprochen.[29] Einen Denkzettel in Form einer in eine Nummer des *Geraden Weg* eingewickelten Tränengasflasche erhält Gerlich schon am 15. April 1932 zusammen mit ein paar Patronen: Ein Unbekannter hat das Giftgasgemisch in den Gang vor Gerlichs Arbeitszimmer im Staatsarchiv an der Ludwigstraße geworfen und damit für Aufregung gesorgt. Gerlich selbst kommt erst später hinzu und bleibt so unverletzt.[30] Aber der Vorfall ist ihm Grund genug, einen Waffenschein zu beantragen.[31]

Die Entlassung des Reichskanzlers Heinrich Brüning ist für Gerlich Anlaß zu tiefster Sorge. Er schreibt im *Geraden Weg* vom 5. Juni 1932 einen zweieinhalb Zeitungsseiten langen offenen Brief an Reichspräsident Paul von Hindenburg. Gerlich sieht in der Trennung von Brüning die Gefahr, daß mit dem greisen Hindenburg ein übles Spiel getrieben wird.

»Ich weiß, es ist sehr hart, aber es ist die Wahrheit, wenn ich Ihnen jetzt sage, Exzellenz, daß dieses Vertrauen durch Ihre letzten politischen Maßnahmen in einem geradezu unheimlichen Umfang zerstört wurde. Es konnte uns, dem Volke, trotz aller Versuche nicht verborgen bleiben, daß eine militärische und bürokratische Kamarilla seit Wochen mit steigendem Erfolg bemüht ist, Sie für ihre höchst selbstsüchtigen Wünsche zu gewinnen.«

»Der Nationalsozialismus ist eine Pest!«

Besonders die Arbeiterschaft werde enttäuscht sein, schreibt Gerlich: »Die Notverordnungen (...) der letzten zwei Jahre tragen Ihre Unterschrift. (...) Es ist also Ihre Politik, welche die Sozialdemokraten unterstützen, wenn sie (...) die Angriffe des

Hugenbergschen Rechtsradikalismus und des Hitlerbolsche-wismus im Reichstag abschlugen. (...) Und jetzt stürzen Sie das Kabinett Ihres zweijährigen Vertrauens nicht nur ohne jeden sachlich politischen Grund (...), sondern Sie betreiben auch noch dazu die Bildung eines Reichskabinetts, bei dem die Sozi-aldemokraten überhaupt ausgeschlossen und das Zentrum nur ein Feigenblatt für sehr düstere Interessen sein würde.«

Gerlich zeigt warnend auf die Reaktion der Nationalsozia-listen und verweist auf eine Rede des Berliner NS-Gauleiters Joseph Goebbels, der vor über 7000 »Amtswaltern« seiner Partei zu dem Schluß kam, »daß durch den Sturz des Kabinetts der grundlegende System- und Kurswechsel in Deutschland einge-leitet worden ist«.

Man solle nicht glauben, durch die Regierungsbeteiligung von Hitler genehmen Leuten wie von Schleicher, von Papen, von Krosigk, von Eltz-Rübenach usw. (das Kabinett der Barone) sei die Umsturzbewegung abzubremsen. Gerlich fordert Hinden-burg auf: »Beauftragen Sie bei nächster Gelegenheit den groß-sprecherischen ›Führer zur deutschen Freiheit und Erneuerung‹, nämlich Adolf Hitler, mit der Bildung der Reichsregierung.

Dieser Zeitgenosse wird nicht wollen. Zwingen Sie ihn, sei-nen Außenpolitiker Alfred Rosenberg Ihnen als Außenminister vorzuschlagen. Und schicken Sie diese beiden nebst dem Finanzminister Dr. Goebbels zu den Verhandlungen nach Lau-sanne. Setzen Sie Ihre ganze Kraft dafür, ein, daß die Demago-gen von der Hitlerpartei jetzt endlich einmal verantwortlich handeln müssen, und zwar nicht – wie sie es sich vorgestellt haben – dadurch, daß sie die Köpfe anderer Leute ›rollen‹ lassen, sondern daß sie ihre eigenen Köpfe strapazieren, um das zu ver-wirklichen, was sie versprochen haben. Was ich Ihnen hier vor-schlage, klingt wie eine Ironie und ist es doch nicht. (...) Kneifen aber diese Volksführer, wie es zu erwarten ist, vor der Verant-wortung aus, so erklären Sie das mit dem Ausdruck Ihrer Ver-achtung am Rundfunk.

Erklären Sie, was keine Schande ist, Sie hätten nicht geglaubt, daß diese Menschen so wenig zu ihrem Wort stehen würden.

Und dann setzen Sie sich in Ihr Auto, fahren Sie zu Dr. Brüning!«

Aber Hindenburg hört nicht auf Gerlichs Worte. Insgesamt sieben Seiten behandeln im *Geraden Weg* vom 5. Juni 1932 die politische Situation in Deutschland nach dem Sturz des katholischen Kanzlers Heinrich Brüning.

Sieben Wochen später fordert Gerlich im *Geraden Weg* vom 24. Juli 1932 die »Absetzung Hindenburgs durch Volksabstimmung«, weil er mit der Verordnung vom 20. Juli 1932 die Reichsverfassung schuldhaft verletzt habe. Auch die bayerische Staatsregierung stellt beim Reichsstaatsgerichtshof in Leipzig den Antrag, die Einsetzung von Reichskommissaren und die Amtsenthebung von Landesministern – wie in der Verordnung vorgesehen und gegen die preußische Regierung praktiziert – als mit der Verfassung nicht vereinbar zu erkennen.[32] Als Gerlich dann in der nächsten Nummer vom 31. Juli 1932 die »Eröffnung des Strafverfahrens durch die Staatsanwaltschaften gegen von Schleicher, Gürtner und Genossen wegen vielfacher Verbrechen des Mordes, Totschlags u. a.« fordert, wird der *Gerade Weg* für vier Wochen verboten.[33] Außer diesem zweizeiligen Aufmacher bringt Gerlich auf der ersten Seite einen Leserbrief in der Ausgabe vom 31. Juli 1932, der dem »Schmierfink beim *Geraden Weg*« das Schmoren auf einem »Scheiterhaufen von Christuskreuzen« ankündigt. Und einen eindringlichen Wahlaufruf gegen Hitler: »Der Nationalsozialismus ist eine Pest!«

Drohungen gegen Gerlich

Er bedeute »Feindschaft mit den benachbarten Nationen, Gewaltherrschaft im Innern, Bürgerkrieg, Völkerkrieg, Lüge, Haß, Brudermord und grenzenlose Not. (...) Nicht die Parteien, welche von Hitler beschuldigt werden, sind für den Frieden und die Reparationslasten verantwortlich, sondern alle diejenigen (...), welche durch Hitler wieder zur Macht kommen wollen und Euch in neue Kriege stürzen werden.«

Hitler war ein aufmerksamer Leser des »Geraden Weg«. Hier reagiert er auf einen Artikel Gerlichs im »Geraden Weg« (liegt neben ihm links auf dem Schreibtisch), in dem Gerlich Kanzler Brüning als Mithelfer Hitlers bezeichnete.

In 100 000 Exemplaren geht diese Ausgabe einen Tag vor der Reichstagswahl an die Wähler.

Die vom Hugenberg-Konzern beherrschte *München-Augsburger Abendzeitung* reagiert darauf am 9. August 1932 haßerfüllt: »Der *Gerade Weg* ist eine Giftschlange, der der Kopf zertreten werden muß.« Der Drohbrief an Gerlich sei gefälscht.

In der Tat hatten die Hitler-Anhänger Grund genug, auf Gerlich wütend zu sein. In der Nummer 29 vom 17. Juli 1932 hatte er mit zahlreichen Zitaten des anerkannten Rassetheoretikers Professor Hans F. K. Günther (vom Nationalsozialisten und Innenminister Thüringens, Wilhelm Frick, in der Universität Jena eingesetzt) die Frage untersucht, ob Hitler Mongolenblut habe.

Zur Illustration des Artikels hatte Gerlich aus dem Buch »Hitler, wie ihn keiner kennt« des NS-Stadtrats und Leibphotographen Hitlers, Heinrich Hoffmann, einige Photos entnommen und u. a., wie das NS-Blatt *Sonntag-Morgenpost* schreibt, »einem

Neger, der ein Negerweib im Arm hält, eine Karikatur von Hitlers Kopf aufgesetzt«.[34] Gerlich kam zu dem Ergebnis, wie die *Münchener Post* in ihrem Prozeßbericht vom 15. November 1932 vermerkt, »daß Adolf keineswegs dem von Günther herausgestellten nordischen Typ entspreche, sondern den ostisch-mongolischen Typ darstelle, und zwar sowohl aufgrund seiner körperlichen Merkmale, was die veröffentlichten Bilder bewiesen, als auch aufgrund seiner geistigen Einstellung, da er nicht das nordische Freiheitsprinzip, sondern den asiatischen Despotismus vertrete.«

Hoffmann verklagt Gerlich wegen Vergehens gegen das Urheberrechtsgesetz, verlangt die Höchststrafe für Gerlich und für sich selbst die Buße von 10 000 Mark. Hoffmanns Anwalt Rienhardt vertritt den Standpunkt, daß es sich »bei Gerlich nicht um eine wissenschaftliche Untersuchung, sondern um eine politische Absicht handle«. Gerlich, der in der folgenden Nummer 30 den Protestbrief eines Negers abdruckt, der sich »im Namen der Schwarzen gegen die Verunglimpfung verwahrte, die Neger mit Adolf Hitler auf eine Stufe zu stellen«, hätte diesen Brief, so Anwalt Rienhardt, »doch anständigerweise nicht ohne Kommentar« abdrucken dürfen. Worauf Gerlich im Gerichtssaal erklärt, er verstehe diesen Neger durchaus. Auch er, Gerlich, schäme sich als Deutscher, daß Hitler bei uns in Deutschland herumlaufe.[35]

Die *Sonntag-Morgenpost* warnt den zu 500 Mark Geldstrafe verurteilten Gerlich: »Der Herr mag überzeugt sein, daß wir Nationalsozialisten ein sehr gutes Gedächtnis haben.« – »Der jedem Münchner Nationalsozialisten für alle Zeiten unvergeßliche Dr. Fritz Gerlich«, schreibt der *Völkische Beobachter*, habe »ein vernichtendes Urteil« erhalten.[36]

Was Gerlich über die Nationalsozialisten sagt, entspricht eher der Wahrheit: Es sei ein Blödsinn, an die Überlegenheit der arisch-nordisch-germanischen Rasse zu glauben. Er weist in diesem Zusammenhang auf homosexuelle Neigungen in der Führerschaft der Hitlerpartei hin, in deren Leitung eine Mischung von Kriminellem und Pathologischem stark vertreten sei.

Im weiteren Bericht über den Prozeß vor dem Strafgericht in der Münchner Au schreibt der *Bayerische Kurier* vom 12. November 1932 wörtlich: »Dr. Gerlich sprach auch davon, daß Hitler in seiner Wohnung gewesen sei und ihn habe keilen wollen. Hitler sei in der peinlichen Lage, daß er bei Anwendung seiner eigenen Lehre aus der deutschen Politik ausscheiden müßte. Hitler vertrete etwas anderes als er sei; darüber komme er nicht hinweg.«

Die Tatsache, daß Hitler Gerlich schlagen wollte, ist bisher nicht bekannt gewesen, sie zeigt aber deutlich, wie schnell Hitler die Nerven verlor, als er sich von Gerlich durchschaut fühlte.

III.

RÖHMS ALLEINGANG OHNE HITLER

Eine Stütze im Kampf gegen den Nationalsozialismus ist Gerlich der Elektroingenieur Georg Bell, der seinen bürgerlichen
Beruf aber nicht mehr ausübt, sondern sich nachrichtendienst-
lichen Aufgaben zugewandt hat. Er entstammt väterlicherseits
einer Familie, deren Wurzeln in Schottland liegen, und mit Stolz
verweist er immer wieder gern darauf, daß die bekannte britische Archäologin und Agentin Gertrude Bell (1868–1926), die,
ebenso klug wie schön, König Faisal I. vom Irak im August 1921
zum Thron verholfen hat, seine Tante ist.[1] Sie wird zum Vorbild
des jungen Georg Bell, der am 21. Juli 1898 in Nürnberg geboren
worden ist, wo der vermögende Vater Emil Bell seinen Geschäften als Kaufmann nachgeht.[2]

Georg Bell: »Ich habe mir eine große Anzahl
von erbitterten Feinden zugezogen«

Bell, ein Hüne von Gestalt, der das Abenteuerblut seiner Tante
in den Adern hat, findet in einem Beruf, der ihn an den Schreibtisch fesselt, keine Erfüllung. Den überaus intelligenten und
äußerst kontaktfreudigen Mann, der mehrere Fremdsprachen
beherrscht, ein brillanter Meister des Schachspiels ist und als
Student der Höheren Technischen Lehranstalt in Nürnberg bei
der schlagenden Verbindung der »Bayern« eine gefürchtete
Klinge führt, zieht es in die Welt hinaus, wo er seine Sprach-
kenntnisse einsetzen, Verbindungen herstellen, Informationen
sammeln – kurzum seinen Neigungen nachgehen kann.[3] Schon
bald gerät Bell, der gern mit dem Feuer spielt, in politische Ver-
wicklungen, die ihn ins Zwielicht bringen. Vor allem der Skan-
dal um die gefälschten Tscherwonzen (eine ehemalige russische
Münzeinheit), mit denen zum Sturz des »Bolschewismus« der

sowjetische Markt überschwemmt werden sollte, bereitet ihm erhebliche Schwierigkeiten, den Kopf wieder aus der Schlinge zu ziehen und seine Unschuld in einem aufsehenerregenden Prozeß im Januar/Februar 1930 in Berlin zu beweisen.[4]

Doch auch nach dem Freispruch bleibt Bell bei seinen Gegnern, die ihn in anonymen Veröffentlichungen nicht nur als »Aufschneider«, »Erpresser« und »Waffenschieber«, sondern auch als einen »der größten und hinterlistigsten Spitzel, Spione und Provokateure« verunglimpfen, mit einem Makel behaftet.[5] Seine Feinde sind vor allem in den Reihen der Kommunisten zu finden, die er ebenfalls als Anhänger der extrem national und »antimarxistisch« eingestellten *Marinebrigade Ehrhardt*[6] fanatisch bekämpft. Aus seiner weltanschaulichen Einstellung hat der wortgewandte Bell auch nie ein Hehl gemacht. So erklärt er über seine politische Tätigkeit am 9. Februar 1933 in einem Brief an Baron von Plessen im Auswärtigen Amt in Berlin: »Ich habe mich seit meiner Rückkehr aus dem Felde, also seit 1919, insofern mit Politik befaßt, (als) ich ausschließlich anti-bolschewistisch tätig gewesen bin. Im In- und Ausland habe ich gegen den Kommunismus und Bolschewismus gearbeitet und war wiederholt auch an Aufständen in Rußland aktiv beteiligt. Ich habe mir dadurch begreiflicherweise eine große Anzahl von erbitterten Feinden zugezogen und hatte auch wiederholte Zusammenstöße mit Agenten Moskaus.«[7]

Brisante Unterlagen in geheimen Depots

Bells Tätigkeit bleibt auch seiner privaten Umgebung nicht verborgen. Sein bester Freund Paul Konrad aus Rosenheim, der zusammen mit Bell in Nürnberg studiert und der ebenfalls der Korporation »Bayern« angehört hat, berichtet über den beruflichen Werdegang des Studienkollegen: »Bell war ein sehr intelligenter Mensch, ein glänzender Organisator, konnte sich aber in seinen Stellungen nirgends unterordnen. Er hatte Beziehungen zu allen politischen Parteien, und ich vermute, daß er diese gegeneinander ausspielte. Auf Grund seiner halbenglischen Abstammung kam er nach meiner Ansicht in die Laufbahn eines politischen und wirtschaftlichen Agenten. Im Gebrauch seiner Mittel war er nicht wählerisch, wenn es galt, sein Ziel zu erreichen. (...) Bell erzählte mir (...), daß er auch unter anderem Namen arbeite.«[8] Konrad erfährt von dem Freund außerdem, daß dieser in der Zeit vor 1933 Beziehungen zu »führenden Persönlichkeiten des In- und Auslandes«

Die schottische Abstammung seiner Familie erfüllte Georg Bell mit Stolz. Wie die schottische Mütze auf dem Bild zeigt, gab er sich gern traditionsbewußt.

unterhalten habe. »Er gab mir an, daß er im englischen Dienst tätig war und Agentendienste leistete.«[9]

Daß seine Tätigkeit mit erheblichen Gefahren verbunden ist, weiß Bell, und so ist ihm auch bewußt, daß ihm jederzeit etwas zustoßen kann. Um kein Risiko einzugehen, bringt er Material, das ihm gefährlich werden könnte, bei seinem Freund in Sicherheit. »Vielleicht schon in Vorahnung der kommenden Dinge hat mir Bell«, erinnert sich Paul Konrad, »(...) im Jahre 1932 ein (...) großes Paket mit seinen schriftlichen Unterlagen und Tagebüchern verschlossen zur Aufbewahrung übergeben. Er erwähnte hierbei noch, daß ich dieses Paket am besten nicht bei mir in der Wohnung aufbewahren solle, sondern bei einem unverdächtigen Bekannten, da bei mir, infolge meiner Beziehungen zu Bell, auch eine Haussuchung stattfinden könne. Ich sollte aber diese Unterlagen sofort verbrennen, wenn die Lage gefährlich werde.«[10]

Im selben Jahr, in dem Bell seine Geheimpapiere dem Freund anvertraut, beginnt in seinem Leben ein neuer Abschnitt. Nach einem bewegten Agentendasein findet er im Herbst 1932 den Weg zu Dr. Fritz Gerlich, dem er seine Dienste als erfahrener Nachrichtenmann und als intimer Kenner der Vorgänge hinter den Kulissen der NSDAP anbietet. »Bell«, berichtet Major a. D. Josef Hell, der die

Georg Bell – ein Mann, der es wie kaum ein zweiter verstand, Informationen zu sammeln und Fäden zu knüpfen.

Schriftleitung des *Geraden Weg* innehat, »kannte ich bis 1933 nur unter dem Namen ›Konrad‹; erst dann erfuhr ich seinen richten Namen ›Bell‹.«[11] Zur Tarnung bediente sich Bell also hier des Namens seines Freundes. Hell bestätigt, daß zwischen Bell und Gerlich eine Zusammenarbeit zustande gekommen ist. »Er (…) lieferte uns Material, das von uns verwendet wurde.«

Hell, ein ehemaliger Kampfflieger, empfindet schnell Sympathie für seinen Informanten, in dem, wie er findet, »alle Gaben robuster Widerstandsfähigkeit« mit »seelischer Weichheit« vereint sind.[12] Er erlebt Bell als »aufrechten und ritterlichen Mann«. Rückblickend stellt Hell fest: »Irgendwie war Bell unzweifelhaft eine Art Abenteurer. Er wagte manch hohen Einsatz und scheint nicht immer gewonnen zu haben. Aber niemals war er Falschspieler.« Hell entgeht auch Bells Angewohnheit nicht, überall »kleine und größere Depots seiner Unterlagen, Beweismittel und Dokumente« anzulegen.[14] An der Bedeutung dieser Papiere zweifelt der Major nicht, und so drückt er noch nach Jahren, als

Bell längst in Vergessenheit geraten ist, die Hoffnung aus: »Es ist anzunehmen und zu hoffen, daß Bells Unterlagen immer noch in verschiedenen Verstecken unversehrt ein wohlbehütetes Dasein führen. Sicher wären sie geeignet, helle Schlaglichter auf noch unbekannte Tatsachen oder Zusammenhänge zu werfen, die sich auch heute noch hinter dunklen Schattenverbergen.«[15]

Eine entscheidende Begegnung: Bell und Röhm

Bell erweist sich auch für Gerlich als ein ergiebiger Rechercheur, der ihm Tatsachenmaterial über die Nationalsozialisten liefert, und bewundernd sieht Schriftleiter Hell, wie er »sich immer neu« auf eine Fährte setzte, »wo es galt, greifbare Unterlagen für ernsthaft Vermutetes zu beschaffen«.[16] Wie schnell er zupacken kann, zeigt sich beim Reichstagsbrand. »Noch am gleichen Tag«, erinnert sich Hell, »war Bell unterwegs nach Berlin.«[17]

Die Informationsbriefe, die Bell über die politische Lage seit November 1932 regelmäßig aus Berlin, wo er im »Hotel Habsburger Hof Fritz Otto« (»Erstes Haus am Anhalter Bahnhof«) abzusteigen pflegt, an Gerlich schickt, sind nicht ohne Humor. So berichtet er am 1. Februar 1933 seinem Auftraggeber in München über die erste Sitzung des Ministerrats unter dem Vorsitz des neuen Reichskanzlers Adolf Hitler: »Sehr geehrter Herr Doktor! (...) Der erste Eindruck der Eröffnungs-Kabinettssitzung, den Adolf dabei auf alle Minister machte, soll katastrophal gewesen sein, und die Mitglieder konnten nur mit Mühe ihre Haltung bewahren. Adolf hat eine schwungvolle Rede gehalten, und als man dann in die sachliche Besprechung eintreten wollte, hat er die Sitzung einfach aufgehoben, damit man die Demonstrationen (auf der Straße) abnehmen konnte. Frick ist jetzt Adolfs Zeremonienmeister. Göring platzt vor Größenwahn.«[18]

Bell weiß, wie er an Informationen herankommt. Seine zahlreichen Verbindungen, die er zu den unterschiedlichsten

Ernst Röhm suchte als Stabschef der SA die Annäherung an Großbritannien.

Personen im In- und Ausland unterhält, sind ihm dabei immer wieder eine wertvolle Hilfe. Außerdem versteht er es, schnell Kontakte herzustellen, Begegnungen zu organisieren und mit großem Geschick Verhandlungen zu führen. So findet Bell seine Bewunderer, die sich gern der Fähigkeiten dieses Allround-Mannes bedienen und die ihn mit wichtigen Missionen betrauen.

Auch der Stabschef der SA, Hauptmann a. D. Ernst Röhm, nahm dankbar die Dienste des erfolgreichen Agenten und Journalisten in Anspruch, bevor sich Bell, der in seinen politischen Zielen zunächst den Nationalsozialisten nahestand, nach einer schweren Enttäuschung von Röhm zurückzog. Ein Zufall hatte die beiden Männer in München zusammengeführt. Bell schildert das Treffen mit Röhm in einem vertraulichen Bericht, in dem er in allen Einzelheiten seine Tätigkeit für den Stabschef beschreibt und der bisher der Öffentlichkeit unbekannt geblieben ist. (Dieser wird hier erstmals – ebenso wie die nachfolgenden Dokumente über die geheimen politischen Aktivitäten Röhms – veröffentlicht; s. Anhang: Dokumente [B]).

»Herrn Röhm«, beginnt Bell seine Schilderung, »kenne ich seit den Jahren 1919 bis 1923, wo er I.a.-Offizier bei der ›Reichsflagge‹ des Herrn (Adolf) Heiß war. Dann verlor ich jede Fühlungnahme und wurde erst im November 1930 wieder mit ihm bekannt. Röhm sprach mich auf der Straße vor der ›Herzoggarage‹, als er mich wiedererkannte, an. Wir unterhielten uns mehrmals und tauschten dabei unsere Erlebnisse in den vergangenen Jahren seit unserer Trennung aus.

Röhm war damals bereits der Stabschef Hitlers und bat mich auf Grund meiner politischen Beziehungen im In- und Ausland für ihn insofern tätig zu sein, als ich ihn über die politische Lage, politische Faktoren und politische Vorgänge in Deutschland unterrichten sollte. Dies geschah teils direkt, teils über den Grafen Du Moulin-Eckart, den Röhm mir als seinen Offizier z. b. V. vorstellte.«[19]

1930/31: Unruhe in der SA

Die Tätigkeit Bells für Röhm wird von dem Grafen, der in der Obersten SA-Führung den Rang eines SA-Oberführers bekleidet, bestätigt. »Ich bin im Jahre 1931 in München in die SA eingetreten«, berichtet Dr. Karl Léon Graf Du Moulin-Eckart, von seinen Freunden »Leu« genannt.[20] »Der damalige Stabschef der SA, Röhm, der ein sehr guter Freund von mir war, hat mich als seinen persönlichen Adjutanten in die SA geholt. Im Jahre 1931 lernte ich Georg Bell durch Röhm kennen. Soviel ich mich erinnern kann, hat Röhm nach seiner Rückkehr aus Bolivien diesen Bell, den er schon von früher her kannte, zufällig getroffen und ihn dann zur Aufnahme von Beziehungen der Obersten SA-Führung, nicht der Partei, zu Kreisen des Auslandes verwendet. (...) Bell kannte ich sehr gut, er bewohnte sogar in meiner Münchner Wohnung, Hohenzollernplatz 1, ein Zimmer.«

Hinter Röhms Vorgehen steht die Absicht, die SA aus der Abhängigkeit der NSDAP zu befreien. Deshalb betont Graf Du Moulin-Eckart auch, daß Bell für die Oberste SA-Führung und *nicht* für die Partei tätig werden soll. Röhm, der, im Rang eines bolivianischen Oberstleutnants, am 5. Januar 1931 als Nachfolger von Hauptmann a. D. Dr. Otto Wagener im Braunen Haus in München seinen Dienst als Stabschef der SA antrat, verbanden von Anfang an keine Sympathien mit der Parteileitung der NSDAP.[21] Er vermißt in ihr die Kraft, die nötig sei, um die Machtverhältnisse in Deutschland zu ändern. Und insgeheim spielt er mit dem Gedanken, sich selbst an die Spitze der Bewegung zu setzen und Hitler zu entmachten. Wie er Hitler als Politiker einschätzt, beleuchten seine Worte, die ihm schon im Jahre 1922 über die Lippen gekommen sind: »Wir müssen seine zweifellos große Stoßkraft ausnützen. Aber er reist mit leichtem Gepäck, und sein Weitblick reicht nicht über die Grenzen Deutschlands hinaus. Wir werden ihn rechtzeitig beiseite stellen.«[22]

Tatsache ist, wie zahlreiche Dokumente der Partei belegen, daß die SA in den Jahren 1930/31 nicht mehr geschlossen hinter Hitler steht. So heißt es in einem Geheimbericht: »Die Leute, die um Hitler sind, sind alle in der Hand der Katholiken. – München hat sich auf den legalen Weg versteift. Diesen Wahnsinn machen wir nicht mit.«[23] In dem vertraulichen Schreiben fehlt es auch nicht an noch deutlicheren Sätzen gegen Hitler: »Die N.S.D.A.P. ist im Absterben. – Was ist das für ein Führer, der sich Tränen im Auge zerquetscht.«

In einem anderen Dokument äußert sich ein Gausturm-Adjutant: »Ich bin am 14. September (1930) nicht zur Wahl gegangen. Ich habe nicht nationalsozialistisch gewählt, weil ich kein Vertrauen zu der Bewegung habe. Ich bin also auch nicht schuld an der Verbonzung und Parlamentarisierung der Bewegung.«[24] Wenig später sagt derselbe: »Ich habe bei der SA-Führerbesprechung in München alles getan, um zu verhindern, daß ich Adolf Hitler den Gruß nicht zu erwidern brauche, falls er mir seine Hand reichen sollte, weil ich an Hitler nicht mehr glaube!« Allerdings will der Mann diese Bemerkungen später auf Vorhalt nicht mehr gemacht haben.[25] Selbst wenn sie tatsächlich erfunden sein sollten, beleuchten sie doch das Klima in der SA, das solche Aussprüche denkbar macht.

Schließlich heißt es in einem anderen Papier: »Ich halte mich als alter SA-Mann dafür verpflichtet, wahrheitsgemäß die Stimmung in der SA zu schildern. Es ist m(eines) E(rachtens) nicht übertrieben, wenn man sagt, entweder es wird was unternommen, oder unsere Leute entgleiten uns, gehen zum Gegner oder handeln schließlich eines Tages über unsere Köpfe hinweg. Geschieht in den nächsten Monaten nichts, dann können wir langsam einpacken.«[26] Hart ist auch der Vorwurf: »Hat München denn überhaupt jede Fühlung mit uns SA-Männern verloren?«

»Sie können ruhig als unser Vertrauensmann auftreten«

Katastrophal ist auch die finanzielle Lage der SA. Bell, der gezwungen ist, Röhm bei der Erledigung seiner Aufträge Geld aus der eigenen Tasche vorzustrecken, berichtet über das Finanzelend des Stabschefs, der sich völlig in der Abhängigkeit des Reichsschatzmeisters der NSDAP, Franz Xaver Schwarz, befindet: »In einem Brief (...) hat mir Röhm von Garching aus geschrieben, daß seine Mittel beschränkt seien. In wiederholten Besprechungen hat er mir dann zugesagt, daß er mir all diese Gelder ersetzen werde, sobald ihm die Macht in der Partei restlos zufallen wird. Röhm hoffte, von der Bevormundung des Reichsschatzmeisters Schwarz bald erlöst zu sein.«[27]

Die wirtschaftlichen Schwierigkeiten, in denen sich die SA im Jahre 1931 befindet, beleuchtet auch die Verfügung, die Röhm am 9. Juni 1931 erlassen muß: »Die gespannte finanzielle Lage zwingt zu sofortigen durchgreifenden Maßnahmen.«[28] So ordnet der Stabschef an, den Stab der Obersten SA-Führung zu vermindern und neben personellen Einsparungen, die auch an anderen Stellen vorgenommen werden sollen, die Etats der einzelnen SA-Gruppen »durchgreifend« herabzusetzen. Die verzweifelte Lage bringt der SA-Standartenführer Mesmer im »Quartalsbericht für Januar bis März 1931« mit der Feststellung auf den Punkt: »Die SA kann finanziell einfach nicht mehr weiter.«[29]

Das alles sind die Gründe, die Röhm veranlassen, mit Bell in Verbindung zu treten und dessen Hilfe anzurufen. Der erfahrene Agent, den die neue Aufgabe sichtlich reizt, zögert nicht lange und erklärt sich »nach mehreren einzelnen Spezialaufträgen«, die er, wie er schreibt, »in der Schweiz und in Berlin für Röhm ausführte«[30], endgültig zu einer Mitarbeit bereit. Das Bündnis wird am 21. April 1931 in der Münchner Wohnung

Das politische Ziel, Ernst Röhm zur Macht zu verhelfen, verband Dr. Karl Léon Graf Du Moulin-Eckart mit Bell. Das Photo zeigt den Adjutanten des SA-Stabschefs mit Hildegard Huber, Bells Verlobten, in Krottenmühl am Simssee.

des Stabschefs in der Hohenzollernstraße 110 – »nachmittags 15 Uhr«, wie der pedantisch genaue Bell festhält – in Anwesenheit des Grafen Du Moulin-Eckart geschlossen.[31] »Dabei«, berichtet Bell, »wurde vereinbart, daß ich jede persönliche politische Tätigkeit aufgebe und alle meine Beziehungen und Verbindungen Röhm zur Verfügung stelle und einzig und allein für ihn arbeite. Röhm sagte dabei wörtlich: ›Es muß Ihnen (...) klar sein, daß wir damit auf Gedeih und Verderb zusammenhalten müssen und daß diese Zusammenarbeit auf Lebensdauer gilt.‹ Er betonte, daß ich mit ihm stehe und falle. Diese Vereinbarung wurde durch feierlichen Handschlag dann bekräftigt und mit seinem Ehrenwort besiegelt.«

Bereits am darauffolgenden Tag, dem 22. April 1931, übersendet Graf Du Moulin-Eckart dem neuen Verbündeten im Auftrag des Stabschefs ein neunseitiges Exposé, das Röhm über die außenpolitischen Zielsetzungen der Partei verfaßt hat und das den Rahmen für Bells Verhandlungen bilden soll.[32] Die Absichten, die Röhm mit seinem außenpolitischen Engagement verfolgt, gehen aber auch schon aus dem Brief hervor, den er Bell noch vor der Besiegelung ihres Bündnisses am 15. April 1931 schreibt:

»Mein lieber Bell!

Wie ich von Graf du Moulin erfahre, wollen Sie in Geschäften nach Paris fahren. Ich habe nun eine Bitte: Sie müssen etwas für mich, das heißt für die N.S.D.A.P. tun. Wir interessieren uns sehr über (sic!) die Ansichten und Meinungen(,) die man über der Grenze von unserer Partei hat. Ich weiß, daß Sie im Ausland eine Menge Bekannte haben, die sich mit Politik befassen und auch unsere Bewegung nicht nur kritisch betrachten(,) sondern auch Interesse für sie zeigen.

Hören Sie doch mal etwas herum und tun Sie vor Allem Ihr Möglichstes(,) die vielen Lügen und falschen Ansichten aufzuklären und richtig zu stellen, die im Ausland über uns kursieren. Sie können ruhig als unser Vertrauensmann auftreten, wenn Sie in unserem Sinne wirken. Vergessen Sie selbstverständlich auch die Presse nicht!! Wir legen den größten Wert darauf, daß England und die Welt die Wahrheit über uns erfährt. Sagen Sie Ihren Freunden auch, daß wir zu diesem Zwecke jederzeit gerne bereit sind(,) auch persönlich mit ihnen in Fühlung zu treten. Falls besonders wichtige Fragen auftauchen sollten, so wenden Sie sich doch bitte sofort an Graf du Moulin(,) um die ev. dann noch nötige Verbindung herzustellen. Mit bestem Gruß
Ihr sehr ergebener
Ernst Röhm.«[33]

Die außenpolitischen Pläne des SA-Stabschefs

In dem Exposé, das Röhm sieben Tage später Bell durch den Grafen Du Moulin-Eckart aushändigen läßt, wird der Oberstleutnant in seinen Vorstellungen noch konkreter. Zunächst aber geht er in dem Papier auf die SA ein und tritt dem schlechten Ruf, der den Sturmabteilungen auch im Ausland anhaftet, mit folgenden Ausführungen entgegen: »Wenn die Gegner der

N.S.D.A.P. sich im Ringen um die Führung in Deutschland über die Methoden der Partei entrüsten, so ist das eine bewußte Unaufrichtigkeit. Die Partei als jüngste politische Partei war bisher stets gezwungen, die Angriffe der Gegenparteien mit gleichen Argumenten zu beantworten. Einen besonderen Stein des Anstoßes bilden hier die Sturmabteilungen der N.S.D.A.P. Die Führung der Partei ist sich bewußt, daß nur die besonderen Mißstände die Aufstellung derartiger Formationen notwendig gemacht haben.

Die Führung der N.S.D.A.P. übersieht nicht, daß eine Versammlung von Männern, die nach militärischen Gesichtspunkten organisiert ist, zweifellos gewisse Schärfen in den politischen Kampf bringen kann, die leider oft nicht vermieden werden können. Die Leitung der Partei weiß aber auch, daß diese S.A.-Organisationen im Sinne einer militärischen Truppe überhaupt nicht anzusprechen sind, und demnach sind die S.A.-Abteilungen vielleicht später überflüssig. Wenn heute eine Auflösung nicht durchgeführt werden kann, so liegt dies vor allem daran, daß die Sozialdemokratie und ähnliche Parteien seit Jahren fortgesetzt die Freiheit der Straße unterdrückt und dadurch die N.S.D.A.P. gezwungen haben, zum eigenen Schutz ähnliche Organisationen zu schaffen. Die S.A.-Abteilungen der N.S.D.A.P. sind also keine kommende Revanchearmee oder ähnliches, sondern haben lediglich den Zweck des Parteischutzes und der Sicherung der Parteiarbeit und Propaganda.«[34]

Zweifellos sollen diese Zeilen dazu dienen, das Ausland zu beruhigen und die Ängste vor einem Gewaltstreich der SA abzubauen. Röhm geht es, wie er in seinem Exposé hervorhebt, vielmehr um einen Ausgleich in Europa, um die Folgen des Ersten Weltkrieges zu überwinden. Eine Anlehnung an die Sowjetunion lehnt er jedoch energisch ab: »Die sowjetrussische Politik, die das Auswärtige Amt und das Reichswehrministerium (als Erbe Seeckts) oder besser die Industriegruppen und Hintermänner dieser Ministerien betreiben, wird von der NSDAP für irrig gehalten. Es gilt als staatspolitisches Axiom, daß ein Staat(,) der nicht selbst bolschewistisch regiert wird, keine Alliance mit einem Sowjetstaat eingehen kann, ohne nicht selbst bolschewisiert zu werden. Die Auffassung des A.A. und des R.W.M., wonach man sehr wohl mit Sowjetrußland arbeiten könne, ohne selbst infiziert zu werden, teilt die NSDAP nicht.«[35]

Auch ein Zusammengehen mit den Vereinigten Staaten von Nordamerika weist Röhm zurück. »Nach Auffassung der NSDAP«, begründet er seine Ablehnung, »ist Deutschland in erster Linie als eine europäische Macht anzusehen.«[36]

In der Stärkung Europas sieht Röhm sein außenpolitisches Ziel. »Der Krieg und vor allem die Nachkriegszeit«, betont er, »hat wie keine andere Periode der Geschichte gezeigt, daß die Wohlfahrt, ja der Bestand eines Volkes, weniger von seiner tatsächlichen Beschaffenheit, als vielmehr von den Beziehungen, die dieses Volk zu den anderen Staaten unterhält, abhängt.

Die NSDAP hält es deshalb nicht nur für Deutschland, sondern auch im Interesse Europas für eine conditio sine qua non, daß sich die europäischen Staaten in bestimmter Form zusammenschließen. Die Partei ist dabei der Ansicht, daß Deutschland das mächtigste Land darstellt, dem es nur an der nötigen Regierung fehlt. Es wird also bei der erstrebten Verbindung *der* Partner gesucht, der *diese* Eigenschaft in erster Linie besitzt. Nach Ansicht der NSDAP ist der ideale Partner für ein mächtiges Deutschland das Britische Reich. (...) Allein schon der Gedanke einer Verbindung der größten Seemacht und der heute immer noch größten Landmacht Europas, ja der Erde, würde genügen, um das Vorteilhafte einer Verbindung zu erweisen. ›Die Stabilisierung der Erde würde gesichert.‹«[37]

Die SA als selbständige politische Kraft

Röhm, der auch eine »Annäherung an Frankreich als weiteren Partner nach erfolgter Vereinigung mit England« nicht ausschließt, ist daran interessiert, diesen Überlegungen auf schnellstem Wege Taten folgen zu lassen.«[38] »Die Partei«, so lautet sein

Die Allianz zwischen Hitler und Röhm war brüchiger, als es nach außen schien. Vor allem die Politiker in der Partei, die er nach Aussage von Georg Bell nur als Demagogen bezeichnete, waren dem Stabschef der SA ein Dorn im Auge. Das Bild, das Röhm im Gespräch mit Hitler zeigt, entstand auf dem Reichsparteitag der NSDAP in Nürnberg im Jahre 1933.

Angebot an Großbritannien, »kann nur die grundsätzliche Bereitschaft erklären, mit England eine enge Bindung einzugehen(,) und im Falle einer prinzipiellen Einigung bereits heute Wege einschlagen und Vorbereitungen treffen, diesen politischen Abmachungen in der Reichspolitik Geltung zu verschaffen und bei der kommenden Übernahme der Regierung den so angebahnten Bestrebungen auch offiziellen Charakter verleihen.«[39]

Röhm, der in dem Papier seine Person absichtlich zurücknimmt und nur von der »Parteileitung« im allgemeinen spricht, wobei auffällt, daß er nie den Namen Hitlers erwähnt, verschweigt nicht, daß sich die NSDAP intern schon auf das neue außenpolitische Ziel einstellt. »Die Parteileitung«, so verrät er, »hat bereits heute Maßnahmen getroffen, diesem als richtig erkannten Kurs innerhalb der Partei die nötige Geltung zu verschaffen. Z(ur) Z(ei)t ist eine Reorganisation der Partei im Gange, die als Grundlage für ein engeres Verhältnis mit England dienen könnte. So wurde eine besondere Stelle für auswärtige Angelegenheiten gebildet, die (aus) eine(m) besonderen Stab, einer eigenen Propagandaabteilung und aus den Vertretern der Partei im Ausland besteht.«[40] In diesem Zusammenhang hebt Röhm hervor: »Die Partei legt besonderen Wert auf die Zuverlässigkeit ihrer außenpolitischen Arbeit.«[41]

Am Ende des Exposés wirbt der Oberstleutnant offen für eine finanzielle Hilfe, unterstreicht aber zugleich, daß aus Kreisen, »die nicht Anhänger der nationalsozialistischen Idee sind«, keine Gelder angenommen werden.[42] »Anders dagegen verhält es sich mit Unterstützungen und Vertragspartnern mit dem Zweck gemeinsamer Arbeit mit gleichen Zielen. In diesem Falle wird die Unterstützung als Beteiligung an einem gemeinsamen idealen Werk aufgefaßt, das (...) paritätisch seine Erfüllung finden kann.

Über die Leistungen und Gegenleistungen finanzieller Art, ihre Grundlagen und Auswirkungen kann im Rahmen eines Exposee's (sic!) nichts Näheres gesagt werden. Im Bedarfsfalle würden einige wenige mündliche Besprechungen genügen, die erforderliche Basis der Zusammenarbeit zu finden. Zweck des Exposee's ist lediglich die prinzipielle Geneigtheit der NSDAP, die heute eine wohlorganisierte und täglich sich verstärkende Macht in Deutschland vorstellt, zur Zusammenarbeit mit Partnern zu zeigen, die die endgültige Verwirklichung des nationalsozialistischen Gedankens gewährleisten und gewillt sind, dem kommenden dritten Reich auf außenpolitischem Gebiet zuverlässige Vertragspartner zu sein.«[43]

Aus diesem Dokument wird deutlich, welche Aufgaben Bell erwarten. Offensichtlich drängt Röhm seinen neuen Gefolgsmann auch zur Eile; denn schon am 23. April, also nur einen Tag nach der Übergabe des Exposés, wird Bell ein »Ausweis« ausgestellt, der ihm jederzeit Zutritt ins »Braune Haus« an der Brienner Straße 45 verschafft.[44] Das Papier, das Röhm persönlich

unterzeichnet hat, enthält lediglich den einen Satz: »Herr Georg
Bell ist Angehöriger der Pressestelle des Obersten SA-Führers.«

Die Legitimation ist so unverfänglich abgefaßt, daß nicht zu
erkennen ist, welcher Tätigkeit Bell tatsächlich nachgeht. Selbst
das Exposé, das eine neue Entwicklung in der NSDAP einleiten
soll, verrät nichts von Röhms Machtplänen, die in Wirklichkeit
hinter all diesen Aktivitäten stehen. Bell allein weiß mit wenigen Eingeweihten in der Obersten SA-Führung, unter denen
sich neben dem Grafen Du Moulin-Eckart auch der Chef des
Ausbildungsstabes und Inspekteur der Schulen, SA-Gruppenführer Franz Ritter von Hörauf, befindet, welche persönlichen
Ziele der Stabschef verfolgt. Nach dem Zweiten Weltkrieg gibt
Ritter von Hörauf das Geheimnis, das ihn mit Bell verbunden
hat, preis. Seine Erklärung läßt keinen Zweifel daran, daß Röhm
die Absicht hegte, die SA als selbständige politische Kraft von
der NSDAP zu lösen. »Herr Bell«, berichtet der ehemalige Ge-
neralmajor, »übergab mir im Jahre 1932 zur Durchsicht eine
Denkschrift über seine Tätigkeit bei Röhm. Aus ihr sind folgende Sätze entnommen:

›Meine Aufgaben erstreckten sich auf Grund des Röhmschen
Planes, die SA so vollkommen auszubauen, daß sie unabhängig
von der Partei existieren könne und praktisch die Partei darstelle, um (die) Politiker, die Röhm nur als Demagogen bezeichnete, auszuschalten.‹«[45]

Vier Bedingungen an Röhm

Konkret listet Bell in der Denkschrift auf, was er im einzelnen zu
realisieren hatte: »1.) Aufstellung und Ausbau eines großen
Nachrichtendienstes der S.A. im In- und Ausland« (dessen Büro
in der Wohnung des Grafen Du Moulin-Eckart am Hohenzollernplatz 1 eingerichtet wurde)[46], »2.) Errichtung einer eigenen
Pressestelle für die S.A. mit Einführung einer eigenen Zeitung
(der heutige S.A.-Mann), 3.) Errichtung einer Propandastelle
für Röhm persönlich und die S.A. (Ausland und Inland)« und

»4.) Beschaffung von Geld für diese Zwecke bzw. Umleitung der bisher an die Politiker der Partei geflossenen Mittel an die S.A. aus der Industrie«.[47]

Um für Röhm erfolgreich tätig werden zu können, entwickelt Bell eine enorme Reisetätigkeit. Sein Kalender ist dichtgedrängt mit Terminen, die ihn durch ganz Europa führen. Bell, der später auch versucht, im Ausland mit »Regierungsvertretern Deutschlands«, wie er selbst hervorhebt, »Fühlung zu suchen zwecks einer ev. Koalition Röhms (d.i. der S.A. und nicht der

Der pompöse Ausbau des »Braunen Hauses« zum Sitz der Reichsleitung der NSDAP in München erregte den Unmut vieler SA-Männer, die in dem ganzen Aufwand nur Geldverschwendung und »Bonzentum« sahen. Das Bild zeigt das abgesperrte Gebäude bei der Polizeiaktion anläßlich des vorübergehenden Verbots der SA und der SS am 13. April 1932 durch die Reichsregierung.

Partei)«, hält zunächst vor allem nach Geldgebern Ausschau und bleibt dabei nicht ohne Erfolg.[48]

Über den Verlauf seiner ersten großen Mission für Röhm im Mai 1931 berichtet er: »Am 12. V. 31 reiste ich auftragsgemäß zur Völkerbundstagung nach Genf, um bei den dort anwesenden ausländischen Politikern und Journalisten für Röhm zu wirken bzw. außenpolitische Informationen für Röhm zu erhalten. Dabei hatte ich in Bern und Zürich Verhandlungen mit ausländischen Finanziers, um das Augenmerk dieser Leute auf Röhm zu lenken und ihm Geld zu verschaffen als dem kommenden politischen Faktor in Deutschland. Da sich die Verhandlungen länger hinzogen(,) sandte mir Röhm auf meinen Bericht hin telegraphisch 300 RM nach Lausanne (16. V. 31). Auf Grund meiner telephonischen Berichterstattung aus Lausanne beorderte mich dann Röhm nach Paris zu Verhandlungen mit einer französischen Finanzgruppe. Vom 17. V. bis 19. V. war ich zu diesem Zweck in Paris. Hier nahm ich auch Fühlung mit neuen englischen Kreisen. Am 19. V. 31(,) 22.30 Uhr(,) reiste ich von Paris nach Genua ab, wo weitere Besprechungen mit maßgebenden englisch-französischen Konsortien stattfanden. Man sicherte hier Röhm jeden Kredit zu unter 4 Bedingungen:

1.) Er muß sich innerhalb 2–3 Monate in der NSDAP an die Spitze setzen(,)

2.) die Presse der NSDAP unter englischen Einfluß bringen(,)

3.) ein außenpolitisches Büro gründen, dessen Tendenz noch festzulegen ist(,)

4.) ein militärpolitisches Büro, das die wehrpolitischen Fragen in einem noch zu erörternden Sinne behandelt.

Ich habe Röhm darüber ausführlich berichtet.«[49]

Das sind deutliche Forderungen, die Röhms endgültige Entscheidung verlangen, sich von Hitler zu trennen, der für die andere Seite offensichtlich kein akzeptabler Partner ist. Und der Stabschef der SA ist schnell bereit, den Führer der NSDAP fallen zu lassen. Er beauftragt seinen Verbindungsmann, die Verhandlungen fortzusetzen. »Am 29. V. 31«, erinnert sich Bell, »habe ich dann nach persönlicher Rücksprache Paris und London verständigt, daß Röhm die Bedingungen annimmt und versuchen wird, sie zu erfüllen.«[50]

Die Gegner Hitlers um Röhm sehen sich durch das Ergebnis, das die Verhandlungen mit den ausländischen Partnern erbracht hat, in ihrer Auffassung bestätigt, daß Hitler nicht stark genug sei, die Bewegung an die Macht zu bringen. So erwacht in einem kleinen Kreis verschworener SA-Führer im Braunen Haus der Gedanke, Röhm den Weg in der Partei mit Gewalt freizumachen. Auch Bell, selbst ein Feind Hitlers, steht dem

Verschwörerkreis nahe, wie Äußerungen aus seinem Mund belegen.

Für die Radikalen ist es nur noch eine Frage der Zeit, wann sie ihre Absicht wahrmachen. Den Mann, der die Tat ausführen soll, haben sie schon bestimmt.

IV.

MORDPLÄNE IM »BRAUNEN HAUS«
IN MÜNCHEN

Der Mann, der im Jahre 1931 bereit ist, Hitler aus dem Weg zu räumen, ist der SA-Sturmbannführer Julius Uhl[1], der in der Obersten SA-Führung im »Braunen Haus« in München den Posten eines Referenten bekleidet.[2] Der SA-Führer mit der niedrigen Parteinummer 647 gilt als hervorragender Pistolenschütze, auf dessen ruhige Hand Verlaß ist.[3] Den späteren SA-Standartenführer und Kommandeur der Stabswache Röhms wird Adolf Hitler am 13. Juli 1934 vor dem Reichstag in Berlin als denjenigen bezeichnen, der beim sogenannten Röhm-Putsch die Waffe gegen ihn richten sollte: »Standartenführer Uhl gestand noch wenige Stunden vor seinem Tod die Bereitwilligkeit zur Durchführung eines solchen Befehls.«[4] Am 1. Juli 1934 wird er im Konzentrationslager Dachau mit anderen SA-Angehörigen erschossen.[5]

Wahl mit dem Los

Hitler, der offensichtlich von den Mordplänen gegen ihn in der SA im Jahre 1931 erfahren hat, benutzt sein Wissen in der Röhm-Affäre nun dazu, um es gegen die SA zu verwenden. Dabei vertauscht er nur die Zeiten. Die Tatsache selbst aber, daß sein Leben wirklich ernstlich bedroht war, ist nicht aus der Luft gegriffen. Das bezeugt der SA-Obertruppführer Martin Schätzl aus München, der die Verschwörer gekannt hat.[6] »Unter dieser Gruppe«, erklärt der Kunstmaler vor seiner Erschießung im KL Dachau am 1. Juli 1934, »war bereits das Los gezogen worden, wer Hitler ermorden soll, und das Los war auf Standartenführer Uhl gefallen, der auch fest zur Tat entschlossen war.«[7]

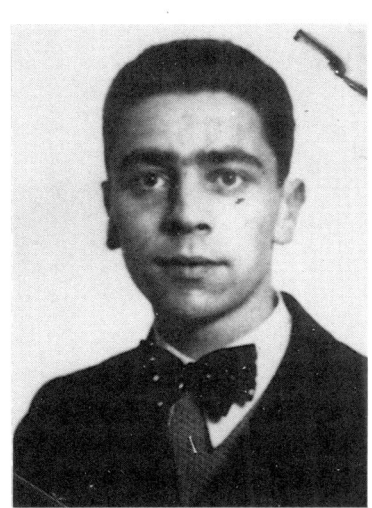

Der Kunstmaler und Graphiker Martin Schätzl aus München, der im Februar 1931 in die SA eingetreten war, wußte vom Mordplan gegen Adolf Hitler. Am 1. Juli 1934 wurde der SA-Obertruppführer, der seit dem 1. Februar 1934 dem Stab des Obersten SA-Führers (Adjutantur) angehört hatte, von der SS im Konzentrationslager Dachau erschossen.

Ein zweiter Zeuge, der von dem geplanten Anschlag auf Hitler erfahren hat, ist der SA-Scharführer Karl Hilpoltsteiner aus Rosenheim, der als Hausmeister bei der Braut von Bell, Hildegard Huber, in der »Villa Huber« in Krottenmühl am Simssee gearbeitet hat. Er wird vom SA-Standartenführer Arthur Rakobrandt, der Verdacht geschöpft hat und die Verschwörung aufdecken will, auf Georg Bell angesetzt, um belastendes Material gegen den Vertrauten Röhms zu sammeln. Hilpoltsteiner behauptet später in einem Bericht, den er am 28. August 1934 für die Reichsleitung der NSDAP abfaßt, daß es ihm auch gelungen sei, »viele Beweise« zu erbringen, die Bell belastet hätten. Als er im Jahre 1931 zur Berichterstattung über das Ergebnis seiner Nachforschungen im »Braunen Haus« erschienen sei, hätten sich Graf Du Moulin-Eckart und Uhl verdächtig benommen. »Uhl«, berichtet er im holperigen Deutsch, »betrug sich mir gegenüber in seinem Schuldbewußtsein brutal, ging sogar tätlich vor. (...) Auf Betreiben Bells kam ich sogar um meine Stellung (...). Dann trat ich auf Anraten wegen Gefahr (Ermittlungen in Sachen Bells) einige Monate aus der SA urlaubsweise aus, was mir als Dienstzeit angerechnet wird. Damals beantragte Uhl mein gänzliches Ausscheiden aus der SA. Gottlob, daß diese ruchlosen Anschläge rechtzeitig zunichte gemacht wurden und uns vor allem unser geliebter Führer Adolf Hitler erhalten blieb!«[8]

Nach dem Zweiten Weltkrieg erklärt auch der Rosenheimer Rechtsanwalt Dr. Max Zerkiebel, den Bell in den Jahren 1931/32 häufig konsultiert hat, daß sein Mandant in solche Pläne eingeweiht gewesen sei. »Über die mir in der damaligen Zeit bekanntgewordenen Vorgänge und Planungen«, sagt er aus, »darf ich wohl wegen des mir durch das Gesetz auferlegten Berufsgeheimnisses nichts Näheres aussagen. Es handelte sich im wesentlichsten um Pläne zur gewaltsamen Beseitigung des Adolf Hitler.«[9]

Der verratene Anschlag auf Röhm

Die Attentatspläne bleiben im »Braunen Haus« nicht ohne Folgen, und bald sind diejenigen, die den Anschlag auf Hitler in Betracht gezogen haben, die Gejagten. »Im Frühjahr 1932«, berichtet Graf Du Moulin-Eckart, »suchte mich in meinem Dienstzimmer im Braunen Haus ein gewisser Carl Horn aus Karlsruhe auf, der mir eröffnete, daß man Röhm, mir und Bell nach dem Leben trachtete. Der Grund war meiner Ansicht nach, daß die eigenmächtige Politik Röhms das Mißfallen der Partei und Adolf Hitlers erregt habe und daß man ihn und seinen engeren Kreis als Verräter betrachtete und beseitigen wollte.

Dieser Horn zeigte mir ein mit Maschinenschrift geschriebenes Blatt vor, auf dem bestimmte Anweisungen über eine Beseitigung von Röhm, mir und Bell standen. In Bezug auf meine Person hieß es z. B. – ich kann mich daran noch genau erinnern: ›Den Mann aus Zimmer 50 (mein Dienstzimmer, Vorzimmer Röhms) als den gefährlichsten übernehmen Sie selbst, fährt II Z 47 28 (gemeint ist das Autokennzeichen, Anm. d. Verf.), steht immer vor Braunen Haus, Radschrauben lösen oder noch was Besseres.«[10]

Als weiteres Opfer wurde in der Weisung außerdem Uhl erwähnt, was belegt, wie sehr sich der SA-Führer schon verdächtig gemacht hatte. »Es muß gehandelt werden, desgleichen auch bei Uhl«, hieß es.[11]

»Durch von mir veranlaßte Nachforschungen«, fährt der Graf fort,[12] »stellte sich heraus, daß dieses Schriftstück von einem gewissen Danzeisen geschrieben war, der in Beziehungen zu dem obersten Parteirichter Buch stand. Diese beiden waren im (Ersten) Weltkrieg Regimentskameraden.

Röhm und Bell wurden von mir gewarnt. Ich veranlaßte außerdem, daß die ganze Angelegenheit zur Kenntnis der Polizei kam, worauf gegen Horn und Danzeisen ein gerichtliches Verfahren eingeleitet wurde. (...) Horn wurde (im Juli 1932) freigesprochen wegen tätiger Reue, Danzeisen erhielt eine Gefängnisstrafe (von sechs Monaten).[13]

Der Umstand, daß diese Angelegenheit zur Kenntnis der Öffentlichkeit gekommen war, erregte bei Adolf Hitler großes Mißfallen. Er veranlaßte bei Röhm meine Entfernung aus der Obersten SA-Führung.«

Der geplante Mordanschlag des ehemaligen SA-Standartenführers Emil Danzeisen markiert auch das Ende des Bündnisses zwischen Bell und Röhm, der sich nun langsam von seinem Vertrauten zurückzuziehen beginnt, ohne Bell über die Gründe seiner Haltung zu unterrichten, was Bell verletzt. Dies ist der Grund, weshalb sich der Enttäuschte schließlich Gerlich zuwendet.

Über seine letzte Begegnung mit Röhm berichtet Bell: »Am 19. IV. 32 erfolgte eine große Aussprache mit Röhm. Die S.A. war inzwischen aufgelöst worden(,) und die Angriffe der Gegner innerhalb der Partei haben sich so verstärkt, daß Röhm es für geboten hielt, jede Tätigkeit zunächst einzustellen. Insbesondere war Röhm durch den geplanten Mordanschlag auf ihn und auf mich schwer erschüttert. Auch machte die vollständige Beschneidung seines Etats jede weitere Tätigkeit unmöglich. Das Mißtrauen seiner Parteigenossen (...) wuchs zu dem Grade, daß jede Tätigkeit für Röhm unerwünscht erschien.«[14]

Doch es ist nicht nur verletzter Stolz, der Bell in die Arme von Dr. Fritz Gerlich treibt. Auch die »unglaublichen Zustände«, die er in der Reichsleitung der NSDAP kennengelernt hat, stoßen ihn von der Partei ab.[15] Als er am 8. Oktober 1932 seinen Austritt aus der NSDAP – Bell (Mitgliedsnummer: 290 055) unterstand der Ortsgruppe Endorf in Oberbayern[16] – erklärt, schließt er sein Schreiben mit der Feststellung:»Wie könnte Hitler Deutschland retten, wenn er nicht einmal in seinem eigenen Haus Ordnung und Sauberkeit schaffen kann.«[17]

Der Vertrag mit Sir Henry Deterding

Die Nationalsozialisten verlieren mit Bell nicht nur einen hervorragenden Organisator und Kontaktmann, sondern, was für sie noch schlimmer wiegt, in Bell erwächst ihnen nun ein gefährlicher Gegner, dessen Wissen um ihre Geheimnisse für sie Sprengkraft hat. Und Bell ist auch bereit, nicht zu verschweigen, daß selbst ein so einflußreicher Mann wie der Chef der »Royal-Dutch/Shell-Gruppe«, Sir Henry Deterding, in London entschlossen war, mit den Nationalsozialisten zusammenzugehen. Schließlich war es Bell selbst, der die Verhandlungen mit dem englisch-holländischen Erdölmagnaten, seit der Verstaatlichung aller Shell-Förderanlagen im Kaukasus durch die Kommunisten ein erbitterter Feind der Sowjetunion, eingefädelt und geführt hat.

»Das Ergebnis der Besprechungen«, berichtet Erich Fürst von Waldburg zu Zeil, der Gerlichs Zeitung finanziert und der das von Bell sichergestellte Original des Vertrages in seinen Händen gehalten hat,»war ein Übereinkommen, das die Finanzierung der SA durch Deterding gewährleistete. Dafür versprach die Partei nach Machtergreifung Vorteile auf dem Gebiete des Absatzes von Erdölprodukten in Deutschland auf Kosten der bis dahin stark gepflegten gleichen russischen Interessen.«[18]

Als Hitler am 30. Januar 1933 zum Ärger der vielen SA-Leute, die sich um die versprochene Revolution betrogen sehen, nun doch auf legalem Weg an die Macht gelangt, steht Bell im Lager der Opposition. Er ist fest entschlossen, dem Nationalsozialismus dort entgegenzutreten, wo eine Abwehr, wie zum Beispiel in Bayern, noch möglich ist. Aber er weiß auch, daß letztlich

Der Erdölmagnat Sir Henry Deterding, Chef der »Royal Dutch/Shell-Gruppe«, war bereit, den Stabschef der SA, Ernst Röhm, mit finanziellen Zuwendungen zu fördern.

die Reichstagswahl am 5. März 1933 die Entscheidung darüber bringen wird, wohin der Weg in Deutschland gehen wird.

Im Gegensatz zu vielen anderen sieht der Sozialdemokrat Wilhelm Hoegner dem Wahlsonntag gelassen entgegen. Er glaubt nicht an einen Sieg der Regierung. Am 1. März 1933 befindet er sich auf der Rückreise von einer Wahlveranstaltung in Hamburg, wo er am 28. Februar in einer Versammlung seiner Partei gesprochen und auch öffentlich zum Reichstagsbrand Stellung genommen hat, der in seinen Augen ein Werk der Nationalsozialisten gewesen ist, was auch Bell und Gerlich annehmen. »Am nächsten Morgen«, erinnert er sich, »fuhr ich nach München zurück. Die Eisenbahnbrücke über die Elbe war bereits von SA-Männern mit Karabinern bewacht. Göring hatte die SA zur Hilfspolizei in Preußen erklärt. Ich war froh, als ich am Spätnachmittag über die bayerische Grenze kam. Bayern würde sich halten, das war meine feste Zuversicht.«[19]

Andere dagegen blicken besorgt in die Zukunft. Je näher der Wahltag heranrückt, um so mehr verfestigt sich bei den NS-Gegnern die Sorge vor einem unerwarteten Zuschlagen der

SA-Abteilungen, denen ja, wie Bell in einem Bericht an Gerlich schreibt, »Versprechungen unglaublichster Art gemacht wurden (die geringste war doch, Deutschland auf ein paar Nächte der Plünderung preiszugeben)«.[20] Tatsächlich häufen sich die Gerüchte, daß die SA am Abend nach der Reichstagswahl in einer »Nacht der langen Messer«, auch »Bartholomäusnacht« genannt, die blutige Abrechnung mit ihren Feinden plane.

Die Sorge vor drohenden Übergriffen der Nationalsozialisten beunruhigt nicht nur in Deutschland die Öffentlichkeit. Auch im Ausland werden die beängstigenden Nachrichten, die aus dem Reich über die Grenzen dringen, besorgt zur Kenntnis genommen. Die *Neue Zürcher Zeitung* berichtet über die angeblich geheimen Absichten der SA ebenso ausführlich wie die britischen Blätter *Daily Herald* und *News Chronicle*.[21] Der *Gerade Weg* in München greift eine Meldung aus der *Neuen Zürcher Zeitung* (Nr. 315) auf, »wonach am 5. oder 6. März auch in Bayern ein ›Putsch geplant sei, der mit 50 000 SA-Leuten durchgeführt werden soll‹«.[22]

Bereitschaft zur Gewalt

Selbst ausländische Diplomaten trauen der SA solche Pläne zu. So stellt sich der französische Botschafter in Berlin, André François-Poncet, die Frage: »Wird die Machtergreifung ihres Führers diese Wölfe in Lämmer verwandeln, sie, die ankündigten, daß ›Köpfe rollen‹ werden und die erste Nacht der Revolution ›die Nacht der langen Messer‹ sein werde? Was werden für diese zu allem entschlossenen Banden, die vor nichts zurückschrecken, die Ermahnungen zur Ordnung, die Vorwürfe der Barone (im Kabinett Hitlers) und selbst die Interventionen des Marschalls bedeuten? Der Fackelzug (der SA) vom 30. Januar schon hat das bestehende Kräfteverhältnis aufgezeigt. Hellsichtiger als die Barone und die Reichswehr, verbargen die ausländischen Diplomaten in Berlin ihre Besorgnis nicht. Eines Tages, als ich Papen meine Befürchtungen mitteilte, erwiderte er: ›Ach was, wenn sie sich die Hörner abgelaufen haben, wird alles gut-gehen!‹ Dieses Wort spiegelt die Leichtfertigkeit des Mannes wider und unterstreicht zugleich seine Verantwortung und die seiner Freunde.«[23]

An der Wahrheit des Gerüchts über die bevorstehende »Nacht der langen Messer« am Abend der Reichstagswahl zweifelt auch das halbamtliche französische Nachrichtenbüro in Paris, Agence Havas, nicht. Die Agentur meldet aus Großbri-tannien: »Die englische Presse, die sich sehr unruhig über die innere Lage in Deutschland zeigt, veröffentlicht aufsehener-regende Enthüllungen, die ein aus Berlin nach London zurück-gekehrter Geschäftsmann den Zeitungen mitgeteilt haben soll.

Nach den Erklärungen dieses Geschäftsmannes, dessen Mit-teilungen vom *Daily Herald* und vom *News Chronicle* wiederge-geben werden, sollen die Nationalsozialisten für die Nacht vom Samstag auf den Sonntag eine Art von Bartholomäusnacht vorbereiten. Nach einigen Behauptungen soll ein simulierter Anschlag auf Reichskanzler Hitler zum Vorwand für eine Niedermetzelung der Juden und aller Führer der Linksparteien genommen werden.«[24]

Um zu erfahren, was tatsächlich an dem Gerücht wahr sei, wendet sich der Korrespondent des *Daily Express*, Sefton Del-mer, am 2. März 1933 an Hitler persönlich und befragt ihn nach dem angeblich geplanten Massenmord an den politischen Fein-den der Nationalsozialisten. Das Interview veröffentlichen auch die *Münchner Neuesten Nachrichten* am 4. März, also am Tag vor der Reichstagswahl: In dem Gespräch »erklärte Hitler, daß er eine solche ›Bartholomäusnacht‹ nicht nötig habe«. Er verwies auf die Gerichte, »die (nach dem Reichstagsbrand) gegen die Krise des Staates auf gesetzlichem Wege vorgehen«.[25]

Doch die Sorge vor Gewaltakten der SA ist nicht aus der Luft gegriffen. Jeder Kenner der Sturmabteilungen weiß, daß in ihren Reihen die Absicht bestand, nach der Eroberung der Macht mit ihren Gegnern abzurechnen. Um so größer ist die Enttäuschung der Braunhemden, als sie nach Hitlers Ernen-nung zum Reichskanzler wegen der »Legalität des Machtan-

Ernst Röhm vermißte bei Hitler den außenpolitischen Weitblick. So sagte er einmal über den Parteiführer: »Er reist mit leichtem Gepäck, und sein Weitblick reicht nicht über die Grenzen Deutschlands hinaus.« Das Bild aus dem Jahre 1932 zeigt Hitler und Röhm in Zivil im Gespräch mit dem späteren Reichsstatthalter in Bayern, Generalleutnant a.D. Franz Ritter von Epp (rechts).

tritts« in ihrem Verlangen gebremst werden. So wirft der SS-Standartenführer Reinhard Heydrich später dem Berliner Gestapo-Chef Rudolf Diels vor: »Wenn Sie nicht den Elan der SA und SS auf Flaschen gezogen hätten, wären dreißigtausend Untermenschen auf die Decke gelegt worden.«[26]

Fälschungen aus Willi Münzenbergs »Agitprop«-Abteilung

Wie viele teilt auch Fritz Gerlich die Besorgnis, daß die SA noch nicht von der Gewalt abgeschworen hat. Ein geheimer Aufmarschbefehl der Untergruppe Ost der SA-Gruppe Berlin-Brandenburg, der ihm zugespielt wird, scheint ihm recht zu geben. Um die Öffentlichkeit aufzurütteln, entschließt er sich, das belastende Material am 1. März im *Geraden Weg* zu veröffentlichen. Die »Ereignisse«, warnt Gerlich, »beginnen sich offenbar zu überstürzen. Die S.A. scheinen sich nunmehr offen in die deutsche Politik einzumischen.«[27]

Im folgenden lassen die Anspielungen zwischen den Zeilen auf Kenntnisse schließen, die Gerlich von Bell über die Kämpfe zwischen Röhm und der Reichsleitung der NSDAP erhalten hat. »Wir haben wiederholt in unserem Blatte (...) sehr ausführlich von der S.A. und S.S. als einer Organisation gesprochen, die neben der Politik der nationalsozialistischen Parteileitung ihr eigenes Dasein nach eigenen psychologischen Gesetzen führt und nicht immer mit den Wünschen der politischen Leitung übereinstimmt oder sich ihnen zu unterwerfen geneigt ist. Das tatsächliche Kräfteverhältnis dürfte sogar manchmal, und zwar gerade im entscheidenden Moment, den S.A. und S.S. ein sehr fühlbares Übergewicht über die Pläne der politischen Leitung geben.« Voller Andeutungen über die vergangenen Ereignisse in der SA um Röhm ist auch der nachstehende Satz: »Die S.A. fühlt sich unter der Führung des Hauptmanns Röhm stark, der jetzt die Entscheidung betreibt und der Ansicht ist, daß gerade bei seiner Vergangenheit nur der Weg der Gewalt ihn in der Macht erhalten kann.«

Gerlich scheut sich auch nicht, den Aufmarschbefehl der SA vom 22. Februar, der die Unterschrift des Führers der SA-Untergruppe Berlin-Ost, SA-Oberführer Karl Ernst, trägt, in seiner vollen Länge abzudrucken. Darin heißt es unter anderem: »Der Gegner darf auf keinen Fall von der Aktion etwas bemerken. (...) Das Heranziehen des Sturmbannes in der Nacht vom 5. auf 6. (März) geschieht auf Schnellastwagen der Polizei, die uns zu diesem Zweck zur Verfügung stehen. Angehörigen der Partei ist nahezulegen, die Straßen unbedingt zu meiden, damit dieselben keiner Gefahr ausgesetzt werden. (...) Verhaltungsmaßregeln bei Besetzung der Stadt (gemeint ist Berlin, Anm. d. Verf.) und einsetzenden Straßenkämpfen: Rücksichtsloser Waffengebrauch.«[28]

Aber Gerlich erliegt einer Täuschung. Wie sich bald herausstellt, sind alle Dokumente, die über die angeblich geheimen

Putschabsichten der SA in Deutschland kursieren, Fälschungen aus der Werkstatt von Willi Münzenberg, der im Zentralkomitee der KPD die Abteilung »Agitation und Propaganda« (Agitprop) leitet.[29] Auf Münzenbergs Machenschaften, die Unruhe in die Bevölkerung tragen und die Regierung der »nationalen Konzentration« spalten sollen, geht Hermann Göring als preußischer Ministerpräsident am 1. März 1933 in seiner Rundfunkrede ein, in der über die Entdeckungen im durchsuchten Karl-Liebknecht-Haus, der kommunistischen Parteizentrale in Berlin, berichtet: »Desgleichen wurden zahlreiche gefälschte Befehle von SA-Führern und Stahlhelmführern aufgefunden. Befehle, in denen die SA in geheimnisvoller Weise aufgefordert wurde, sich besonders für die Nacht vom 5. zum 6. März bereitzuhalten, um Berlin zu besetzen. In diesen Befehlen hieß es: ›Bei der Besetzung von Berlin ist von der Waffe nachdrücklichst Gebrauch zu machen. Die Straße ist freizuhalten, alles, was sich entgegenstellt, ist niederzuschießen.‹ Und diese Befehle wurden dann den Behörden zugesandt, bürgerlichen Parteien übermittelt und in die verschiedenen Häuser hineingetragen, um so das Schreckgespenst eines nationalsozialistischen Aufstandes hervorzurufen.«[30] Tatsache aber ist, daß ein Putsch nach der Reichstagswahl am 5./6. März von der NSDAP zu keiner Zeit in Erwägung gezogen worden ist.

Hitlers mäßiger Wahlerfolg am 5. März 1933

In einer ausführlichen Stellungnahme, die der *Völkische Beobachter* am 3. März 1933 veröffentlicht, distanziert sich der SA-Oberführer und Reichstagsabgeordnete Karl Ernst von dem Befehl, der ihm untergeschoben worden ist. »Als verantwortlicher SA-Führer der Untergruppe Berlin-Ost«, schreibt er, »wurde mir vom Herrn Reichsminister Göring ein gelber Durchschlag vorgelegt, welcher die ›Abschrift‹ eines von mir erlassenen Befehls an die 8000 SA-Männer meiner Untergruppe darstellen sollte. Dienstlich und ehrenwörtlich danach befragt, ob ich jemals einen solchen Befehl erlassen habe, konnte und mußte ich dies verneinen. (…) Darüber hinaus ist, vom befehlstechnischen Standpunkt aus betrachtet, die Anordnung, Logik und ganze Folge dieser mir vorgelegten Fälschung so unfähig vorgetäuscht, daß ich erröten würde, hätte ich meinen Namen unter solch Geschreibsel gesetzt.«[31]

Zwei Tage nach dieser Erklärung fällt die Entscheidung über die Zukunft der Nationalsozialisten und ihrer Koalitionspartner an den Urnen. Die Wahlbeteiligung an diesem bedeutungsvollen Sonntag ist enorm. 88,8 Prozent aller Wahlberechtigten – mehr denn je bei einer Reichstagswahl – gehen zu den Stimmlokalen.[32] Und am Abend steht fest: Sieger der Wahl ist Adolf Hitler. Seine Regierung hat mit 340 von 647 Sitzen im Reichstag die absolute Mehrheit gewonnen.[33] Doch es ist kein triumphaler Erfolg, der ihm zufällt. Die NSDAP erhält nur 43,9 Prozent aller abgegebenen Stimmen, und die mit Hitler verbündete »Kampffront Schwarz-Weiß-Rot«, die aus der Deutschnationalen Volkspartei (DNVP) und aus dem »Stahlhelm« besteht, bringt es lediglich auf acht Prozent.[34] Von einer »überwältigenden« Mehrheit des deutschen Volkes, die der NSDAP, wie später behauptet wird, angeblich das Vertrauen ausgesprochen hat, kann also nicht die Rede sein. Immerhin wählten noch 18,3 Prozent der Deutschen die SPD (7 181 273 Stimmen), 12,3 Prozent die KPD (4 847 939 Stimmen), trotz aller Behinderungen und Verbote, und 2,7 Prozent die Bayerische Volkspartei (1 073 551 Stimmen).[35]

Über das »politische Ergebnis«, wie er seinen Leitartikel betitelt, schreibt der Hauptschriftleiter der MNN, Fritz Büchner, noch in der Nacht nach der Wahl: »Die Reichsregierung hat eine Mehrheit der deutschen Wähler für sich gewinnen können. Sie ist damit, seit Brüning zum erstenmal, wieder in der Lage, auf einer parlamentarischen Basis zu regieren. Und man darf annehmen, daß sie diese Mehrheit dazu benutzen wird, um das Parlament zunächst einmal für geraume Zeit zu vertagen.

Im einzelnen ist das Wahlbild politisch ungemein aufschlußreich. Aufschlußreich vor allem die über alle Erwartungen hinausgehende Wahlbeteiligung, die erweist, daß die Entscheidung vom deutschen Volk so ernst genommen wurde wie selten eine. Es ist dabei bezeichnend, daß dieser Einbruch in die früher immer größte Partei der Nichtwähler fast ausschließlich den Nationalsozialisten zugute kam. (...) Noch nie ist eine Regierung von der Welle nationaler Begeisterung so emporgetragen worden.«[36]

Ebenso wie Büchner, der sich zur Abwehr Hitlers für die Monarchie in Bayern stark gemacht hat, enttäuscht das Wahlergebnis auch Hoegner, der geglaubt hat, daß Bayern den Nationalsozialisten standhalten werde. Bedrückt blickt er im Gewerkschaftshaus in München, wo er sich am Abend des Wahlsonntags aufhält, in die Zukunft, die ihm nun düster und beklemmend erscheint.[37] Aus seinen Gefühlen macht er auch kein Hehl, als er sich nach der Auszählung der Stimmen kurz vor Mitternacht in einer Rede im Saal des Gewerkschaftshauses an die Parteifreunde wendet. »Nie«, gesteht er, »war es mir so schwergefallen wie jetzt.«

Während er spricht, kommen ihm die Freudenfeuer in den Sinn, die von den Nationalsozialisten am Abend vor der Reichstagswahl entzündet worden sind. »Gleichzeitig«, berichtet er, »erinnerte ich mich an die berühmte Stelle in der Iliade Homers über den Ausbruch der Pest im Lager der Griechen vor Troja. So legte ich vor meinen Freunden die Freudenfeuer der Nationalsozialisten als Totenfeuer der deutschen Freiheit aus und sagte, es könne uns gehen, wie es im Homer geschildert ist: Von den schweren Wolken herab stieg der Gott Apollon und legte den Pfeil auf den silbernen Bogen. (...) ›Er traf, und in einem fort flammten auf die Totenfeuer.‹

Im Saale war es totenstill geworden, Frauen schluchzten, ich aber grüßte meine Wähler mit dem unsterblichen Freiheitsruf und ging hinaus. Es war meine letzte öffentliche Ansprache im Deutschland Hitlers gewesen.«

V.

IN GEHEIMER MISSION NACH STUTTGART

Fritz Gerlich (der als erster, einziger und letzter Chefredakteur der *Münchner Neuesten Nachrichten* die preußische *und* die bayerische Staatsangehörigkeit besitzt) nimmt seine staatsbürgerlichen Rechte und Pflichten stets ernst. Der Gang zur Wahl ist für Gerlich auch am 5. März 1933 eine Selbstverständlichkeit. Aber er ist sich bewußt, daß diese letzten »freien« Wahlen in Deutschland schon unter Druck und mit Drohungen der Nationalsozialisten auf eine geschockte, irritierte, verängstigte Bevölkerung stattfinden.

Der »Schritt in die Barbarei«

In den letzten Ausgaben des *Geraden Weg* vor der Reichstagswahl am 5. März hat Gerlich wiederholt und in großer Bestürzung auf »Deutschlands Leidensweg« hingewiesen. Er sieht in der Hitlerbewegung das Zeichen »des geistigen und politischen Zusammenbruchs«, die »offene Loslösung von der menschlichen Kultur der letzten zwei Jahrtausende«, folglich einen »Schritt in die Barbarei mit lebensvernichtender Auswirkung«.[1] Seit der Ernennung Hitlers zum Kanzler am 30. Januar 1933 (Schleicher wurde am 28. Januar entlassen) und der Reichstagsauflösung am 1. Februar hat Gerlich keinerlei Hoffnung mehr, auch wenn er sie nach außen hin noch vertritt.

Auf Anraten seiner Freunde fährt Gerlich mit seiner schwer leidenden und gelähmten Frau und deren Neffen Dr. Ludwig Weitmann am 4. März mit dem Auto nach Innsbruck. Am folgenden Morgen gehen sie im bayerischen Grenzort Kiefersfelden zur Wahl und kehren dann nach Innsbruck zurück.[2] Über seine Sekretärin im Staatsarchiv, Maria Karl, ließ Therese Neumann an Gerlich die Warnung übermitteln, »er soll draußen bleiben«, d. h., nicht nach München zurückkehren.[3]

In den Erinnerungen eines Mitarbeiters ist zu lesen, Gerlich sei über den Wahlausgang zutiefst erschüttert gewesen: »Am Nachmittag des 6. März war der gesamte Redaktionsstab des *Geraden Weg* damit beschäftigt, die nächste Ausgabe des Blattes, das in der Nacht gedruckt werden sollte, vorzubereiten. Dr. Gerlich hatte telephonisch sein Eintreffen zum Redaktionsschluß angekündigt, allein die Stunden vergingen, und wir warteten mit steigender Ungeduld und Sorge auf das Erscheinen des Herausgebers. Endlich kam die Nachricht, daß der Wagen Dr. Gerlichs zwischen Rosenheim und München in den Straßengraben geraten war, daß alles gut abgegangen sei und daß wir Dr. Gerlich in der Redaktion erwarten sollten. Er kam gegen 10 Uhr abends an, und dann erfuhren wir erst, daß er schon mittags von Innsbruck abgefahren sei, daß es aber eine Panne nach der anderen gegeben habe und schließlich noch einen kleinen Unfall. (...)

Wir dachten damals über diese Fahrt mit Hindernissen nicht weiter nach, später aber schien es mir, als wenn die Vorsehung unserem lieben Doktor einen deutlichen Fingerzeig hätte geben wollen, er solle doch ja nicht nach München zurückkehren. Leider hat Dr. Gerlich das böse Omen nicht zur Kenntnis genommen – zu seinem Verhängnis.«[4]

Zu diesem Mitarbeiter hatte Gerlich früher halb ironisch, halb schwermütig gesagt: »Wir werden wohl die ersten sein, die sie an die Laternenpfähle hängen werden.«

Fritz Gerlich schreibt in den Nachtstunden des 6. März seinen letzten Leitartikel mit der Überschrift »Das Mandat der 52 Prozent«. (Die NSDAP hatte bei der Wahl 43,9 Prozent, mit den Deutschnationalen zusammen 52 Prozent der Stimmen erhalten.)

Im Schlußabsatz dieser vorsichtig formulierten Wahlanalyse heißt es: »So wie wir die Wahl sehen, hat ein Großteil des jungen Deutschland seine ganzen Hoffnungen in die Wahlurnen gelegt, zum Teil mit anderen Gruppen, die keine jugendlichen Hoffnungen vertraten. (...) Vor uns steht ein ziffernmäßig sehr mächtiger und geschlossener, ein in seinen Hoffnungen aber sehr auseinandergehender Block des deutschen Volkes. (...) Jedenfalls möchten wir nicht zu denjenigen gehören, die die

›Wechsel‹ – nämlich die Stimmzettel dieser Wahlmehrheit – ein-
zulösen verpflichtet sind.«[5]

»I glaub, s'ischt scho alles umsonscht...«

Diese Wechsel sollten für Fritz Gerlich noch grauenvoll werden.
Georg Bell, der beste Mann des Nachrichtendienstes des *Gera-*
den Weg (der auch die »Russenberichte« Gerlichs mit Geheim-
informationen aus dem Moskauer Zentralkomitee versorgte),
hatte von den Plänen der Nationalsozialisten erfahren, in Württemberg und Bayern Reichskommissare einzusetzen. Die beiden
Länder sind die letzten in Deutschland, die noch einen Rest
politischer Handlungsfähigkeit besitzen. Genau diesen Rest
wollen die Nationalsozialisten mit allen Mitteln beseitigen,
indem sie mit Hilfe eines Reichskommissars (nach dem Muster
in Preußen) die Polizeigewalt übernehmen und die Machtlosig-
keit der Regierung demonstrieren.

Um das zu verhindern, setzt Bell, der sich bekanntlich im Besitz des Geheimvertrags von SA-Stabschef Ernst Röhm mit dem
niederländisch-englischen Ölmagnaten Sir Henry Deterding befindet, alles auf eine Karte: Mit Gerlich und Fürst Waldburg will
er den württembergischen Staatspräsidenten Eugen Bolz zu
einem Besuch beim Reichspräsidenten Paul von Hindenburg
bewegen. Ihm soll Bolz den Vertrag zeigen. Bell erhofft sich
davon die Wirkung einer politischen Bombe auf Hindenburg,
auf die Reichswehr und auf die Regierungskoalition zwischen
Deutschnationalen und Nationalsozialisten. Wenn nämlich bekannt wird, daß Röhm in jüngster Vergangenheit geheime Kontakte zum Ausland unterhalten und dabei den Eindruck erweckt hat, als ob die Macht in der Partei bereits der SA
zugefallen sei, muß das bei den Deutschnationalen zum Krach
mit Hitler, wenn nicht gar zum Austritt aus der Regierung
führen. So sehen es jedenfalls die drei Männer, die verzweifelt
nach jeder Möglichkeit suchen, die totale Machtergreifung
Adolf Hitlers zu verhindern.

Erich Fürst von Waldburg zu Zeil, der den *Geraden Weg* finanziert, wollte schon früher mit Reichspräsident Hindenburg sprechen, aber der war, wie der Fürst im Jahre 1941 niederschreibt, »wie immer in kritischen Zeiten (...) unzugänglicher Gefangener in seiner Burg, dem Reichspräsidentenpalais«.[6] Waldburg weiß oder ahnt zumindest, daß Hindenburgs Staatssekretär Otto Meissner die Regie über den alten Herrn führt. Waldburg hat auch – nach einem erfolglosen Versuch beim bayerischen Ministerpräsidenten Held – schon am Wahlsonntag des 5. März 1933 versucht,

Er riskierte viel, um den »Geraden Weg«, die warnende und kämpferische Stimme gegen Hitler, zu finanzieren: Erich Fürst von Waldburg zu Zeil (1899–1953), der Gerlichs Mitstreiter, Partner und Freund war.

Staatspräsident Bolz für eine Reise zu Hindenburg zu gewinnen. Der Fürst war der Meinung, einem amtierenden Staatsoberhaupt könne Hindenburg einen Besuch nicht verweigern.

Nach seinem ersten Gespräch mit Bolz am 5. März in Weingarten begibt sich Waldburg am Montag, dem 6. März, nach München, wo er mit Gerlich und mit Bell zusammentrifft. Der Fürst, der sein Testament gemacht hat, als er von der Ernennung Hitlers zum Reichskanzler erfuhr, berichtet über den Fortgang der Dinge: »Am Mittwoch, dem 8. März, fuhr ich mit Gerlich und Bell über Zeil nach Stuttgart. Der Umweg war angebracht, da wir uns schon verfolgt und beobachtet wußten. Von Zeil aus rief ich Staatspräsident Bolz an, dessen traurige Stimme sagte: ›I glaub, s'ischt scho alles umsonscht. Bei uns hängt d'Hakenkreuzfahn aus'm Ministerium.‹«

Die Stuttgarter Nationalsozialisten folgten damit der Aufforderung Görings, der noch in der Nacht nach der Reichstagswahl (mit Hitlers Einverständnis) auch in den Ländern zur Übernahme der Macht aufgerufen hatte: »Zum erstenmal seit Bismarcks Zeiten ist die Schlüsselstellung des Zentrums gebrochen. Die ungeheure Überlegenheit der Nationalen Front gerade auch in den Süddeutschen Ländern gibt den süddeutschen Regierungen nicht mehr das Recht, namens des Volkes weiterzuregieren, da sich auch hier das Volk hinter Adolf Hitler gestellt hat.«[7]

Und das Stuttgarter Blatt der NSDAP, der *NS-Kurier*, triumphiert: »Herr Dr. Bolz und seine Freunde müssen erkennen, daß nunmehr die Stunde gekommen ist, in der sie ihre Ämter niederlegen müssen in die Hände der Männer, die das Vertrauen unseres Landes besitzen.«[8] Die NSDAP und die Kampffront Schwarz-Weiß-Rot mit dem Bauernbund errangen zusammen 53 Prozent der Stimmen.

Schon am Montag, dem 6. März hatte der Esslinger Reichstagsabgeordnete und SA-Gruppenführer Dietrich von Jagow von Staatspräsident Bolz die Zustimmung verlangt, die öffentlichen Gebäude für 24 Stunden mit dem Hakenkreuz zu beflaggen. Bolz war einverstanden unter der Bedingung, daß die Hakenkreuzfahne auf dem Innenministerium am Abend wieder eingeholt werde.[9] Bolz war nämlich zugleich Innenminister.

Eugen Bolz, ein spätes Opfer Freislers

Eugen Bolz wurde am 15. Dezember 1881 in Rottenburg am Neckar geboren. Seit 1912 saß der Jurist als Zentrumsabgeordneter im Reichstag, seit 1913 im württembergischen Landtag. Im Jahre 1919 wurde er zum Justizminister, 1923 zum Innenminister und 1928 zum Staatspräsidenten gewählt. Bolz ist ein sehr geachteter Mann, aber bei den Nationalsozialisten und bei Vizekanzler Franz von Papen (gegen dessen »Preußenschlag« er protestierte) hat er sich unbeliebt gemacht.

Bolz sprach sich nämlich am 28. November 1932 in seinem Münchner Vortrag zur Reichsreform (den auch Fritz Gerlich

Abfahrt des verhafteten vormaligen württembergischen Staatspräsidenten Eugen Bolz (im Auto hinten sitzend mit Hut) am 19. Juni 1933 vor dem Hotel Silber in Stuttgart, dem Sitz der Gestapo. Bolz mußte damals für vier Wochen ins Gefängnis auf den Hohenasperg. Der überzeugte und aufrechte Gegner der Nazi-Diktatur wurde im Dezember 1944 von Freisler zum Tode verurteilt und starb am 23. Januar 1945 in Berlin-Plötzensee unter dem Fallbeil.

hörte) entschieden gegen die Zentralisierungstendenzen des Reichs aus und verlangte, die Macht des Reichspräsidenten einzugrenzen.[10] Nicht jedem, sagte er, werde so viel Vertrauen entgegengebracht wie Hindenburg und man brauche sich nur vorzustellen, daß beim Ableben dieses Mannes sein Amt verfassungsmäßig an den Reichskanzler falle.

Im November 1932 hieß der Kanzler Papen, und als Hindenburg 1934 stirbt, heißt er Hitler. Und dieser vereidigt dann die Reichswehr auf seine Person – so wie Bolz das befürchtet hat.

Vor Papen warnte Bolz auch am 13. Februar 1933 auf einer Tagung des württembergischen Zentrums in Ulm: »Was wir fürchten von der jetzigen Regierung (. . .), daß der Geist von Potsdam, der preußisch-militärische Geist, wieder lebendig geworden ist (. . .), der den Krieg bis zum Weißbluten geführt hat. (. . .) Maßgebend ist dieser rückständige preußisch-ostelbische-protestantische Geist, der es nicht ertragen kann, daß der Katholizismus

90

etwas zu sagen hat. Es tut uns in der Seele weh, daß wir einen Papen in dieser Gesellschaft sehen.«[11]

Am 19. Juni 1933 wird Bolz von den Nationalsozialisten wegen einer Rede vor dem christlich-sozialen Parteitag in Salzburg zum erstenmal für vier Wochen in Schutzhaft (Hohenasperg) genommen. Als er am 12. August 1944 erneut verhaftet wird, – er weiß zwar von den Plänen Goerdelers, ist aber am Attentat des 20. Juli 1944 nicht beteiligt –, lehnt Bolz in den 14 Tagen seiner Haftzeit in Stuttgart einen Fluchtversuch ab, weil er sich unschuldig fühlt. Am 21. Dezember 1944 verurteilt ihn Freisler dennoch zum Tode, und am 23. Januar 1945 stirbt er in Berlin-Plötzensee unter dem Fallbeil.[12]

Doch zurück zu den Ereignissen im Frühjahr 1933. Auf Veranlassung des Landtagspräsidenten Christian Mergenthaler (NSDAP) und gegen den Willen des Staatspräsidenten werden am 7. März auf dem Stuttgarter Landtagsgebäude neben den württembergischen Landesfarben die Hakenkreuzfahne und die Reichsflagge Schwarz-Weiß-Rot gehißt.[13] Nach den Worten Mergenthalers ist das »die Quittung für die Hissung des roten Fetzens« im November 1918. »Heute ist auch in Württemberg die nationale Revolution ausgebrochen. Wir fordern den Staatspräsidenten Dr. Bolz auf, unverzüglich abzutreten und einer nationalen Regierung in Württemberg Platz zu machen. Wir richten an ihn die letzte Mahnung, sein Amt niederzulegen, oder die Reichsregierung wird ein anderes Wort mit ihm sprechen.«[14]

Zurücktreten aber kann Bolz gar nicht, weil seine Regierung nur eine geschäftsführende Funktion hat. Er richtet deshalb an Landtagspräsident Mergenthaler die Bitte, den Landtag zum 14. März mit der Tagesordnung »Wahl des Staatspräsidenten« einzuberufen.

Am Abend des 7. März wehen über dem Rathaus, den Ministerien, dem Polizeipräsidium, dem Süddeutschen Rundfunk und über dem Bahnhof die Hakenkreuze, und am Morgen des 8. März haben auch die Moltke-Polizeikaserne und die Bereitschaftspolizei an der Akademie die NS-Flagge aufgezogen. Die zur Bewachung der Fahnen abkommandierten SA- und SS-Leute sind mit Stahlhelm, Seitengewehr und Pistolen ausgerüstet.[15] So soll der Eindruck erweckt werden, als seien Württemberg und Stuttgart schon fest in der Hand der Nationalsozialisten.

Die Entmachtung des Parlaments in Stuttgart

Nach den Plänen der NS-Akteure soll die geschäftsführende Regierung Bolz so dastehen, als habe sie keine Machtmittel mehr in der Hand. Dies rechtfertige dann ein Eingreifen der Reichsregierung mit der Einsetzung eines Reichskommissars. Entsprechend äußert sich auch Hitler am Morgen des 8. März 1933 gegenüber dem bayerischen Gesandten Sperr mit der Bemerkung, ein Handeln sei »nun unvermeidlich« geworden.[16]

Ziel der Nationalsozialisten ist es, sowohl Regierung als auch Parlament in Stuttgart zu entmachten. Am Abend des 8. März, als sich die Umrisse einer »nationalen« Koalitionsregierung von NSDAP, DNVP und Bauernbund abzeichnen und das Zentrum erklärt hat, weiße Stimmzettel bei der Wahl eines nationalsozialistischen Staatspräsidenten abzugeben, erhält die württembergische Regierung ein Telegramm aus Berlin. Es kommt um 21.10 Uhr in Stuttgart an und lautet: »Da nach Umgestaltung politischer Verhältnisse in Deutschland Aufrechterhaltung öffentlicher Sicherheit und Ordnung unter gegenwärtiger oberster Leitung der Polizei nicht mehr gewährleistet, übernehme für Reichsregierung gemäß Paragraph 2 der Verordnung zum Schutz von Volk und Staat Befugnisse oberster Landesbehörden, soweit zur Erhaltung öffentlicher Sicherheit und Ordnung notwendig.«[17]

Innenminister Frick ersucht Bolz, dem Polizeikommissar von Jagow sofort die Geschäfte zu übergeben. Bolz weigert sich und erklärt, es handle sich hier um eine Rechtsverletzung, und dazu könne er seine Hand nicht bieten.[18] Und es ist ja auch in der Tat eine Zumutung für Bolz, genau dem Mann die Verantwortung für die öffentliche Sicherheit zu übergeben, der an der Spitze aller Aufmärsche und Demonstrationen der Nationalsozialisten in Württemberg gestanden hat.

Zur Person des neuen Machthabers: Dietrich von Jagow wurde am 29. Februar 1892 in Frankfurt an der Oder geboren. Bis 1920 war er aktiver Offizier in der kaiserlichen Marine, während des Ersten Weltkrieges Wachoffizier auf Unterseebooten und zuletzt U-Boot-Kommandant. Er erhielt das Eiserne Kreuz 1. und 2. Klasse und schied als Oberleutnant zur See aus dem Dienst aus. Er kämpfte dann im Baltikum bei der 2. Marinebrigade und 1921 beim Oberschlesischen Grenzschutz. Seit September 1931 ist er Führer der SA-Gruppe Süd-West für Württemberg, Baden und die Pfalz.[20]

Die Nachricht von der Ernennung Jagows durch Frick wird schon am Nachmittag des 8. März verbreitet, bevor das Telegramm des Reichsinnenministers in Stuttgart eintrifft. Am

Abend gibt Jagow einen Erlaß heraus, der mit den Worten endet: »Die gesamte württembergische Polizei hat meinen Anordnungen Folge zu leisten.«[21]

Damit ist die Stellung des Innenministers Bolz schlagartig untergraben, und Bolz meint die von ihm so oft in Schutz genommenen Polizeidienststellen, als er sagt: »Das Bitterste in diesen Tagen ist, daß man das Vertrauen in seine nächste Umgebung verliert.« Er glaubt auch, daß von Stuttgart aus die falsche Nachricht lanciert worden ist, die öffentliche Ruhe und Sicherheit sei gefährdet. Ohne Protest aber will Bolz nicht weichen: Mit einer Klage beim Staatsgerichtshof in Leipzig beabsichtigt er, Fricks Verfügung aufzuheben, und in einem Telegramm an Reichspräsident Hindenburg betont die württembergische Regierung, daß alle Voraussetzungen für die »Verordnung vom 28. Februar 1933 zum Schutze von Volk und Staat« auf Württemberg nicht zutreffen. Die Regierung »ist der Ansicht, daß hier eine so offenkundige Verletzung der von Ihnen, Herr Reichspräsident, erlassenen Verordnung vorliegt, daß sie sich genötigt sieht, Ihr persönliches Eingreifen anzurufen«. Die Anordnung sei zudem erst erfolgt, als das Reichsinnenministerium in Berlin bereits wußte, daß »die württembergische Regierung rechtzeitig von sich aus alles getan hat, um eine dem Reichstagswahlergebnis entsprechende Neubildung der württembergischen Regierung schleunigst herbeizuführen (Telegramm vom 8. März 1933, aufgegeben um 11.55 Uhr).«[22]

»Das Schlagwort, man müsse Hitler abwirtschaften lassen,
stand im Vordergrund...«

Am weitesten in seinem Protest geht der Vorsitzende der Deutschen Demokratischen Partei in Württemberg, Reinhold Maier, Landtags- und Reichstagsabgeordneter sowie Wirtschaftsminister, der mit einer sogenannten nichtarischen Frau verheiratet ist. Der unbeugsame Feind der Nationalsozialisten fordert, das ganze Kabinett solle persönlich beim Reichspräsidenten vorstellig werden. Man werde zwar nicht viel erreichen, aber man stärke den Kräften im Reichskabinett den Rücken, die mit der Vergewaltigung der Länder nicht einverstanden seien.[23] (Am 8. März 1933 ernennt Reichsinnenminister Frick Reichspolizeikommissare auch für Baden, Sachsen und Schaumburg-Lippe. Damit sind in allen Ländern ohne Rechtsregierung – außer in Bayern – die Polizeibefugnisse auf das Reich übergegangen. Die SA wird zur Hilfspolizei ernannt.)

Bolz bittet Fürst Waldburg, Gerlich und Bell ins Stuttgarter Vinzenzhaus, wo eine Funktionärsversammlung des Zentrums stattfindet. Waldburg erinnert sich: »Diese Versammlung werde ich nie vergessen. Das ganze geistige Elend dieser Institution stand noch einmal auf. (...) Das Schlagwort, man müsse Hitler abwirtschaften lassen, stand im Vordergrunde. Ich bat ums Wort und versuchte, klarzumachen, daß es sich hier nicht um ein Abwirtschaften nach den Spielregeln der Demokratie handle, sondern um eine totale Machtergreifung. (...)

Unmittelbar darauf begannen die Verhandlungen mit dem Staatspräsidenten, um ihn mit dem Material nach Berlin zu bringen. Er erkannte voll die Wichtigkeit und die Bedeutung des Materials. Besonders tief beeindruckte ihn der schon erwähnte englische Vertrag über die Finanzierung der SA gegen spätere Petroleumzugeständnisse, der im Original vorgewiesen wurde. (Anm. d. Verf.: Das Dokument läßt Fürst Waldburg später durch seinen Bruder Konstantin in die Schweiz bringen.) Er (gemeint ist Bolz, Anm.) war aber von dem Komplex besessen, sein Land in diesen schweren Stunden nicht verlassen zu dürfen. Vergebens machte ich ihm klar, daß die Entscheidung über das Schicksal des Reiches in diesen Stunden in Berlin falle und daß die Pflichten in Württemberg bereits bedeutungslos seien, wichtig sei jetzt nur, ob die SA oder ob die Wehrmacht (richtig: Reichswehr) mit der Polizeigewalt im Reiche betraut werde. (...) Er wies verzweifelt seinen Terminkalender vor, da stand nun leider klar verzeichnet, daß der arme Mann zwei Tage darauf in Friedrichshafen einen Bahnhof einweihen mußte, und um dieses historischen Friedrichshafener Hafenbahnhofs Willen ist

Abschiedstrunk Gerlichs mit dem Druckereibesitzer Adolf Müller, der den »Völkischen Beobachter« (Herausgeber: Adolf Hitler) und den »Geraden Weg« (Herausgeber: Fritz Gerlich) auf den gleichen Maschinen druckte. Müller wurde von Hitler gezwungen, den Druckauftrag mit Gerlich zu kündigen. Dieses Bild entstand im Frühjahr 1932 und zeigt Müller mit Gerlich in der Mitte. Neben Gerlich sitzt der Schriftleiter des »Geraden Weg«, Josef Hell. Johannes Steiner (ganz rechts mit erhobener Hand) unterhält sich mit Erich Offenbacher (mit dem Rücken zur Kamera), der für die Anzeigen im »Geraden Weg« verantwortlich war und später Selbstmord verübte. Ganz links der Redakteur und Schriftsteller Heinrich Binder.

die Reise auch richtig unterblieben. (Anm.: Hier irrt sich Fürst Waldburg, Finanzminister Alfred Dehlinger fuhr nach Friedrichshafen.) Wer weiß auch, ob sie Sinn gehabt hätte.

Nochmals machte ich einen Versuch am Donnerstag morgen, den Staatspräsidenten umzustimmen. Der Justizminister war zugegen, aber es war nichts mehr zu erreichen. Derweilen schrieb ein Polizeimann bereits die Nummer meines Wagens auf, der vor dem Ministerium stand. (...) Die Lage wurde bedrohlich, auf der Straße wurde demonstriert. Rasch verließen wir das Hotel, und da wir beobachtet waren, brachte ich Gerlich und Bell auf dem Umweg über Münsingen, Blaubeuren nach

Ulm auf die Bahn. Nachdem ich die beiden Herren in den Schnellzug gesetzt hatte, fuhr ich nach Zeil.«[24]

Unterwegs hängt der 33jährige Fürst Waldburg bitteren Gedanken nach. Er erinnert sich auch an den Brief seines Schwiegervaters Fürst zu Löwenstein, den dieser im Juli 1932 wegen eines Leitartikels im *Geraden Weg* geschrieben hat: »Ich weiß, daß es auch im katholischen Adel Bayerns, wenn auch meines Wissens weniger als in anderen Reichsteilen, Anhänger Hitlers gibt. Daß ihre Zahl in Bayern aber eine große sei, daß ein sehr beträchtlicher Teil dieses Adels den Nazis angehört und gar der überwiegende Teil des katholischen Adels in der angegebenen Weise vergiftet sei, das glaube ich bis zum Gegenbeweis energisch leugnen zu dürfen.« Der von ihm sehr geschätzte Dr. Gerlich möge ihm doch Unterlagen für seine Behauptung geben.[25]

Die letzte gemeinsame Reise von Gerlich und Bell

Auch Karl Ludwig Freiherr zu Guttenberg war über den »derart unerhörten Artikel gegen den Bayerischen Heimat- und Königsbund« sehr aufgebracht und wollte von seinem Vetter Erich wissen, ob »Du tatsächlich mit diesem Blatt etwas zu tun hast. Ich kann es mir ja eigentlich nach diesem Artikel nicht recht denken. Sollte es aber doch der Fall sein, so darf ich Dich auf den erwähnten Aufsatz aufmerksam machen und Dich um Verständigung bitten, wie Du Dir eine Wiedergutmachung des Artikels durch Dr. Gerlich, soweit eine solche überhaupt möglich ist, denken würdest.«[26]

Gerlich hatte am 26. Juni 1932 »Hinter den Kulissen der Reichspolitik« geschrieben: »Die ganze Zweideutigkeit und weltanschauliche Hinterhältigkeit, die unser heutiges Leben so vergiftet, ist auch im überwiegenden Teil des katholischen Adels in Bayern (...) vertreten.«

Fürst Erich hatte dem Freiherrn am 15. Juli 1932 in einem Brief geantwortet: »Ich habe Gerlich veranlaßt, diesen Beweis meinem Schwiegervater gegenüber anzutreten und bezweifle nicht, daß er dies tun wird, wenn nicht die Zeit den Beweis rascher liefert als uns allen angenehm ist. (...) Was mich früher an der Politik des Heimat- und Königsbundes fast zur Verzweiflung gebracht hat, das war das Mitansehenmüssen einer Tendenz, die (...) langsam, aber sicher dazu hinführte, die monarchische Idee gewissermaßen auf Jahrmärkten zugrunde zu richten (...) Heute sehe ich das Königshaus in ernster Gefahr, sich an der Selbsthinrichtung des Hohenzollernhauses vermittels Hitlerei zu beteiligen. Es soll gern zugegeben sein, daß eine Wiederaufrichtung der Monarchie mit Hilfe dieser Kräfte für den Augenblick etwas Bestechendes hat. Auf die Ferne gesehen, führt sie aber notwendig zu einem Zusammenbruch, gegen den der von 1918 ein Kinderspiel ist, weil es sich hier um eine Beteiligung an dem sterbenden deutschen Protestantismus handelt.«

Der Fürst Waldburg sollte recht behalten, auch wenn Gerlich mit seinen »christlichen Gehässigkeiten« (Guttenberg) der Angriffe auf den »überwiegenden Teil« des Adels in Bayern vielleicht überzogen hatte.

Während der Fürst in seinem roten Mercedes nach Schloß Zeil zurückfährt, sitzen Fritz Gerlich und Georg Bell im Schnellzug D 120 Ulm – München. Ihren Mienen ist nicht anzumerken, wie sie über die Stuttgarter Erlebnisse denken. Freude zeigen sie jedenfalls nicht. Es wird die letzte gemeinsame Reise der beiden Männer sein, die durch das politische Schicksal Deutschlands zusammengeführt worden sind und die bis zuletzt mutig und aufrecht Hitlers Diktatur bekämpft haben.

Als die Räder des Zuges im Münchner Hauptbahnhof zum Stillstand kommen und Bell und Gerlich aussteigen, beginnt für sie das dramatische Schlußkapitel ihres Lebens.

VI.

DER STAATSSTREICH IN BAYERN

Der Tag, der das Ende der Freiheit in Bayern bringt, ist der 9. März 1933. Bereits am Vortag haben die Nationalsozialisten mit ihren Vorbereitungen zum Sturm auf den Freistaat begonnen. Offen sagt die Gauleitung der NSDAP in München dem bayerischen Ministerpräsidenten Dr. Heinrich Held, dem Innenminister Dr. Karl Stützel und dem Münchner Polizeipräsidenten Julius Koch in einer aggressiven Erklärung den Kampf an:

»Unsere Forderungen sind: Hinweg mit der Schattenregierung Held, hinweg mit Stützel, weg mit Koch! Das bayerische Volk hat durch die Wahl der nationalsozialistischen Bewegung in so überwältigendem Maß sein Vertrauen ausgesprochen, daß diese nun so schnell wie möglich verschwinden muß, da sie keine Existenzberechtigung mehr besitzt.«[1]

Pläne zum Umsturz

Während die Partei in München noch mit dem Säbel rasselt, werden in Berlin längst die Fäden gezogen, die Bayerns Selbständigkeit ein Ende bereiten sollen. Geleitet wird das Unternehmen vom Stabschef der SA, Ernst Röhm, der sich in der Reichshauptstadt aufhält.[2] Er steht dort in Verbindung mit dem Reichsführer SS, Heinrich Himmler, der ihn laufend über die Entwicklung in der bayerischen Landeshauptstadt am Telephon unterrichtet. Über die Informationen aus München, die angeblich den Stein ins Rollen gebracht haben, berichtet Röhm später in einem Interview mit dem *Völkischen Beobachter* selbst: »Am 8. März gab mir Pg. (= Parteigenosse) Himmler ein eingehendes Bild der Situation in Bayern, aus der ich entnehmen mußte, daß in weitesten Kreisen der S.A. und der nationalsozialistischen

Volksmehrheit eine wachsende Mißstimmung über das immer noch amtierende Kabinett Held-Stützel sich geltend machte. (...) Ich kam zur Überzeugung, daß eine Entscheidung in Bayern nicht mehr länger hinausgeschoben werden durfte. Ich bat daher für den nächsten Tag General von Epp, ebenso die Parteigenossen Wagner und Streicher nach München zu einer Unterredung.«[3]

Unterdessen entschließt sich die Bayerische Volkspartei (BVP) in München, die Flucht nach vorn anzutreten, um den drohenden Staatsstreich der Nationalsozialisten noch in letzter Minute abzuwenden. Ihre Landtagsfraktion unter dem Vorsitz von Dr. Georg Wohlmuth faßt am selben Tag den Beschluß, nun auf dem schnellsten Weg den Versuch einer Neuordnung der Regierungsverhältnisse in Bayern zu unternehmen, an dessen Spitze das nur geschäftsführende Kabinett Held steht, das sich auf keine Mehrheit im Bayerischen Landtag stützen kann.[4]

Zunächst scheint es so, daß auch die Nationalsozialisten in München zu Verhandlungen bereit seien. Der Fraktionschef der NSDAP im Landtag, Dr. Rudolf Buttmann, unterrichtet Wohlmuth darüber, daß er beauftragt worden sei, zusammen mit seinem Parteifreund, dem Abgeordneten Josef Bauer, mit der BVP die Verhandlungen über die Bildung einer neuen Regierung aufzunehmen.[5]

In Wirklichkeit geht es aber Hitler, der Buttmann nämlich nur zur Irritation des bayerischen Kabinetts vorschickt, nicht mehr um eine friedliche Lösung. Er sucht nun die Entscheidung mit Gewalt. Zu diesem Zweck befindet sich der Gauleiter der NSDAP von München-Oberbayern, Adolf Wagner, längst in Berlin, um dort gemeinsam mit Röhm die Pläne zum Umsturz in München auszuarbeiten und den Einsatz der SA zu planen, die den »Druck von unten« zu erzeugen hat, dem die Staatsregierung weichen soll.[6] Noch in der Nacht zum 9. März fahren Röhm und Wagner vom Anhalter Bahnhof in Berlin um 20.50 Uhr mit dem D-Zug »D 50« nach München zurück.[7]

Das Wetter am 9. März ist unfreundlich und kühl. Tagsüber fällt zeitweise Staubregen, Nebel behindert die Sicht, die nur einhundert Meter weit reicht, die Temperatur beträgt 3,5 Grad Celsius, und es herrscht Windstille.[8] Die Vorhersage der »Bayerischen Landeswetterwarte München« lautet für diesen Donnerstag: »Trüb, keine nennenswerten Niederschläge, kein Frost, neues Tief vor den britischen Inseln, vorher kurze Besserung.«[9]

Am Morgen treffen Röhm und Wagner um 8.20 Uhr mit dem Nachtschnellzug in München ein.[10] Am Hauptbahnhof werden sie schon von SA- und SS-Führern erwartet, die sie unverzüglich zum Portal des Nordbaus an der Arnulfstraße begleiten, vor dem schwarze Mercedeswagen für die Ankömmlinge bereitstehen.[11] Sofort begeben sich die Männer mit ihrem Gefolge zu der bereits in Berlin anberaumten Sitzung ins Braune Haus an der Brienner Straße 45.[12]

Während Generalleutnant a. D. Franz Ritter von Epp, der als neuer Machthaber in Bayern vorgesehen ist, und Adolf Wagner, Ernst Röhm sowie der »Frankenführer«, Julius Streicher, zur letzten Beratung vor der Entscheidung zusammentreten, sind bei der SA die Vorbereitungen zum gewaltsamen Eingreifen längst abgeschlossen.[13] Die SA-Abteilungen, die in den vergangenen Tagen nach generalstabsmäßigem Plan systematisch in München zusammengezogen worden sind, stehen an diesem Morgen erwartungsgemäß in Bereitschaft zum Sturm auf die Landeshauptstadt.

Während die Nationalsozialisten am späten Vormittag im »Braunen Haus« untereinander ihr Vorgehen gegen die bayerische Staatsregierung absprechen, berät sich zur selben Zeit Dr. Heinrich Held im Staatsministerium des Äußern am Promenadeplatz 2, dem Sitz des bayerischen Ministerpräsidenten, von der Parteizentrale der NSDAP nur wenige Straßen entfernt, mit Innenminister Dr. Karl Stützel, Staatsrat Dr. Joseph Bleyer und Polizeipräsident Julius Koch über die bedrohliche Lage, die durch die Massierung der SA in der Stadt entstanden ist.[14]

Der neue Reichsstatthalter in Bayern, Franz Ritter von Epp (in Zivil), und der Stabschef der SA, Ernst Röhm, nach der nationalsozialistischen Machtübernahme in Bayern auf der Fahrt zum Bayerischen Landtag in München.

Um 12.45 Uhr erscheint plötzlich Röhm zusammen mit Wagner und Himmler unangemeldet im Staatsministerium des Äußern und verlangt, sofort den Ministerpräsidenten zu sprechen.[15] Der Stabschef der SA und seine Begleiter kommen demonstrativ in Uniform. Im schroffen Ton fordert Röhm den Regierungschef auf, seiner Entmachtung zuzustimmen und unverzüglich Ritter von Epp zum Generalstaatskommissar zu ernennen, wozu er nach der bayerischen Verfassung befugt sei.[16]

Wörtlich sagt er nach eigener Darstellung: »Herr Ministerpräsident, ich komme als Führer der S.A., um Sie zu bitten, dem Volkswillen und dem Wahlergebnis vom 5. März Rechnung zu tragen. Ich bitte Sie, die vollziehende Gewalt in Bayern von sich aus dem General von Epp zu übertragen. Bayern ist das einzige Land, das mit der politischen Entwicklung des Reiches in seinen Regierungsverhältnissen nicht Schritt gehalten hat. Ich bin darüber unterrichtet, daß die Reichsregierung beabsichtigt, auch in

Bayern die Folgerung aus dem Wahlergebnis zu ziehen. Wenn aber die bayerische Regierung sich dazu entschließt, von sich aus einen Generalstaatskommissar zu bestellen, so glaube ich, daß diese bayerische Maßnahme durchaus den Wünschen der Reichsregierung entspricht.«[17]

Drohend verweist Röhm auch auf die gespannte Stimmung in der SA, die eine schnelle Entscheidung erfordere. Er unterläßt es aber, sich auf einen Auftrag aus Berlin zu berufen.[18] Noch beabsichtigt er, den Staatsstreich von Bayern aus zu führen, was durchaus im Interesse der Reichsführung liegt und seiner Haltung als Kondottiere entspricht.

Der Widerstand des Ministerpräsidenten

Doch der Versuch, Held mit der ultimativen Forderung zu überrumpeln, scheitert.[19] Der Ministerpräsident zeigt sich unbeeindruckt und erwidert, daß er allein keine Entscheidung treffen könne und deshalb das Kabinett unterrichten müsse. »Der Ministerrat«, berichtet Röhm, »sollte auf 2.30 Uhr nachmittags einberufen werden. Um 3.15 Uhr sollte ich, wie vereinbart wurde, über das Ergebnis Bescheid erhalten.«[20]

Nach dem für ihn unbefriedigenden Gespräch mit Held zieht sich Röhm wieder zurück. »Um 1.15 Uhr mittags«, berichtet er weiter, »verließ ich das Ministerium des Äußern mit meinen Begleitern und verständigte telephonisch den Reichskanzler und Reichsinnenminister. Ich unterrichtete beide in dem Sinne, daß ich glaubte, daß mein Vorschlag angenommen würde.«

Schnell spitzt sich nun die Lage in München zu. Die SA, die bisher Zurückhaltung gezeigt hat, beginnt am frühen Nachmittag auf Befehl ihrer Führung mit dem angekündigten »Druck von unten«, um Held mit den Mitteln der Straße aus dem Amt zu drängen. »Im Straßenbild«, meldet ein Berichterstatter der *Münchner Neuesten Nachrichten*, »sah man (...) viele Hunderte von uniformierten Hitler-Leuten, die teilweise mit Gummiknüppeln und Schußwaffen, zumeist Pistolen, ausgerüstet waren.«[21]

Auch der *Völkische Beobachter*, das Zentralorgan der NSDAP, verfolgt aufmerksam die Entwicklung in München. »Inzwischen«, berichtet er, »hatte in den Straßen der Landeshauptstadt die selbständige Aktion der Nationalsozialisten eingesetzt. Die Straßen füllten sich allmählich mit Braunhemden: Auto(s) und Motorräder der SA. sausten hin und her. Gegen 2 Uhr mittag(s) wurden zunächst auf dem Karlstor am Stachus, dem Verkehrsmittelpunkt

Zwei Angehörige der SS in alter Uniform als Hilfspolizisten vor dem Hofeingang zum Münchner Rathaus.

Münchens, eine Hakenkreuzfahne und eine weiß-blaue Fahne gehißt. Inzwischen zogen die Posten vor dem Braunen Haus an der Brienner Straße und vor dem Sitz der Gauleitung an der Barer Straße mit Karabinern bewaffnet auf, und auch das Straßenbild belebte sich zusehends mit uniformierter SA. und SS., teils auch bewaffnet.«[22]

Das Hauptquartier der SA befindet sich an diesem Tag im Gebäude der Gauleitung (Barer Straße 14), in dem neben der *Leibstandarte* der SA auch die *Gruppe München-Oberbayern* untergebracht ist. Dort herrscht »seit den ersten Nachmittagsstunden«, wie der *Völkische Beobachter* vermerkt, eine Emsigkeit wie in »einem Bienenstock«.[23] »Der Hof«, fährt der Berichterstatter fort, »gleicht einem Heerlager. Überall Posten, Motorräder,

Fahrräder und Braunhemden. Im Stab der Standarte herrscht fieberhafte Tätigkeit. Ein Telephonanruf jagt den anderen, Meldefahrer kommen und gehen, man glaubt sich in ein Generalstabslager im Krieg versetzt. Überall herrscht Jubel und frohe Siegeszuversicht.«

Inzwischen versucht der Ministerpräsident, der seit 14.30 Uhr die Mitglieder des Gesamtministeriums zur Beratung an seinem Amtssitz am Promenadeplatz um sich versammelt hat, weiter Zeit zu gewinnen.[24] Bevor die mit den Nationalsozialisten abgesprochene Bedenkzeit um 15.15 Uhr abläuft, wendet er sich an den Stabschef der SA und bittet um einen zeitlichen Aufschub, der ihm auch gewährt wird. »Um 3.15 Uhr nachmittags«, berichtet Röhm später im Interview mit dem *Völkischen Beobachter*, »rief mich Held an und bat mich, die vereinbarte Frist für die Antwort um eine Viertelstunde zu verlängern. Er fragte mich, ob General von Epp in München sei und ob er ihn sprechen könne. Ich erwiderte ihm, daß ich um 3.40 Uhr mit General von Epp bei ihm erscheinen würde.«[25]

Kampf am Konferenztisch

Mittlerweile hat Held auch die Hoffnung begraben müssen, bei der Abwehr der Nationalsozialisten wenigstens noch die Unterstützung der Reichswehr zu finden. Auf den Hilferuf der bayerischen Staatsregierung antwortet der Stabschef der 7. (bayer.) Reichswehrdivision, Oberst Alfred von Waeger, der an diesem Tag den abwesenden Befehlshaber der bayerischen Truppen, Generalleutnant Joseph Ritter von Leeb, vertritt, mit einer Absage.[26] Nachdem er im Reichswehrministerium in Berlin telephonisch den Rat seiner vorgesetzten Dienststelle eingeholt hat, läßt er am Nachmittag dem Ministerrat, der den Stabschef zu sich gerufen hat, in den Sitzungssaal folgende handschriftliche Notiz hereinreichen: »Reichswehrministerium befiehlt, Reichswehr aus rein innenpolitischen Auseinandersetzungen völlig fernzuhalten.«[27]

Zur vorgesehenen Zeit findet die erneute Begegnung zwischen den nationalsozialistischen Unterhändlern und Held am Amtssitz des Ministerpräsidenten statt. »Um 3.40 Uhr«, berichtet Röhm, «trafen General von Epp, Wagner, Himmler und ich im Ministerium des Äußeren ein. Bei der Konferenz waren von der anderen Seite anwesend: Ministerpräsident Held, Innenminister Stützel, Staatsrat Schäffer und einige andere Regierungsvertreter. Ministerpräsident Held teilte nun folgendes mit: Der Ministerrat sei zum Ergebnis gekommen, meinem Vorschlag nicht zu folgen. Die bayerische Regierung sei von sich aus in der Lage, die Ruhe und Ordnung aufrechtzuerhalten und lasse sich nicht unter den Druck der S.A. setzen.

Die Verhandlungen gingen nun von 3.40 bis 5 Uhr hin und her. Während dieser Zeit mußte ich folgende Feststellungen machen: Vor und während des Ministerrats fand sich im Ministerium eine Reihe von Abgeordneten der Bayerischen Volkspartei ein, darunter Prälat Wohlmuth, die das Kabinett ihrerseits unter Druck gesetzt hatten.«[28]

Röhm erkennt, daß der Widerstand im Ministerrat so nicht zu brechen ist. »Um 5 Uhr nachmittags«, fährt er in seinem Bericht fort, »glaubte ich den Zeitpunkt für gekommen, um die Verhandlungen, die von der anderen Seite offensichtlich nur zu hinhaltenden Zwecken geführt wurden, abzubrechen. Ich schlug dem General von Epp vor, daß wir uns zurückziehen sollten. Ich verständigte den Ministerpräsidenten Held noch dahingehend, daß die S.A. in München selbstverständlich planmäßig marschieren würde. Gleichzeitig machte ich ihn darauf aufmerksam, daß angesichts des unzeitgemäßen Widerstands der bayerischen Regierung ein allenfallsiges Blutvergießen auf seine Verantwortung komme.

Darauf verließen wir das Ministerium.«

Unterdessen hat sich vor dem Neuen Rathaus eine große Menschenmenge versammelt, die seit 15 Uhr immer mehr Zulauf erhält.[29] Um 17.30 Uhr muß deshalb der Betrieb der vier Straßenbahnlinien, die den Marienplatz kreuzen, eingestellt werden.

Nachdem am Abend noch immer keine Entscheidung über die Zukunft Bayerns gefallen ist, gehen die Nationalsozialisten dazu über, vollendete Tatsachen zu schaffen. Ihre erste Aktion starten sie auf dem Marienplatz, wo sie am Neuen Rathaus die Hakenkreuzfahne hissen und der wartenden Menge eröffnen, daß Generalleutnant a. D. Ritter von Epp die Macht in Bayern übernommen habe. Diese Bekanntgabe ist jedoch falsch und eilt der Entwicklung weit voraus.

Aufmerksam verfolgt der Berichterstatter der *Münchner Neuesten Nachrichten* die Vorgänge auf dem Marienplatz: »Vor 6 Uhr begaben sich die nationalsozialistischen Stadträte (Max) Amann und (Christian) Weber, begleitet von einigen Parteifreunden, die ebenfalls Zivilkleidung trugen, in das Rathaus, fuhren mit dem Turmaufzug bis zur ersten Turmgalerie und befestigten an der Galeriebrüstung eine über 6 Meter lange, breite, rote Fahne mit dem Hakenkreuz, deren unteres Ende bis über die Turmuhr reicht. Das Erscheinen der Fahne am Turm (kurz nach 18 Uhr) weckte unter den harrenden Massen stürmische Beifallskundgebungen.

Kurze Zeit darauf zeigte sich Stadtrat Amann mit einer Hakenkreuzbinde am rechten Arm auf einem der Rathausbalkone über der Tordurchfahrt und gab bekannt, daß General v. Epp als Staatskommissar in Bayern eingesetzt sei und die Macht übernommen habe. Der Nationalsozialist Himmler habe das Polizeipräsidium übernommen.«[30]

Das Telegramm des Reichsinnenministers

Während Max Amann auf dem Marienplatz bereits den Umsturz verkündet, ist Held in Wirklichkeit noch im Amt und wehrt sich weiter verzweifelt, den Nationalsozialisten zu weichen. Röhm macht aus dieser Tatsache auch in seinem späteren Interview mit dem *Völkischen Beobachter* kein Hehl. Bewegung kommt erst wieder in die Sache, als der Reichsinnenminister, der sich an diesem Tag in Frankfurt am Main aufhält, den Stabschef der SA in München anruft. »Ich«, berichtet Röhm, »schilderte ihm die Lage, worauf mir Dr. Frick eröffnete, daß er nach der Ergebnislosigkeit der Münchener Verhandlungen nunmehr selbst den Reichskommissar einsetzen würde. Er würde sofort die notwendigen Anweisungen an das Reichsinnenministerium nach Berlin geben.

Ich verständigte davon den Ministerpräsidenten Held und teilte ihm mit, daß wir, sowie das dienstliche Telegramm des Reichsinnenministers über die Berufung des Reichskommissars in unserer Hand wäre, in das Ministerium kommen würden.«[31]

Voller Ungeduld warten die Nationalsozialisten nun in München auf das Telegramm mit Epps Ernennung zum Reichskommissar in Bayern, das ihnen der Reichsinnenminister kurz nach 18 Uhr in Aussicht gestellt hat. Doch die Stunden verstreichen, und die ersehnte Depesche bleibt aus. Die Verzögerung hat ihren Grund darin, daß die Mitarbeiter Fricks im Reichsinnenministerium erst den offiziellen Dienstschluß im eigenen Haus abwarten wollen, bevor sie handeln, um zu verhindern, daß ihr Vorgehen noch im letzten Augenblick durch »außerplanmäßige Reaktionen der Reichsbürokratie«, wie der Historiker Ortwin Domröse schreibt, oder gar durch ein Eingreifen des Reichspräsidenten selbst gestoppt werden könnte.[32]

Die Nationalsozialisten in München bemänteln diese Vorsichtsmaßnahme später mit der Behauptung, daß sie die Order aus Berlin deshalb so spät erreicht habe, weil das Telegramm durch Sabotage verlorengegangen sei.[33] Bezeichnenderweise geht Röhm später in seinem Interview mit dem *Völkischen Beobachter* auf den Vorfall nicht mehr ein. Er erklärt nur: »Durch verschiedene Umstände verzögerte sich die Übermittlung des Telegramms bis nach 8 Uhr abends.«[34]

Um 20.15 Uhr ist es aber dann soweit. München erreicht das von den Nationalsozialisten so sehnlichst erwartete Telegramm der Deutschen Reichspost, das den Absendervermerk »480 Blitz Berlin 40 + 84/82 9/3 2015« trägt und das an »Ministerpräsident Dr. Held München« adressiert ist. Die Nachricht der Depesche lautet:»Da die infolge Umgestaltung politischer Verhältnisse in

*Mit dem Staatsstreich der Nationalsozialisten in München am 9. März 1933
verlor auch das alte Landtagsgebäude in der Prannerstraße seine Bedeutung
als Sitz des bayerischen Parlaments. Die Hakenkreuzfahnen an der Außen-
fassade signalisieren die verhängnisvolle Wende.*

Deutschland hervorgerufene Beunruhigung in Bevölkerung öffentliche Sicherheit und Ordnung in Bayern gegenwärtig nicht mehr gewährleistet erscheinen läßt, übernehme für Reichsregierung gemäß Paragraph 2 Verordnung zum Schutze von Volk und Staat Befugnisse oberster Landesbehörden Bayerns(,) soweit zur Erhaltung öffentlicher Sicherheit und Ordnung notwendig(,) und übertrage Wahrnehmung dieser Befugnisse Generalleutnant Ritter von Epp in München. Ersuche diesem sofort Geschäfte zu übergeben. Drahtnachricht von Übergabe erbeten.

Reichsinnenminister Dr. Frick.«[35]

Himmler Polizeipräsident in München: »Jede Erhebung auf das brutalste unterdrücken«

Für Held kommt das Telegramm nicht überraschend. Bereits gegen 19 Uhr hat der bayerische Gesandte in Berlin, Ministerialdirektor Franz Sperr, über die Presseabteilung der Reichsregierung erfahren, daß Generalleutnant Ritter von Epp nun als Reichskommissar und nicht mehr, wie zuerst vorgesehen, als Generalstaatskommissar in Bayern eingesetzt werden solle.[36] Die bayerische Staatsregierung ist jedoch zu dieser Zeit davon noch nicht offiziell unterrichtet.

Sofort protestiert Held in einem Telegramm an den Reichskanzler gegen diesen Schritt und erklärt ihm, daß die Voraussetzungen für diese Entscheidung fehlten, weil Ruhe und Ordnung in Bayern nach wie vor gewährleistet seien. Als Antwort auf seinen Protest, den der Ministerpräsident sogar als amtliche Verlautbarung der Staatsregierung in München öffentlich bekanntmachen läßt,[37] erhält Held um 20.15 Uhr Fricks Telegramm.

Damit sind die Nationalsozialisten an ihrem Ziel: Als letztes Land in Deutschland fällt nun auch Bayern der Gleichschaltung zum Opfer.

Mit Genugtuung berichtet Röhm über die weitere Entwicklung in München:»Unmittelbar nach Eintreffen des Tele-

Franz Ritter von Epp schreitet nach seiner Ernennung zum Reichsstatthalter in Bayern die Front einer SA-Formation ab, die vor der Münchner Polizei-direktion angetreten ist (links hinter ihm Gauleiter Adolf Wagner).

gramms fuhren General von Epp, die Pgg. (= Parteigenossen) Wagner, Himmler und ich erneut in das Ministerium des Äuße-ren. Wir fanden dort jedoch lediglich einen Inspektor zur Über-gabe der Geschäfte vor. Ich ordnete hierauf die sofortige Heran-holung der Minister Held und Stützel an. Im Laufe des Abends trafen die Herren ein. Die Übernahme der Geschäfte im Rahmen des Auftrags der Reichsregierung wurde von den bayerischen Ministern zur Kenntnis genommen und anerkannt. Wegen der vorgerückten Stunde wurde lediglich die formelle Übergabe auf den nächsten Tag, vormittags 11 Uhr, zurückgestellt.«[38]

Zu den ersten Amtshandlungen Epps als Reichskommissar gehört es noch in der Nacht, den Reichsführer SS, Heinrich Himmler, mit der »kommissarischen Leitung des Polizeipräsidi-ums in München« zu betrauen und den Gauleiter der NSDAP von München-Oberbayern, Adolf Wagner, zum »Beauftragten für die Führung des Polizeireferats im Innenministerium« zu er-nennen.[39] Beide werden die Gewalt ins Land tragen und dafür sorgen, daß sich in Bayern kein Widerstand mehr regt. Was von Himmler zu erwarten ist, verraten seine eigenen Worte, die er am 12. März 1933 gegenüber der Presse äußert: »Solange ich Polizeipräsident bin, bin ich gewillt, jede Erhebung, die irgend-wie den heute bestehenden Zustand auf illegale Art ändern will, auf das brutalste zu unterdrücken.«[40] Von dieser Erklärung ist es bis zur Errichtung des Konzentrationslagers Dachau am 22. März 1933 nicht mehr weit.[41]

VII.

STURM AUF DEN *GERADEN WEG*

Eine immer größere Unruhe bemächtigt sich der Stadt. Arbeiter zieht es in Massen zum »Münchner Gewerkschaftshaus« in der Pestalozzistraße 40-42, wo sich der Sitz des »Allgemeinen Deutschen Gewerkschaftsbundes« (ADGB) befindet. Das »Reichsbanner Schwarz-Rot-Gold«, die paramilitärische Organisation der Sozialdemokraten, ist entschlossen, das Haus gegen die SA zu verteidigen. Die Reichsbannerstürme 13 und 17 begeben sich in das Gebäude, das gegen 14 Uhr gesperrt wird. Die Nationalsozialisten fürchten in der Tat den Widerstand des Reichsbanner, der ihren Putschversuch erschweren könnte.

Gegen 16 Uhr sperrt die schon zu den Nationalsozialisten übergeschwenkte blaue Polizei das Gebäude im weiten Umkreis ab. Dabei kommt es zwischen Arbeitern und Polizisten zu ersten Handgreiflichkeiten in den umliegenden Straßen.[1]

Herrschaft über die Straße

Obwohl die Macht in Bayern noch nicht in ihren Händen liegt, übernehmen die Nationalsozialisten am Abend des 9. März 1933 gegen 18 Uhr die Herrschaft über die Straße. Die SA geht jetzt offen zur Gewalt über. Ihr erstes Ziel ist das Gewerkschaftshaus, das von 300 Männern des Reichsbanner – von den Nazis spöttisch »Reichsbananen« genannt – gehalten wird. Die Polizei ist abgezogen, und das Haus steht ohne jeden staatlichen Schutz da, als sich mehrere SA-Stürme unter dem Kommando des SA-Standartenführers Bunge mit Maschinengewehren und mit Handgranaten dem Gebäude nähern.

Da die Reichsbanner-Leute nur unzureichend bewaffnet sind, entschließt sich Gustav Schiefer, der Vorsitzende des ADGB-Ortsausschusses, das Gewerkschaftshaus kampflos zu überge-

Wachen der SA vor der »Münchener Post« nach der Demolierung der Redaktion und der Druckerei der sozialdemokratischen Zeitung in der Nacht zum 10. März 1933.

ben, nachdem ihm von der SA »ehrenvoller Abzug« zugesichert worden ist. Der Schlosser Rudi Stescal, einer der Belagerten, berichtet:»Den freien Abzug haben wir der SA allerdings nicht geglaubt. Wir mußten uns mit ›Hände hoch!‹ im Hof aufstellen. Irgendwann haben sie dann gesagt: ›Jetzt schleicht euch! Macht, daß ihr nach Hause kommt!‹ Alle die, die in Richtung Südfriedhof gegangen sind, denen ist nichts passiert. Diejenigen, die in Richtung Sendlinger-Tor-Platz gegangen sind, haben fürchterliche Prügel bezogen. (...) Der Schiefer hat dann auch eine Tracht Prügel bekommen.«[2]

Der SA bereitet es Vergnügen, die Besatzung des Reichsbanner zu demütigen. »Mit erhobenen Händen«, berichtet Julius Zerfaß, Feuilleton-Redakteur der *Münchener Post*, »mußte sie durch das Knüppel-Spalier der SA.«[3] In ohnmächtiger Wut muß Thomas Wimmer, der Vorsitzende der Münchner SPD und spätere Oberbürgermeister der Stadt, der in der schweigenden

Menge vor dem Gewerkschaftshaus steht, das erbärmliche Schauspiel mit ansehen. Gustav Schiefer wird am 15. März 1933 noch schwer mißhandelt, als er sich weigert, das Gewerkschaftshaus im geplünderten Zustand zu übernehmen.[4]

Auch Alfred Andersch, der spätere Schriftsteller, damals nach eigenen Worten Organisationsleiter der Kommunistischen Jugend, befindet sich in der Menschenmenge. In seinem Buch »Kirschen der Freiheit« sinniert er über die Situation, als ein SA-Motorradfahrer damals mit seiner Maschine plötzlich zu Boden stürzte: »Dies wäre der Augenblick des Aufstandes gewesen. (...) Jetzt eine kleine Bewegung nur, ein einziger Schrei, und alles käme in Gang (...), sicherlich, es wäre nur ein kleiner Sieg gewesen, (...) morgen ausgelöscht im Orkan der Niederlage – aber er hätte (...) den Staatsstreich in ein für alle sichtbares Blutbad verwandelt und den Schein der ›Ordnung‹ zerstört. Aber ich stieß den Schrei nicht aus. Niemand. Der Fahrer stand auf (...), der Motor sprang an, langsam fuhr er die Straße hinab. Und dies war das Zeichen; wir gingen auseinander, jeder für sich war wieder allein. Es gab keine Massen.«

Hofstatt Nr. 5, zweiter Stock

An der Müllerstraße hat sich die Landespolizei aufgestellt, die vom Innenminister Karl Stützel zum Schutze des Gewerkschaftshauses geschickt worden ist. Ihr Befehlshaber, ein blutjunger Offizier, läßt aber zu, daß die abziehenden und verhöhnten Reichsbanner-Männer von den grünuniformierten Landespolizisten auch noch mit Kolbenstößen traktiert werden.

Auch die SPD-Abgeordneten Wilhelm Hoegner und Erhard Auer, die mit dem Reichstagsabgeordneten Otto Wels und mit einigen Parteifreunden im »Künstlerhaus« zusammengekommen sind, können nichts mehr für die Reichsbannerleute tun. Das Gewerkschaftshaus, in dessen Keller später die verweste Leiche eines Reichsbannermannes gefunden wird, dient der SA ab sofort als Folterstätte.

In gewohnter Verlogenheit schreibt die *Sonntag-Morgen-Post* des NS-Gauleiters Adolf Wagner am 12. März 1933, daß die SA »von diesem Rotmordnest etwa ausgehende Bürgerkriegsunternehmungen von allem Anfang an« unterbinden wollte, und berichtet sogar von »aufgefundenen Maschinengewehren«. Ein Mitarbeiter namens Springer, der mit der SA marschiert ist, notiert dann: »Eine besondere Ehrenpflicht aber bedeutete es, der Schriftleitung des *Geraden Weg* und insbesondere der Giftküche des Herrn Gerlich einen Besuch abzustatten.«

Die »dicke Luft« in München ist in der Redaktion des *Geraden Weg* nicht unbemerkt geblieben. Schon in den Morgenstunden des 9. März erhält der Mitarbeiter Curt Graf Strachwitz einen Telephonanruf aus Berlin mit der Mitteilung, daß »eine nationalsozialistische Aktion« in München unmittelbar bevorstehe.[5] Im Laufe des Vormittags meldet sich dann auch eine unbekannte Frau fernmündlich und warnt, daß die Redaktion »im Laufe des Abends durch die SA gestürmt« werden solle. Während die Mitarbeiter hinter der Frau die verstellte Stimme des Druckereibesitzers Adolf Müller (*Völkischer Beobachter*) vermuten, greift Baron Hans Georg von Mallinckrodt zum Telephon und ruft kurzentschlossen Fritz Gerlich in dessen Stuttgarter Hotel an, »um Weisung zu erhalten, wie wir uns verhalten sollen.« Dr. Gerlich rät, die weiblichen Redaktionsangehörigen nach Hause zu schicken, die männlichen Redaktionsmitglieder sollten auf ihn warten.[6]

Mallinckrodt, 29 Jahre alt, kennt Erich Fürst von Waldburg zu Zeil und Gerlich seit Jahren, gehört seit März 1932 der Redaktion an und schreibt über katholische und gesellschaftliche Themen.

Gerlich bittet, die Zeitung fertigzustellen, und der Schriftleiter, Major a. D. Josef Hell, 49 Jahre alt, hat mittags zehn von 16 Seiten umbrochen, das Material für die restlichen sechs Seiten liegt bereit. Etwa um 12.30 Uhr ruft Gerlich nochmal an, kündigt sein Kommen für 18.00 Uhr an und läßt sich die ersten drei Seiten für den Leitartikel reservieren. Um 17.45 Uhr notiert Major Hell einen Telephonanruf, der die Besetzung der Redaktion ankündigt. Hell verständigt das Pressereferat der Polizei und bekommt die Antwort: »Wenn etwas eintreten sollte, rufen Sie die Nummer des Überfallkommandos an.« Um diese Zeit fällt dem ehemaligen Fliegermajor auf, »daß nirgends blaue Polizei zu sehen« ist.[7]

Gegen 18 Uhr treffen Fritz Gerlich und Georg Bell in der Redaktion des *Geraden Weg* in der Hofstatt Nr. 5, zweiter Stock, ein. Gerlich berichtet seinem Sekretär und Neffen Dr. Ludwig Weitmann, Major Hell und Curt Graf Strachwitz, dem Österreich-Experten, von der erfolglosen Stuttgarter Mission, verlangt einige neue Zeitungen und begibt sich an seinen Schreibtisch, »als wenn nicht das Geringste vorgefallen wäre« (Strachwitz). Dabei hat er auf seinem Weg vom Hauptbahnhof zum Färbergraben und in die Hofstatt die »empörten Volksmassen« unter Führung der SA sehr wohl registriert. Auch ist Gerlich über die Forderungen Röhms, des NS-Gauleiters Adolf Wagner und des Reichsführers SS Heinrich Himmler informiert, die den bayerischen Ministerpräsidenten Heinrich Held zum Rücktritt aufgefordert haben, um General Ritter von Epp die Macht übertragen zu können.

»Sie kommen, die Hitler kommen!«

Gerlich macht sich an die Arbeit, sieht die Druckfahnen der für den 12. März geplanten Ausgabe durch und konzentriert sich dann auf seinen Leitartikel. Dieser soll – nach den Angaben Erwein von Aretins und des Fürsten Waldburg – behandeln: den Vertrag der SA mit Sir Henry Deterding, die geheimen Pläne der Nationalsozialisten zur Vernichtung der Kirchen, Aussagen über die Hintergründe des Reichstagsbrands und Informationen über die Absicht Röhms, Hitler auszuschalten.

Gerlichs Ruhe wirkt auf seine Mitarbeiter fast unheimlich. Johannes Steiner und andere raten Gerlich zur Flucht in die Schweiz. Dazu ist alles vorbereitet: ein gepackter Koffer, der aufgetankte Chrysler, Freunde und Geld in der Schweiz. Gerlichs Antwort aber ist deutlich: »Und Sie alle sollte ich hierlassen, daß Sie für mich büßen müßten? Das kommt nicht in Frage. Ich bin bereit, für das, was ich geschrieben habe, mit meinem Leben einzustehen. Bemühen Sie sich nicht weiter, mich umzustimmen. Ich werde den Schreibtisch nicht verlassen.«[8]

Einer kann nicht so ruhig bleiben wie Gerlich: Georg Bell. Kurz vor 19 Uhr telephoniert er von Gerlichs Zimmer aus mit einem seiner Kontaktleute bei den Na-tionalsozialisten und

Am 28. März 1934 bedankte sich Fritz Gerlich (Absender »Polizeidirektion, Schutzhaft«) mit diesem Foto bei einer früheren Sekretärin für die »Zeichen Ihres Gedenkens an meinen Jahrestag«. Ob er damit seinen 51. Geburtstag (15.2.34) oder den Tag seiner Festnahme am 9.3.33 meinte, ist ungewiß.

erfährt: »In spätestens einer Stunde ist Epp Reichskommissar in Bayern.« Das ist zwar etwas voreilig gesagt, aber Bell genügt es: »Jetzt ist es Zeit, daß meiner Mutter Sohn sich dünn macht.«

Bell verläßt schnellstens die Redaktionsräume und tritt ins Stiegenhaus, als vom Erdgeschoß her die Putzfrau des Verlags die Treppen hochrennt und schreit: »Sie kommen, die Hitler kommen!« Bell springt zum Gangfenster und erkennt unter den etwa 60 bis 70 heranstürmenden Männern der SA-Leibstandarte den Adjutanten Röhms. Für Bell geht es um Kopf und Kragen. Er muß sich entscheiden zwischen einem Versteck in der Redaktion oder der Flucht ins Dachgeschoß.

Die Putzfrau stürmt in die Verlagsräume und trifft im Gang auf Amalie Breit, die fünfundzwanzigjährige Sekretärin Fritz Gerlichs. Die junge Frau eilt sofort in die Redaktion, um die Meldung weiterzugeben. Ludwig Weitmann, Neffe und Sekretär Gerlichs, rennt zu dessen Zimmer. Gerlich sitzt dort, eine Virginia rauchend, mit Curt Graf Strachwitz am Schreibtisch und liest die letzte Druckfahne des Aufsatzes »Die Prätorianer«. Mit halblauter Stimme wiederholt Gerlich den letzten Satz, den Strachwitz geschrieben hat: »Die Prätorianer waren die Totengräber des römischen Imperiums.«[9]

Da stürzt Weitmann herein und ruft aufgeregt: »Tür zusperren! Licht abdrehen! Die Nazi kommen!« Vom Gang hört man schwere Stiefel die Treppen heraufpoltern.[10]

Bell rennt durchs Stiegenhaus, kommt an die Tür zu Gerlichs Zimmer (das einen eigenen Eingang vom Treppenhaus her hat), drückt die Klinke herunter. »Im gleichen Augenblick wurde innen der Schlüssel durch Dr. Gerlich umgedreht, der ja nicht ahnen konnte, wer vor der Türe stand,«[11] berichtet Major Hell später. Hat sich Georg Bell doch entschlossen, Gerlich mit der Waffe beizustehen?

Das Schicksal nimmt beiden die Entscheidung ab. Bell bleibt jetzt nur noch der Weg auf den Dachboden. Mit wenigen Sprüngen ist er oben, steht vor der Eingangstür. Wenn sie geschlossen ist, dann ist er verloren. Er tastet mit pochendem Herzen nach dem Griff – die Tür läßt sich zum Glück lautlos nach innen öffnen und Bell verschwindet im Speicher.

Die SA-Männer haben inzwischen den Eingang zum Naturrechtsverlag erreicht. »Aufmachen, oder wir hauen die Tür ein!« verlangen sie drohend. Ihr Anführer erklärt, daß der *Gerade Weg* besetzt werde. Dann stürmen sie in die Redaktionsräume des ihnen verhaßten Blattes. »In jedes Zimmer zwei Mann Wache! Niemand darf heraus!« befiehlt der SA-Führer.«[12]

In der Redaktion befinden sich der Schriftleiter Josef Hell (kurz nur »der Major« genannt), der Redakteur Heinrich Binder und seine Frau, Baron Hans Georg von Mallinckrodt und die Redaktionssekretärin Amalie Breit, ferner die Mitarbeiter

Fischer und Jochner sowie Fräulein Mohr vom Vertrieb. Der Major telephoniert mit der Polizei und verlangt nach dem Überfallkommando, als ein SA-Mann eintritt und ihm den Hörer aus der Hand nimmt mit den Worten: »Telephonieren ist jetzt verboten.«

Erstaunt sieht Amalie Breit, wie beim Eindringen der etwa sechs bis acht SA-Männer ins Zimmer von Major Hell der Redakteur Heinrich Binder seiner Frau den Arm reicht und mit ihr zu einem SA-Mann geht. Nach ein paar Worten kann er – mit »Heil Hitler« grüßend – die Räume ungehindert verlassen.[13]

»Wo ist Gerlich, die Sau?«

Während der Führer des SA-Kommandos den Verlagsleiter Johannes Steiner anbrüllt: »Wo ist der Gerlich, die Sau?«, beginnt die Durchsuchung und die Plünderung von Verlag und Redaktion in allen Räumen. »Sperren Sie die Schreibtische auf! Privateigentum können Sie behalten. Alles andere kommt mit.« Als Major Hell, der mit grimmiger Ruhe an seinem Schreibtisch sitzt, bemerkt, daß hier rücksichtslos ein jahrelanges Werk vernichtet wird, und dagegen protestieren will, schreit ihn ein Unterführer an: »Wir haben uns jahrelang von Ihnen und Ihren Leuten besudeln und mißhandeln lassen müssen, nun ist endlich die Zeit gekommen, wo wir vergelten können! Halten Sie das Maul!«[14]

Die SA räumt gründlich auf: Verschlossene Schreibtische werden mit Stiefeltritten eingetreten, alles, was aus Papier ist, wird zerrissen, zerstört oder fortgeschleppt: Kartotheken, Akten, Korrespondenzen, sämtliche Jahrgänge des *Geraden Weg*, Photos, Briefmarkensammlungen, Manuskripte, Mitarbeitermappen und das Zeitungsarchiv. Alles, was für die Zeitung wichtig ist, wird in Papierkörbe gestopft und auf ein im Hof bereitstehendes Lastauto geleert.

Auch das Reisebüro des *Geraden Weg*, das hauptsächlich Romreisen organisiert hat und das in den Verlagsräumen untergebracht ist, muß an diesem Abend des 9. März 1933 seine Tätigkeit beenden.

Gerlich und Strachwitz sitzen schweigend im dunklen Zimmer. Nur der Lärm der Zerstörung dringt zu ihnen herein. Plötzlich nimmt Gerlich seine beiden Pistolen zur Hand und fragt Strachwitz: »Sollen wir von der Waffe Gebrauch machen, falls die Kerle hier einbrechen?« Strachwitz rät ganz entschieden ab, denn ein bewaffneter Widerstand kann »nur ein katastrophales Ende für uns alle nehmen. Wohl konnten wir vielleicht ein halbes Dutzend über den Haufen schießen, aber dann blieben immer noch genug übrig, um nicht allein Dr. Gerlich und mich, sondern auch das ganze übrige Personal der Redaktion zu massakrieren.« Gerlich sieht das ein und legt seine Pistolen wieder fort. (Die SA hatte, wie sich später herausstellt, tatsächlich den Plan, Gerlich – und Bell – »auf der Flucht« zu erschießen.)[15]

Graf Strachwitz schreibt, daß gegen 20.30 Uhr schwere Fäuste an Gerlichs versperrter Tür rütteln mit dem Ruf: »Da drinnen muß er sein!« Weiter heißt es in seinen Schilderungen: »Ich drehte das Licht auf und öffnete die Türe. Im Nu füllten zwei Dutzend Braunhemden, darunter eine Anzahl halber Kinder, die beiden Zimmer. Fast jeder hatte die Pistole in der Hand, und man hätte glauben können, sie seien auf der Suche nach verwegenen Schwerverbrechern. Dr. Gerlich stand ruhig an seinem großen Diplomatenschreibtisch, beide Hände auf die Tischplatte gestützt, in der Haltung eines Staatsmannes, der eine Deputation zudringlicher Querulanten empfängt. Seine selbstbewußte, kühl-verbindliche Haltung entwaffnete fürs erste die »Soldaten Hitlers«.

Sofort werden Schränke und Bücherregal in Gerlichs Zimmer ausgeräumt und in Körben jedes beschriebene oder gedruckte Blatt Papier weggeschafft. Strachwitz wird ins Nebenzimmer abgedrängt, Gerlich ist allein unter den SA-Leuten. Augenblicklich hagelt es Faustschläge in sein Gesicht. Als Strachwitz nach kurzer Zeit zurückkommt, blutet Gerlich aus Nase, Mund und Augen. Ein SA-Mann rennt zum Gangfenster und schreit in die

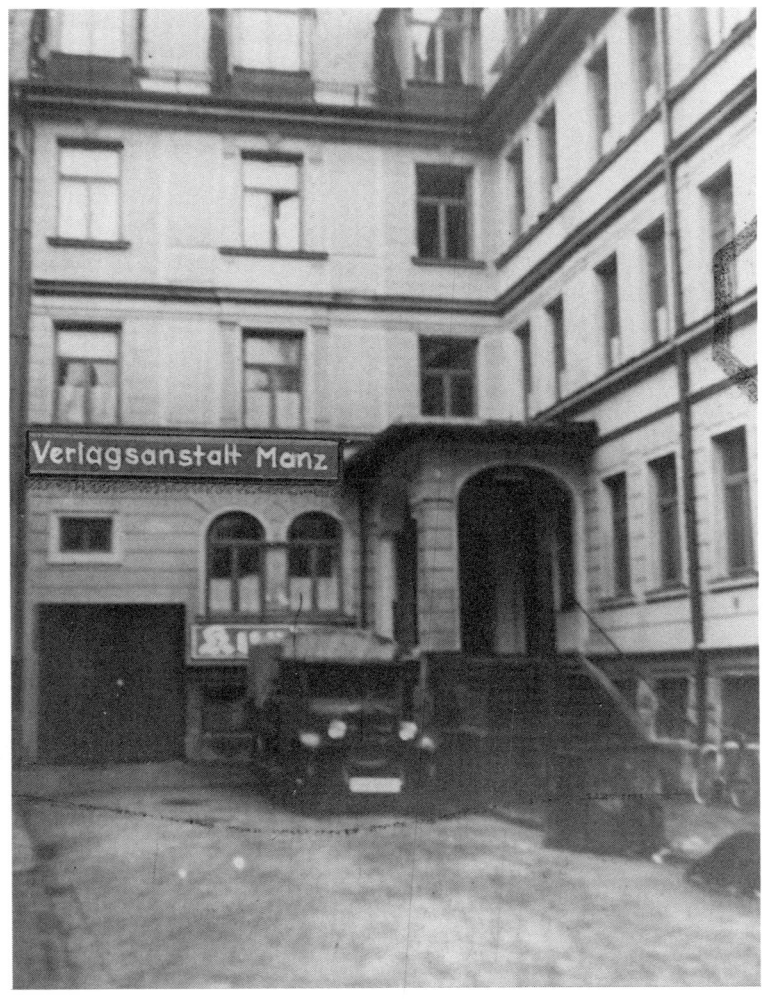

Über diesen Aufgang in der Hofstatt Nr. 5 stürmten die SA-Männer am 9. März 1933 in den 2. Stock, verwüsteten die Redaktions- und Verlagsräume des »Geraden Weg« und mißhandelten Gerlich.

mit Zeitungen übersäte Hofstatt hinunter: »Jetzt ham ma'n g'fund'n. I hab'n glei a so in d'Fotz'n neig'haut, daß eahm d' Soß owa g'runna is!«[16]

122

»Mich schlagen! Mich!
Einen Gründer der Vaterlandsbewegung!«

In der Hofstatt, einer etwa 60 Meter langen und 15 Meter breiten Einfahrtsstraße vom Färbergraben zur Verlagsanstalt Manz, deren zwei Gebäude am Ende der Sackgasse stehen, hat sich außer einer neugierigen, grölenden Menge inzwischen eine Hundertschaft grüner Landespolizei eingefunden. Der Polizeioffizier ersucht den SA-Sturmführer während der Plünderung, darauf zu achten, daß kein Brand entstehe, worauf der Befehl kommt: »Rauchen einstellen!« (Dies berichtet am Tag darauf der *Völkische Beobachter*.)

Mit betretenen Mienen verfolgen die früheren Kollegen Gerlichs von den *Münchner Neuesten Nachrichten* an den Fenstern des Verlags Knorr & Hirth das Ende des *Geraden Weg*. Die Polizei greift nicht ein.[17]

Wie ein Lauffeuer spricht sich herum, daß Gerlich entdeckt worden ist. Amalie Breit hört es von Fräulein Mohr und berichtet dann: »Zusammen eilten wir in die vorderen Zimmer und sahen nun voll Entsetzen ungefähr 20 SA-Leute im Zimmer des Herrn Dr. Gerlich. Graf Strachwitz stand unter der Türe, und Herr Jochner verhandelte mit einem Gruppenführer, da sechs Mann über ihn (Gerlich, Anm. d. Verf.) hergefallen waren, ohne Grund zu haben.«

Amalie Breit holt ein feuchtes Handtuch. Gerlich kühlt flüchtig Stirne und Gesicht und versucht dann, die Blutflecken auf der schwarzen Jacke und auf der schwarzen Weste wegzureiben.

Gerlichs Sekretärin tut noch etwas, gleich als sie ins Zimmer kommt: Sie nimmt Gerlichs dunklen, flauschigen Mantel, wirft ihn unauffällig über eine Schreibmaschine und schiebt dann mit dem Fuß die Aktenmappe Gerlichs hinter den Schreibtisch. Sie hat schrecklich Angst dabei, aber keiner der SA-Leute schöpft Verdacht. Nur Ludwig Weitmann wirft ihr einen vielsagenden Blick zu. Im Zimmer sind jetzt: Dr. Gerlich, Ludwig Weitmann, Major Hell, Johannes Steiner, Herr Jochner, Graf Strachwitz,

Fräulein Mohr und Fräulein Breit. Erst nach Aufforderung von Gerlich geht Amalie Breit mit dem SA-Führer ins Sekretariat, um eine Erklärung zu schreiben: »Unterzeichneter bestätigt hiermit, daß er weder persönlich angegriffen noch sein Eigentum verletzt oder mitgenommen wurde. München, 9. März 1933.«

Im Zimmer von Gerlich sind inzwischen auch Baron Mallinckrodt und Herr Fischer eingetroffen. Sie unterschreiben die Erklärung ebenso wie Graf Strachwitz und Fräulein Mohr, verabschieden sich von Gerlich und gehen.

Während Gerlich zutiefst empört ist (»Mich schlagen! Mich! Einen Gründer der Vaterlandsbewegung! Frick sollte jetzt da sein!«), greift Amalie Breit vor den Augen der SA-Posten nach der Mappe Gerlichs, setzt sich damit aufs Sofa, holt ein Butterbrot aus der Mappe und fängt zu essen an, »um klarzulegen, daß dies meine Mappe sei«, wie sie sich erinnert. Als die SA-Posten nach draußen gerufen werden, geht Weitmann schnell zum Sofa, Amalie Breit zieht einen Stoß Papiere aus der Mappe und den Leitartikel aus der Schreibmaschine, Weitmann schiebt sich alles unter die Weste und verschwindet später in einer Toilette. Dort vernichtet er die Abschriften der Nazipapiere, die Gerlich, Bell und Fürst Waldburg dem württembergischen Staatspräsidenten Bolz gezeigt haben.[18]

Gegen 22 Uhr hat sich die Situation etwas beruhigt. Auch NS-Gaugeschäftsführer Hartmann hat es aufgegeben, aus Amalie Breit herauszukriegen, wer die Unterlagen für Gerlichs Artikel »Staatskommissar Röhm« geliefert hat. Der Metteur Christian Stahl, ein überzeugter Kommunist, den Gerlich mit dem Drucker Rieselsberger vom Druckhaus Max Müller & Sohn mit zu Manz genommen hat, ist nun auch aus der Setzerei in die Redaktion gekommen. Stahl ist für Gerlich ein willkommener Diskussionspartner, aber heute hat, verständlicherweise, keiner rechte Lust zum Reden.

Gerlich ist soeben in die Verlagsräume zum WC gegangen, als vom Treppenhaus her laute Heilrufe ertönen. Drei Männer in Zivil eilen an den SA-Posten vorbei: Max Amann, Verlagsdirektor des nationalsozialistischen Eher-Verlags (der bei einem Jagdunfall im Herbst 1931 einen Arm verloren hat), Emil Maurice, NS-Stadtrat und früherer Chauffeur Adolf Hitlers, und Karl Fiehler (der spätere NS-Oberbürgermeister von München). Vier bewaffnete SA-Leute begleiten sie. »Wo ist der Gerlich, die Sau? Hat er seine Abreibung schon bekommen?« hören Steiner und Hell den Amann schreien.

Fritz Gerlich wird vorgeführt und mit Amann in ein dunkles Zimmer des Verlags gebracht. »Kennen Sie mich? Sie haben mich persönlich angegriffen – jetzt ist der Tag der Rache da!« zischt Amann mit blassem, vor Erregung zuckendem Gesicht und schlägt Gerlich brutal ins Gesicht. Der Schlag ist so wuchtig und unerwartet – Amann steht im Dunkeln –, daß die zersplitternde Brille Gerlichs Auge erheblich verletzt. Ludwig Weitmann drängt sich an den SA-Posten vorbei ins Zimmer, um seinem Onkel zu helfen, und sieht gerade, wie Gerlich zusammenbricht. Aber sofort erhebt sich Gerlich wieder. Weitmann hilft ihm dabei und sagt: »Es lohnen sich keine Worte.« Da schlägt Amann nochmal zu, und auch Weitmanns Brille fliegt davon.

Amanns Wut bezieht sich auf ein Photo seiner Villa in St. Quirin am Tegernsee. Gerlich brachte das Bild in einem Artikel (»Ist die Hitlerpartei pleite?«) als Kontrast zwischen dem Führerlager der NSDAP und den Sammelbüchsen der SA.[19] Als nach fünf Minuten der schäumende Amann mit Maurice und Fiehler wieder auf den Gang des Verlags tritt, herrscht er den Major Hell an: »Was schauen Sie mich so an? Wer sind Sie überhaupt?«

»Ich heiße Hell, bin Schriftleiter im *Geraden Weg*«.

»So, dann haben Sie Schwein auch dafür geschrieben.«

»Gewiß! Und habe meine Pflicht getan.«

Ein paar Fäuste der Begleiter Amanns schlagen auf Hell ein, der schützend seinen Arm hebt. »Was, wehren will er sich auch noch, der Hund?« Ein großer SA-Mann tritt auf Hell zu, fordert ihn auf, ruhig auch zuzuschlagen[20], und boxt dann Hell, der sich kaum wehrt, zusammen, bis er blutend und bewußtlos am Boden liegt.

Fritz Gerlich, dem gegen 23.45 Uhr von einem SA-Führer der Stabswache Röhms erklärt wird, er werde zur Polizeidirektion gebracht, bittet mit Rücksicht auf seine gelähmte Frau, man möge ihn in der eigenen Wohnung in »Schutzhaft« halten. Er versichert ehrenwörtlich, keinen Fluchtversuch zu unternehmen. Der SA-Führer telephoniert mit der Polizei, der Wunsch wird abgelehnt.[21]

Unten in der Hofstatt wartet noch immer eine johlende Menge, aus der heraus Gerlich angepöbelt und bespuckt wird. SA-Männer müssen ihn jetzt schützen. Während er im Auto zusammen mit Dr. Weitmann zur Polizeidirektion gefahren wird, gehen Major Hell, der Metteur Christian Stahl, Jochner und Johannes Steiner zu Fuß dorthin. Im Einlieferungszimmer treffen sie alle wieder zusammen: Amalie Breit wird von einem jungen SS-Mann zum Stachus gebracht, wo sie in die Straßenbahn steigt. Fritz Gerlich wird inzwischen die »Schutzhaft« eröffnet. Sie beginnt mit dem Eintrag ins Haftbuch des Münchner Polizeigefängnisses am 10. März 1933 um 0.15 Uhr.[22] Das Köfferchen von der Reise nach Stuttgart hat Gerlich noch dabei.

Was aber ist unterdessen mit Georg Bell geschehen? Als dieser im Speicher vor der SA Zuflucht gefunden hat, denkt er über seinen weiteren Fluchtweg nach. Er beschließt nach kurzer Prüfung, sich am Blitzableiter des Hauses in einen Hof auf der anderen Seite der Hofstatt herabzulassen. Doch bevor es dazu kommt, hört er, wie SA-Leute die Treppe hochpoltern. So bleibt ihm keine Zeit mehr, seine Absicht zu verwirklichen und durchs Fenster zu steigen. In höchster Eile versteckt er sich hinter der Eisentür am Eingang zum Speicher. »Er muß da oben sein«, hört er einen seiner Verfolger sagen. »Aber da müssen noch ein paar mit. Der Kerl ist zu allem fähig.«

Bell erkennt, daß er nun in der Falle sitzt. Es scheint nur noch eine Frage der Zeit zu sein, wann er entdeckt wird. In seiner Not drückt er sich fest an die Wand und zieht die geöffnete Eisentür an sich heran, so daß sie ihn in seiner Nische völlig verdeckt. Dies geschieht keine Sekunde zu früh. Denn schon stürmen vier oder fünf SA-Männer in den Raum. Bell hat seine Pistole gezogen und hält sie nun in der rechten Hand. Deutlich hört er in seinem Versteck hinter der Tür jedes Wort, ja jeden Atemzug seiner Verfolger. »Es bleiben immer zwei beieinander«, sagt einer der Männer. »Einer sucht, der andere gibt Obacht. (…) Laßt euch nicht von dem Hund überrumpeln. Und beim Schießen Vorsicht auf euch selbst!«

Bell hört, wie die Schränke aufgebrochen werden, und auch den Befehl: »Nachsehen, ob er nicht auf dem Dach sitzt.« Seine Nerven sind bis aufs äußerste gespannt. »Es gibt nur eine Möglichkeit, er ist auf das Dach gekrochen bis zum Nebenhaus, dort durch das Fenster entkommen, schon bevor wir hergekommen sind, denn sonst hätten wir es gesehen oder gehört.«

Enttäuscht ziehen die SA-Männer schimpfend ab. Bell kommt es ostentativ laut vor, und er bleibt noch etwa zehn Minuten lang völlig unbeweglich und lautlos in seinem Versteck stehen. Dann macht er genau das, was seine Verfolger vermutet haben, und gelangt über die Dächer ins Nebenhaus. Bell, zum Agenten geboren, ist ebenso umsichtig wie frech: Er klingelt an einer Wohnung, ein Herr öffnet, neben ihn treten zwei junge Mädchen, die anscheinend fertig zum Ausgehen sind. »Sie gestatten doch, daß mich die beiden Damen hinunterbegleiten, ja?«

Und schon hat er sie untergehakt, verläßt mit ihnen das Haus, schlängelt sich, mit den Mädchen scherzend, an der SA vorbei und mischt sich unter die Passanten.

Bell informiert sich umgehend und erfährt auch von der Erstürmung der sozialdemokratischen *Münchener Post*. In einer Telephonzelle wählt er dann die Nummer 9 33 78 (oder 9 33 79) – beide Anschlüsse gehören dem *Geraden Weg* –, meldet sich als »Staatsanwalt Widder« und läßt sich von einem SA-Mann einen Bericht über die Lage im *Geraden Weg* geben. Der »Staatsanwalt

Widder«[23] verlangt dann ein Verlagsmitglied, das den Bericht bestätigt und gewisse Fragen ergänzt. Bell telephoniert noch mehrmals mit der Redaktion und auch mit Bekannten und ist so stets bestens über die bedrückenden Ereignisse am Abend des 9. März 1933 in der Hofstatt unterrichtet.

Nur was im Hause seiner Braut Hilde Huber in Krottenmühl am Simssee passiert – das weiß der Nachrichtenjäger Georg Bell noch nicht. Aber er wird es bald erfahren.

VIII.

VON RÖHM UND HEYDRICH GEJAGT

Als Georg Bell die Flucht vor der SA aus der Redaktion des *Geraden Weg* in München geglückt ist, weiß er, daß er nun ein gejagter Mann ist. Richtig vermutet er, daß der Stabschef der SA ein erhebliches Interesse daran hat, ihn in seine Gewalt zu bringen. Sein Wissen um Röhms Geheimnisse im Kampf um die Führung in der NSDAP wird Bell jetzt zum Verhängnis.

»Du mußt weg. Die bringen dich um«

Aber da ist noch ein anderer, der seine Verfolger auf die Spur des Agenten setzt: Reinhard Heydrich.[1] Der SS-Standartenführer, der das politische Referat der Polizeidirektion München, »Abteilung 6« genannt, leitet, hat von den Plänen gegen Hitler, die im engsten Kreis um den SA-Stabschef entwickelt worden sind, erfahren und will, wie dem Berliner Gestapo-Chef Rudolf Diels zugetragen worden ist,[2] »dieses gefährlichen Mitwissers von Röhms ›Verrat‹ habhaft werden«, um mit Bell auch Röhm in die Hand zu bekommen.

Und schließlich ist noch ein dritter Mann mit im Spiel: Julius Uhl. Ihm kann Bell gefährlich werden, weil er davon Kenntnis hat, daß der SA-Sturmbannführer im Jahre 1931 zum Mordanschlag auf Hitler entschlossen war. Im Gegensatz zu Heydrich hat Uhl kein Interesse daran, daß Bell zum Sprechen gebracht wird.

Mit der Jagd auf den Mann, der selbst erkennt, wie gefährlich es ist, zuviel zu wissen,[3] beauftragt Röhm seinen persönlichen Adjutanten, den SA-Standartenführer Hans Erwin Graf von Spreti-Weilbach, der die Nachfolge des inzwischen nach Wien versetzten Grafen Du Moulin-Eckart angetreten hat.[4] Spreti ist bekannt, daß Bell seinen Wohnsitz bei Hildegard (»Hilde«)

Huber, mit der er seit Ostern 1931 verlobt ist, in Krottenmühl am Simssee hat.[5] Dorthin wendet er sich noch in der Nacht zum 10. März mit einem Suchkommando, weil er annimmt, daß der Gesuchte nach seiner Flucht aus der Redaktion versuchen werde, sich auf schnellstem Wege unerkannt nach Hause durchzuschlagen.

130

Das Haus der Familie Huber in Krottenmühl am Simssee in Oberbayern war im März 1933 das Ziel wiederholter Überfälle der SA, die dort nach Georg Bell suchte.

Als die SA-Leute in Krottenmühl eintreffen, tarnen sie sich zunächst als Zivilisten. »Sie haben geläutet«, erinnert sich Hilde Huber.[6] Doch die junge Frau ist vorsichtig und öffnet nur ein Fenster neben der Eingangstür zur »Villa Huber«. Da erblickt sie mehrere Männer – sie schätzt ihre Zahl auf »ungefähr sieben« – »in Räuberzivil«, die mit »fünf bis sechs Autos« gekom-

131

men sind. »Sie erklärten«, so berichtet Hilde Huber weiter, »in München seien große Unruhen, Bell müsse sofort fliehen, er solle herauskommen, sie würden ihn gleich mitnehmen.« Die Braut antwortet ihnen, daß ihr Verlobter nicht im Haus sei, was den Tatsachen entspricht. Mit dieser Auskunft geben sich die Fremden aber noch nicht geschlagen. Sie versuchen nun, die Frau in ihre Hand zu bekommen, und raten ihr deshalb, mit ihnen zu gehen, denn auch sie sei in Gefahr. Hilde Huber, die sogleich die List durchschaut, lehnt das Angebot jedoch ab. Die Unbekannten, die sich offensichtlich als Kommunisten getarnt haben, ziehen sich darauf zurück.

Doch wenig später stehen sie wieder vor der Tür. Diesmal aber dringen sie mit Gewalt ins Haus ein, nachdem sie die Eingangstür eingeschlagen haben, unterbrechen die Stromleitung und machen das Telephon unbrauchbar. Zuvor haben die Eindringlinge nämlich, als sie das Haus beobachteten, durch ein Fenster gesehen, wie die Braut schnell ans Telephon gegangen war, weshalb sie von den Männern nun auch zur Rede gestellt wird. Der Anruf galt Georg Bell, der sich, wie Hilde Huber weiß, in einer Münchner Pension aufhält. (Die Rufnummer hat ihr der Verlobte hinterlassen.) Sie erklärte ihm rasch, was sich soeben in Krottenmühl abgespielt hatte, und riet ihm dringend: »Du mußt weg. Die bringen dich um.«

Bells Flucht nach Österreich

Während Bell in München gewarnt ist, durchsuchen seine Verfolger nach ihm fieberhaft das Haus der Braut, in dem auch Bells künftige Schwiegermutter, Maria Huber, lebt. »Die Täter«, erinnert sich die Tochter, »trugen alle Pistolen, mit denen sie meine Mutter und mich bedrohten.« Überhaupt mangelt es den Eindringlingen an Mut. Ihr Respekt vor Bell, von dem ihnen bekannt ist, daß er sich zu wehren weiß, ist so groß, daß sie seine Braut bei der Durchsuchung der Zimmer vor sich her schieben. »Ich mußte als Kugelfang immer vorausgehen.« Um die Verfolger auf eine falsche Spur zu setzen, erklärt Hilde Huber ihnen schließlich, daß Bell in Berlin sei. Mit dieser Information geben sich die Männer vorerst zufrieden und verlassen das Haus.

Am nächsten Tag trifft Bell, den die Nachricht von den Vorfällen in Krottenmühl schwer belasten, in München seinen Stuttgarter Reisegefährten, Erich Fürst von Waldburg zu Zeil, wieder, der erkennt, daß der Mitstreiter, wie er später seinen Memoiren anvertraut, »vollkommen den Kopf verloren« hat.[7] Der Fürst rät Bell, unverzüglich über die Grenze nach Österreich zu gehen, um sich in Sicherheit zu bringen. Bell befolgt noch am selben Tag den Rat, und um 20 Uhr überschreitet er in Kufstein die deutsch-österreichische Grenze. Er selbst vermerkt die Flucht unter Freitag, dem 10. März, in seinem Kalender mit der kurzen Eintragung: »Übertritt Ku(fstein) 20 h.«[8] Auch die Vorgänge in Krottenmühl hält er in seinem *Frommes Wiener Taschen-Vormerk-Kalender für das Jahr 1933* fest: »Überfall (...) Kro(ttenmühl).« Das zeigt, wie sehr ihn der Überfall belastet. Da er weitere Zwischenfälle befürchtet, die das Leben seiner Braut und seiner künftigen Schwiegermutter bedrohen könnten, ruft er aus Tirol seinen Freund Paul Konrad in Rosenheim an und bittet ihn, sich um die Frauen zu kümmern.[9] Ihm berichtet er auch, was in der Nacht zuvor geschehen ist. »Er ersuchte mich«, erinnert sich Konrad, »um einem ähnlichen Vorfall vorzubeugen, zu Hubers nach Krottenmühl zu gehen und dort die Nacht über zu bleiben. Daraufhin begab ich mich nach Krottenmühl.«

Konrad ist wie die Frauen auf einen erneuten Überfall gefaßt. »Wir nahmen an«, berichtet Hilde Huber[10], »daß die Täter wiederkommen würden. Ungefähr um 2 Uhr läutete es wieder. Herr Konrad öffnete. Tatsächlich waren wieder ungefähr sieben Männer draußen, die Einlaß begehrten und dann auch ins Haus gingen.« Als die Täter in die Villa stürmen, kommt es beinahe zu einer tödlichen Verwechslung. »Bei der Öffnung der Haustür«, erinnert sich Konrad schaudernd[11], »wäre ich bald selbst erschossen worden, da die Eindringlinge annahmen, daß Bell die Tür öffnen würde.«

Die Männer sind Hilde Huber keine Unbekannten mehr. »Es waren dieselben Personen, die nachts vorher schon eingedrungen waren«, sagt sie.[12] »Diese waren jetzt teils in SA-, teils in SS-Uniformen.« Unter den Männern, die das Haus überfallen, ist auch Uhl, von dem Hilde Huber weiß, daß er einmal »Hitler umbringen sollte«.[13] Erneut widmen sich seine Begleiter der Prozedur der vergangenen Nacht. »Sie stellten wieder das Haus auf den Kopf«, erinnert sich Hilde Huber, »und wollten von mir unbedingt wissen, wo Bell sei. Auch nach Schriftstücken suchten sie wieder.«[14] Ihr Interesse gilt vor allem dem Päckchen, das, wie der Braut bekannt ist, »Bell dem Konrad gegeben hat«.[15] Offensichtlich hat ein Verräter das Suchkommando auf dieses brisante Beweisstück hingewiesen.

Bevor die Eindringlinge den Tatort verlassen, verlangt die Mutter von dem Anführer der Gruppe eine schriftliche Erklärung mit dem Inhalt, daß die Durchsuchung des Hauses kein Ergebnis erbracht habe, um das Papier weiteren ungebetenen Besuchern vorlegen zu können.[16] »Eine solche Bestätigung«, berichtet die Tochter[17], »stellte dann einer der Männer auch aus und unterschrieb sie mit dem Namen ›Graf von Spreti‹.« Danach bleibt die Braut mit ihrer Mutter für die nächste Zeit erst einmal unbehelligt.

Die letzte Begegnung mit der Braut

Auch den zweiten Überfall auf seine Angehörigen nimmt Bell mit wachsendem Zorn in Tirol zur Kenntnis. Wütend verfaßt er ein Telegramm an Röhm, den er als Urheber dieser Unternehmen erkennt: »Protestiere gegen persönliche Racheaktionen (stop) verlange sofortige Einstellung Überfälle Ihrer schwerbewaffneten SA auf unbeteiligte wehrlose Frauen Huber Krottenmühl (stop) vorbehalte mir alle Schritte (stop) Sie allein veranlaßten meine Oppositionsstellung.«[18]

Seine Entrüstung über das Vorgehen der SA teilt er auch einem Freund in Garmisch mit. Doch er wählt für den Brief als

»Abs(ender)« einen Decknamen, weil er auch im Ausland Angriffe auf seine Person befürchtet und deshalb den Aufenthaltsort in Österreich nicht preisgeben will: »Michel Aufheiner, Hotel Tyrol, Innsbruck.«[19] Seine Sprache verrät, wie ihm zumute ist. »2 mal«, schreibt er, »überfielen – sicherlich im Auftrag – S.A.Banden mit vorgehaltenen Revolvern meine Frauen in Krottenmühl, um sich wie die Schweine zu benehmen. Man wollte mal (vermutlich richtig: mich) endlich niederknallen. Als ich

Hildegard Huber, Bells Braut, hielt treu zu ihrem Verlobten. Ihr konnten die Nationalsozialisten kein Wort über Bells Versteck in Tirol entlocken.

nicht da war, machten diese Rotzlöffel, die noch in die Hosen pinkelten, als wir schon im Krieg standen, ihre(r) Wut der Hilde (und) Frau Huber gegenüber Luft. So sehen also nationale Erneuerer aus!! Meine Gefühle brauche ich Dir nicht zu schildern.«

Durch seinen Freund Konrad gelingt es Bell auch jenseits der Grenze, weiter Kontakt mit seiner Braut zu halten. Konrad, der die Aufgabe eines Kuriers übernimmt, besucht den Verfolgten bereits am Sonntag, dem 12. März 1933, in Innsbruck, wo sich beide im Café »Hungerburg« treffen. »Wir«, erinnert sich Konrad,[20] »unterhielten uns über die Hausdurchsuchung bei

135

Hubers. (...) Wir beratschlagten, und Bell sagte mir noch, daß seine beabsichtigte Festnahme nur von Röhm oder dessen Stab ausgehen könne. Er bagatellisierte seine Differenzen mit Röhm und behauptete, daß diese jederzeit zu bereinigen wären.«

Eine Woche danach kommt es in Salzburg zur letzten Begegnung zwischen Bell und seiner Braut.[21] Im »Hotel Traube« lernt Hilde Huber, die von Konrad begleitet wird, an diesem Sonntag – es ist der 19. März – Major a. D. Josef Hell kennen, der sich entschlossen hat, Bell beizustehen und ihn nicht allein dem Schicksal zu überlassen. Der Schriftleiter des *Geraden Weg* war bereits am 14. März von München nach Kufstein gereist. »Am 15. 3. 1933«, berichtet Hell,[22] »vereinbarte ich mit Bell telephonisch, daß er von Innsbruck nach Kufstein fahre. Gegen meine ursprüngliche Absicht, die unfreiwillige Ruhe (nach dem Sturm auf die Redaktion des *Geraden Weg*, Anm. d. Verf.) zur Arbeit zu benützen, entschloß ich mich, vor allem im Interesse seiner Braut, da ich bei dem ungezügelten Temperament Bells Exzesse bei ihm befürchtete, vorläufig bei ihm zu bleiben.«

Doch am Sonntag abend ändert er seine Absicht wieder und verläßt zusammen mit Konrad und Hilde Huber Salzburg. Die Braut hat dem Drängen des Verlobten, der sie bat, bei ihm im Ausland zu bleiben, nicht nachgegeben, weil sie ihre Mutter nicht allein in Deutschland zurücklassen will.[23] In Krottenmühl verläßt sie mit Konrad den Zug, und Hell fährt allein weiter nach München.[24]

Auf Wunsch des Verlobten begibt sich Hilde Huber zu Röhm, der in seiner Privatwohnung (Hohenzollernstraße 110) Mieter der Familie Huber ist, nach München, um zwischen Bell und dem Stabschef der SA zu vermitteln.[25] Aber das Unternehmen endet mit einem Fehlschlag: Sie trifft in dem Haus, das von SA-Posten streng bewacht ist, nur die Schwester Röhms an.

Inzwischen ist Bell in Österreich weiter auf der Flucht. Immer häufiger wechselt er nun mit Hell, der am 20. März um 12 Uhr in Wörgl wieder zu ihm gestoßen ist, seinen Aufenthaltsort.[26] Offensichtlich fühlt er sich nirgends mehr sicher. Die einzelnen Stationen seiner Reise ohne Ziel notiert er sich genau in seinem Vormerkkalender: Am 20. März trifft er, von Salzburg kommend, wieder in Innsbruck ein, am 23. März fährt er nach Bregenz, am 25. März wendet er sich nach Feldkirch, am 26. März kehrt er nach Kufstein zurück, und am Mittwoch, dem 29. März, erreicht er seine letzte Station.[27] »Wir«, erinnert sich Hell, »fuhren nach Durchholzen, von einem uns bekannten Herrn aus München, der in der Nähe von Durchholzen eine Skihütte gepachtet hat, empfohlen.«[28]

Dort, in der Abgeschiedenheit der Berge des Zahmen Kaiser, glauben sich Bell und Hell in Sicherheit, was jedoch ein Irrtum ist. Sie ahnen nicht, daß sich das Netz ihrer Verfolger um sie mehr und mehr zusammenzieht, und der Brief eines Freundes mit der Warnung, nicht länger in dem kleinen Weiler der Gemeinde Walchsee unweit der deutsch-österreichischen Grenze zu bleiben, kommt zu spät. Die Botschaft, die schnell von den folgenden Ereignissen überholt wird, lautet: »In D. (= Durchholzen) wird für Ostern ein Stammgast des Hauses erwartet, aus der Briennerstraße (gemeint ist das ›Braune Haus‹, Anm. d. Verf.). Vielleicht wechseln Sie also in den nächsten Tagen den Aufenthaltsort und verbringen den Rest des Urlaubes irgendwo anders.«[29]

Die Entwicklung der Dinge nimmt zusehends einen dramatischen Verlauf. Als Konrad am Sonntag, dem 2. April, im Haus der Hubers in Krottenmühl zu Mittag ißt, dringen plötzlich mehrere Männer, teils in Uniform und teils in Zivilkleidung, in die Villa ein, nehmen die Braut fest und bringen sie ins Amtsgerichtsgefängnis nach Rosenheim.[30] Bald darauf kehren sie wieder an den Simssee zurück und holen auch die Mutter. Mit den beiden Geiseln in ihrer Hand haben die Verfolger jetzt ein

Als Gegner der SA und Chef der Bayerischen Politischen Polizei war Reinhard Heydrich, damals noch im Rang eines SS-Standartenführers, im Frühjahr 1933 lebhaft daran interessiert, Georg Bell in seine Hand zu bringen. Er wollte an die brisanten Informationen herankommen, über die der Agent verfügte.

Druckmittel, mit dem sie Bell zur Rückkehr nach Deutschland zwingen wollen.

Der letzte, der Bell jetzt noch helfen kann, ist Konrad. Und der Freund versucht sein Möglichstes. Noch am Sonntag fährt er nach München, um dort auf Anraten von Maria Huber die Hilfe von Ilse Heß zu erbitten.[31] Aber der spätere Führerstellvertreter Rudolf Heß ist in diesem Fall machtlos. Konrad wird auf seinen verzweifelten Hilferuf hin ausgerichtet, daß »Heß«, wie der Abgewiesene selbst berichtet, »in dieser Angelegenheit nichts unternehmen könne, da der Fall ausschließlich in der Macht von Röhm liege«.

Doch auch Heydrich hat längst seine Hände mit im Spiel. Dies bezeugt der SS-Sturmführer Erich Sparmann, der den *SS-Sturm Rosenheim* führt. »Im März 1933«, erinnert er sich, »mußte ich aus den SS-Leuten eine Grenzhilfspolizei aufstellen, deren Führer ich war. Eines Tages, Ende März, rief Heydrich, der Chef der Bayerischen Politischen Polizei, an und erkundigte sich bei mir nach Bell. Ich erklärte ihm, daß ich den Namen das erste Mal höre, und erhielt dann den Auftrag, mich nach ihm zu erkundigen und seinen Aufenthalt(sort) ausfindig zu machen.

Nach acht Tagen fuhren zwei Autos vor dem Haus vor, ein Herr kam zu mir, zeigte mir seinen Ausweis vor, der die Unterschrift Heydrichs trug, und zeigte mir einen Haftbefehl gegen Bell, der von Heydrich unterschrieben war. Bell wurde in einer Spionagesache gesucht. (…)

Wir fuhren (am 3. April) vormittags dann nach Krottenmühl, wo sich Bell aufhalten sollte. Bell wurde aber dort nicht gefunden. Es war nur bekannt, daß Konrad darüber Bescheid weiß.«[32]

Bell in der Falle

Und so nimmt das Verhängnis für Georg Bell an diesem Montag seinen Verlauf. Als sich Konrad, der sich ebenfalls bedroht sieht, am Morgen des 3. April in der Kanzlei des Rosenheimer Rechtsanwalts Max Zerkiebel, der einer der Anwälte von Bell ist, Rat holen will, läuft er dort einem »Fahndungstrupp der Partei« aus München in die Arme, der aus SA-Leuten und aus Angehörigen der Politischen Polizei in Zivil, insgesamt sechs Mann, besteht und der vom Grafen Spreti geführt wird.[33] Konrad begeht hier einen tödlichen Fehler und erklärt sich bereit, die Verfolger nach Durchholzen zu begleiten. Er hofft, das Leben Bells dadurch retten zu können, daß er ihn überredet, sich freiwillig der Politischen Polizei zu stellen.[34] Zunächst schlägt Konrad vor, sich allein an den Zufluchtsort des Freundes zu begeben. Doch die Männer um Spreti gehen darauf nicht ein.

So bricht Konrad nach dem Mittagessen in Rosenheim zusammen mit dem SS-Sturmführer Sparmann, der den Wagen steuert, und mit einem Münchner Polizeibeamten, der wegen seines blassen Aussehens »Käselaibchen« genannt wird, zur Autofahrt nach Österreich auf.[35] Das Ziel der drei ist das »Gasthaus Blattl« in Durchholzen,[36] wo sich Bell und Hell verborgen halten. Daß ihrem Sportzweisitzer ein zweites, größeres Auto folgt, ahnt Konrad zunächst nicht.[37]

In dem zweiten Wagen sitzt mit vier anderen der SS-Mann Ludwig Kuchler, der zu den Leuten von Sparmann gehört und der ebenfalls bei der Grenzhilfspolizei Dienst tut. »Gegen 14–14.30 Uhr«, berichtet er später, »kamen wir nach Kiefersfelden. An der Grenze standen mehrere Autos, höhere SA-Führer und Zivilisten standen herum. Unser Wagen hielt, einige Herren stiegen aus, unterhielten sich mit anderen, stiegen wieder ein, dazu noch ein sechster Herr, und die Fahrt ging dann ohne Aufenthalt wieder weiter.«[38]

Der sechste Mann, der in Kiefersfelden zusteigt, ist Uhl. Kuchler sitzt während der Fahrt dem SA-Sturmbannführer auf dem Notsitz schräg gegenüber und sieht, wie dieser den anderen Insassen einen Haftbefehl zeigt, der gegen Bell ausgestellt ist. »Es wurde dann auch«, erinnert sich Kuchler, »über Bell gesprochen, daß er unbedingt verhaftet werden müsse.«

Als erster erreicht Sparmann mit seinem Sportzweisitzer das »Gasthaus Blattl« in Durchholzen. »Ich«, berichtet er selbst, »kam mit meinem Wagen zuerst an das Gasthaus, stellte den Motor ab und ging in das Haus. (…) Nachdem sich Konrad nach dem Zimmer von Bell erkundigt hatte, gingen wir hinauf. Ich stellte mich bei Bell vor. (…) Ich unterrichtete dann Bell, daß er mitkommen solle nach München, daß auch dann seine verhaftete Braut und deren Mutter wieder freigelassen würden. Bell wurde nicht unter Druck gesetzt, aber er zögerte, mitzukommen.«[39]

Auch Konrad redet dem Freund zu und rät ihm, »sich den Behörden zu stellen«.[40] Doch Bell ist sich weiter unschlüssig. »Während dieser Unterredung«, erinnert sich Konrad, »ertönte plötzlich vor dem Hause kräftiger Motorenlärm. Bell stand auf und sah zum Fenster hinaus, ging anschließend an den Kleiderkasten und nahm aus einem Fach des Schrankes einen in ein Taschentuch gehüllten Gegenstand – ich vermute, daß es eine Pistole war, – und steckte diesen in seine rechte Rock- oder Hosentasche.« (Die Waffe wird in der Tat später bei Bell gefunden.)[41]

*Im »Gasthaus Blattl«, auch »Gasthaus Durchholzen« genannt, in der Ge-
meinde Walchsee (Tirol), wo sich Georg Bell zusammen mit Major a. D. Josef
Hell versteckt hielt, wurde der Gesuchte am 3. April 1933 von seinen Verfolgern aufgespürt (Tatort-Aufnahme der österreichischen Polizei).*

Das Motorengeräusch verrät, daß inzwischen auch das
zweite Fahrzeug vor dem Gasthaus eingetroffen ist. Unbemerkt
durchtrennt einer der Ankömmlinge die Telephonleitung der
Gastwirtschaft, womit der »Blattlwirt« nun von der Außenwelt
abgeschnitten ist.[42] »Gegen 15.30 Uhr«, berichtet Kuchler über
die Ankunft des nachfolgenden Autos,[43] »kamen wir in Durchholzen an. Vor dem Gasthaus wurde gehalten, wir stiegen aus,
2 oder 3 Herren gingen über die Treppe, und ich erhielt den
Auftrag, an der Zwischentreppe stehen zu bleiben und aufzu-
passen, daß niemand herunterkommt. Am Motorengeräusch
hörte ich, daß der Wagen nach 4-5 Minuten gewendet wurde.«

Unterdessen gehen die Verhandlungen in Bells Zimmer im ersten Stockwerk des Gasthauses weiter. Major Hell, der den Gesprächen beiwohnt, wird Zeuge, wie sich Bell damit einverstanden erklärt, unverzüglich nach München zu reisen, um sich dort der Politischen Polizei zur Verfügung zu stellen.[44] Aber er macht seinen Entschluß von zwei Bedingungen abhängig, wie sich Hell erinnert: »einmal, daß sofort seine Braut und Schwiegermutter aus der Haft entlassen würden, zweitens, daß er in München nicht sofort in Schutzhaft genommen werde, sondern sich nur jederzeit zur Verfügung der Polizei halte«.[45] Außerdem weigert er sich, mit seinen Verfolgern im Auto nach München zu fahren, da er sich »auf keine Experimente« mit der SA einlassen wolle, weil er sie zu genau kenne.[46] Er besteht darauf, in Kufstein den nächsten Zug zu nehmen.

Die Verhandlungspartner scheinen auf die Forderungen einzugehen, und Bell beginnt damit, sich für die Fahrt umzukleiden. Nur Hell ist jetzt noch mit ihm im Zimmer. Zur selben Zeit bemerkt Kuchler, der noch immer an der Zwischentreppe wacht, wie die Insassen seines Autos im Hausflur zusammenkommen und erregt aufeinander einreden. »Mittendrin«, berichtet er, »sprang einer weg, ich glaube, es war Uhl, rannte die Treppe hinauf und nahm mich mit nach oben.«[47] Vor der Tür zu Bells Zimmer sieht er Konrad, Sparmann, den Münchner Polizisten mit dem Namen »Käselaibchen« und seinen SS-Kameraden Richard Frank stehen. Im nächsten Moment hat Uhl die Klinke der Tür in der Hand.

Die folgenden Sekunden bleiben Hell sein Leben lang unvergeßlich. »Bell«, erinnert er sich genau, »hatte sich, anscheinend um Schuhe anzuziehen, in die rechte Hälfte des Zimmers nahe der Tür begeben, und zwar in gebückter Haltung. Im selben Augenblick wurde die Tür aufgerissen, und (ein) etwa 40jährige(r), brutal aussehende(r), etwas blasse(r) Mann mit struppigem, möglicherweise aufgeklebte(m) Schnurrbart streckte, auf der Schwelle stehend und mit dem rechten Fuße in das Zimmer

Als sich Georg Bell am Nachmittag des 3. April 1933 in seinem Zimmer beim »Blattlwirt« in Durchholzen zur Abreise nach München, wo er sich der Bayerischen Politischen Polizei stellen wollte, fertigmachte, trafen ihn die tödlichen Schüsse. Die Aufnahme vom Tatort stammt von der österreichischen Polizei.

springend, die Pistole in der rechten Hand haltend, den Arm aus und gab meiner Erinnerung nach mehrere Schüsse gegen den gebückten Oberkörper Bells ab.«[48] Wie der Gerichtsmediziner, Universitätsprofessor Dr. Karl Meixner aus Innsbruck, später feststellte,[49] sind in den Körper des Opfers fünf Schüsse »aus einer Pistole 7.65 mm« eingedrungen. »Die 5 Einschüsse«, erklärt er in seinem Gutachten, »lagen nahe beisammen, und zwar im Rücken. Es waren 4 Steckschüsse und ein Durchschuß. (...) 2 Schüsse verletzten die Lunge, 2 das Herz, und ein Schuß ging durch die Aorta, und das war der Schuß, der den Tod herbeiführte.«[50]

Aber auch auf Hell zielt der Todesschütze, der zwei Pistolen – eine mit dem Kaliber 7.65 mm und eine andere mit dem Kaliber 6.35 mm – mit sich führt.[51] »Sitzend«, berichtet der Major, »traf mich ein Schuß in den rechten Oberschenkel. Ich sprang auf und schrie: ›Sind Sie verrückt!‹ Bell war schon nach Abgabe des ersten Schusses lautlos zusammengebrochen. Der Mörder sprang zurück und schloß die Tür bis zu einem Spalt. Ich sah nur noch den Kopf und die Pistole, die genau auf meinen Kopf gerichtet war. Da krachte ein Schuß, der mir aber nur die Haare an der rechten Kopfseite streifte, da ich den Kopf blitzartig etwas nach links beugte. Ich hörte einige Schritte, nachdem die Tür zugeschlagen worden war. Ich (...) stürzte sofort nach unten und sah noch, wie ein 6sitziges, älteres, schwarzes Auto mit Zelluloidwetterschutz anfuhr und wegraste.«[52]

Gift zum Frühstück

Die Männer des Kommandos haben nur noch ein Interesse daran, auf schnellstem Wege wieder auf deutsches Gebiet zu gelangen.[53] Sie sind so gehetzt, daß sie an der Grenze in Oberaudorf den geschlossenen Schlagbaum durchbrechen und damit in Kauf nehmen, daß der Grenzposten, der SS-Mann Franz Heiserer, auf das Fahrzeug schießt und es erst mit dem Warnschuß zum Anhalten bringt.[54]

Mit dem tödlichen Ausgang ihres Unternehmens, das zunächst allein der Festnahme Bells galt, hatten die Verfolger wohl nicht gerechnet[55] – mit Ausnahme von Julius Uhl, der für seine Tat einen triftigen Grund hatte. Er griff zur Waffe, nachdem er im Hausflur des Gasthauses erfahren hatte, daß Bell bereit war, sich in die Hand der Bayerischen Politischen Polizei zu begeben. Damit mußte er befürchten, daß Heydrich in der Münchner Polizeidirektion aus dem Munde Bells von der Bereitschaft des SA-Sturmbannführers erfuhr, einen Anschlag auf Hitler zu verüben. So entschloß er sich, Bell, der sich weigerte, mit der SA, also mit ihm, zu fahren, noch in Durchholzen an Ort und Stelle zu liquidieren und nicht erst, wie vorgesehen, unterwegs auf der Autofahrt.

Die Täterschaft Uhls bezeugt nicht nur Ludwig Kuchler, der sich nach dem Zweiten Weltkrieg mit Erich Sparmann vor dem

Landgericht Traunstein wegen Beihilfe im Mordfall Bell zu verantworten hat.[56] Auch der ehemalige SA-Standartenführer Hans Rauscher aus Dachau bekräftigt diese Behauptung: »Später nannte mir Graf Spreti den Standartenführer Uhl als denjenigen, der Bell erschossen habe.«[57] Ähnliches erklären auch Josef Hell[58] und Erich Sparmann, der sogar im »Braunen Haus« hörte, wie am Tag nach Bells Tod der Name Uhl fiel.[59] Schließlich ist Hilde Huber noch in Erinnerung, daß, wie sie im Kuchler-Prozeß aussagte, »bei meiner Verhaftung der SA-Führer Uhl dabei« war.[60]

Uhls Alleingang soll sogar das Mißfallen der Parteiführung erregt haben, und der Oberste Parteirichter Walter Buch hat angeblich auch eine Untersuchung gegen den SA-Standartenführer eingeleitet, die zu dem Ergebnis geführt habe, daß sich Uhl unter den SA-Führern befand, die am 1. Juli 1934 im KL Dachau erschossen wurden.[61] Selbst Göring zeigte, wie Rudolf Diels berichtet,[62] am Fall Bell erhebliches Interesse, das den Gestapo-Chef veranlaßte, den Kriminalrat Reinhold Heller aus Berlin nach Bayern in Marsch zu setzen, wo er jedoch von Himmler und Röhm zurückgepfiffen wurde.

Am selben Tag, an dem Bell in Durchholzen ermordet wird, hat Graf Du Moulin-Eckart in Wien ein gespenstisches Erlebnis. Am Morgen wird er in seinem Stammcafé an der Josefstädter Straße, wo er gewöhnlich sein Frühstück einnimmt, ans Telephon gerufen. »Als ich mich dort einfand«, berichtet Bells einstiger Mitstreiter in der Obersten SA-Führung, »wurde eingehängt. Ich kehrte zurück, trank meinen Kaffee aus, der bereits auf dem Tisch gestanden hatte. Als ich bald darauf das Café verließ, um mich zu meiner Dienststelle in der Schottenfeldgasse zu begeben, wurde mir plötzlich schwindlig, und ich glaubte, daß mein Herz aussetzte. Ich erreichte meine Dienststelle und ließ von dort aus den praktischen Arzt Dr. Franz Chlup kommen, der eine Arsenvergiftung bei mir feststellte. Durch sein Eingreifen wurde ich gerettet, leide aber heute noch an den Folgen des damaligen Anschlages auf mein Leben.

Am Tage darauf rief mich aus München Graf Spreti, der mein Nachfolger bei Röhm war, an und warnte mich, daß eine große Hetzerei gegen mich im Gange sei und daß man mir von seiten Heydrichs (...) nach dem Leben trachte.«[63]

Beinahe wäre der Anruf einen Tag zu spät gekommen.

IX.

GEFANGENER DES DIKTATORS

Nach dem Sturm auf das Gewerkschaftshaus, auf den Naturrechtsverlag und auf den *Geraden Weg* von Fritz Gerlich in der
Münchner Hofstatt 5, wird die sozialdemokratische Zeitung
Münchener Post (M.P.) das dritte Opfer der Nationalsozialisten
bei dem Umsturz in Bayerns Landeshauptstadt. Das Verlagsgebäude der *Münchener Post*, knapp hundert Meter vom *Geraden
Weg* entfernt, liegt am Altheimer Eck 19. Das Haus wird vom
»SA-Sturm 16/L«, einer Einheit der Leibstandarte, wie das »L«
hinter der Nummer des Sturms beweist, besetzt.[1]

Die SA-Leute haben eine besondere Wut auf das Blatt, das
ihren Stabschef Ernst Röhm immer wieder angegriffen hatte.
Adolf Hans Sotier, Sohn eines Lokalredakteurs der *M.P.*, berichtet: Die Eindringlinge »hatten die Rotationsmaschinen (...) zerstört, die Schreibmaschinen der Redaktionsräume in blindem
Fanatismus und Vandalismus aus dem zweiten Stock durch die
geschlossenen Fenster auf die Straße geworfen und dann alles
Brennbare angezündet«.[2]

9.3.1933, 22.45: Siegesfeier vor der Feldherrnhalle

Mit Entsetzen hören die SPD-Funktionäre, die noch im »Künstlerhaus« versammelt sind, vom Sturm auf ihre Zeitung. Der
bayerische SPD-Versitzende Erhard Auer hält die Meldungen
für ein Gerücht. Doch der Reichstagsabgeordnete Wilhelm
Hoegner, der zum Altheimer Eck eilt, kann sie nach seiner Rückkehr nur bestätigen:»Aus der im (dritten) Stock gelegenen Wohnung des Geschäftsführers Ferdinand Mürriger flogen Tische
und Stühle, Kisten, aufgeschlitzte Betten und Decken herab.
Unten auf der Straße war ein Feuer entzündet, in das Akten,
Zeitungen und Möbel hineingeworfen wurden. Die Zuschauer

Freudenfeier der Natio-
nalsozialisten nach
dem Staatsstreich in
München vor der Feld-
herrnhalle am späten
Abend des 9. März
1933.

gaben keinen Laut, sie schienen erstarrt. Man hörte nur das dumpfe Krachen der Gegenstände, die auf die Straße fielen.«[3]

Edmund Goldschagg, damals außenpolitischer Redakteur bei der *Münchener Post* (und ab 1945 Lizenzträger der *Süddeutschen Zeitung*), kann gerade noch das Gebäude durch einen Hinterausgang verlassen, während durch den Haupteingang am Altheimer Eck bereits die ersten SA-Schläger hereinstürmen.[4] Die

Einrichtung des gesamten Hauses und sämtliche Maschinen
werden von der SA zerstört – bis auf die Küche, in der die SA
ihre Siegesfeier abhält. Hakenkreuzfahne und der Zylinder Erhard Auers hängen schon aus dem Fenster heraus. Das Gebäude
der *Münchener Post* wird in ein SA-Heim umgewandelt, die Kosten der Zerstörung – einige hunderttausend Mark – verlangt
die SA als »Schadenersatz« später von der Versicherung.[5]

Vor der Feldherrnhalle am Odeonsplatz halten die Nationalsozialisten um 22.45 Uhr in dieser beklemmenden Nacht ihre
Siegesfeier ab. Mit theatralischem Pomp, mit Fahnen, Fackel-
trägern und Spielmannszügen, marschieren die SA- und SS-
Einheiten auf. Die vom Gewerkschaftshaus und vom Gebäude
der *Münchener Post* heruntergerissenen Fahnen werden auf den
Stufen der Feldherrnhalle verbrannt.[6]

Ritter von Epp, der neue Reichskommissar in Bayern, »mit
stürmischen Heilrufen« begrüßt, wie die *Münchner Neuesten
Nachrichten* schreiben, richtet als erster Redner an seine »bayerischen Landsleute und deutsche Volksgenossen« das Wort: »Die
Welle der deutschen Erhebung hat nun auch in Bayern herein-
geschlagen. Sie ist hier in Bayern langsamer vorwärts gedrun-
gen als im übrigen Deutschland. (...) Und es war erforderlich,
ihr die Bahn etwas frei zu machen.« Epp erinnert unter anderem
die Menge daran, »daß die Wiege der Freiheitsbewegung in
München stand«, daß mit Innenminister Frick und Justizminister Gürtner »hauptsächlich Bayern (...) hier an den Vorgängen
beteiligt sind. (...) Und mich selbst kennen München und das
bayerische Volk gut genug, daß ich mich niemals dazu hergeben
würde, eine feindselige Handlung gegen meine engere Heimat
zu vollziehen.«[7]

Auch der Landesführer des »Bayerischen Stahlhelm«, Oberst
Hermann Ritter von Lenz, legt ein »Treuebekenntnis zum
Reich« ab, und der dritte Redner, der NS-Gauleiter und neuer-
nannte Reichskommissar für das bayerische Innenministerium,
Adolf Wagner, verkündet seinen Zuhörern: »Eine Revolution ist
im Gange, wie sie die Weltgeschichte noch nicht gesehen hat.«[8]

»Schutzhaft« für Gerlich, Verbot für den »Geraden Weg«

Währenddessen jagt die SA ihre Gegner. Opfer der Wütenden
werden auch Innenminister Dr. Karl Stützel und Staatsrat Fritz
Schäffer (Vorsitzender der Bayerischen Volkspartei und Leiter
des Bayerischen Finanzministeriums), die ins »Braune Haus« an

der Brienner Straße verschleppt werden. Stützel wurde unter Schlägen aus seinem Schlafzimmer geholt und sogar mit der Erschießung bedroht. Er hatte sich auf Epps Zusicherung, er verbürge sich für den Schutz und für die Sicherheit der bayerischen Staatsminister, verlassen.[9]

Auch Fritz Michael Gerlich ist in dieser Nacht den neuen Machthabern schutzlos ausgeliefert. Während Gauleiter Wagner vor der Feldherrnhalle für »unser Bayern, unser Deutschland, Deutschlands Kanzler Adolf Hitler Sieg Heil« von der Menge erbittet, sitzt er mit seinem Neffen Ludwig Weitmann im Einlieferungszimmer des Münchner Polizeigefängnisses an der Ettstraße. Sein Gesicht ist zerschlagen, ein Auge verletzt, die Kleidung blutbespritzt. Zwölf Glockenschläge von den Türmen der nahegelegenen Frauenkirche beenden diesen Donnerstag, an dem der Leidensweg des katholischen Publizisten beginnt.

Die Haft kommt für Gerlich nicht überraschend. Er hat damit gerechnet, daß sich Adolf Hitler an ihm, einem seiner gefährlichsten Gegner, rächen würde. Schließlich hat er selbst die Worte gesprochen: »Erst müssen wir Hitler ganz durchkosten...«[10] Die körperliche Mißhandlung durch die SA macht Gerlich zwar zu schaffen, aber noch schlimmer ist für ihn die Erkenntnis, daß Deutschland nun endgültig der totalen Gewaltherrschaft der Nationalsozialisten anheimfallen wird.

Als Johannes Steiner, der Verlagsleiter des *Geraden Weg*, der Schriftleiter Josef Hell, der Metteur Christian Stahl und der Mitarbeiter Jochner, von SA-Leuten und einer johlenden Menge eskortiert, durch den Färbergraben zur Polizeidirektion geführt werden, rechnen auch sie mit der Verhaftung.

Doch nur Fritz Gerlich wird in »Schutzhaft« genommen und muß den Weg zur Zelle 35 im dritten Stock antreten; die anderen können gehen.[11] Beim Verlassen des Polizeigebäudes ist für Verlagsleiter Steiner endgültig klar, daß er die vom Reisebüro des *Geraden Weg* geplante Osterfahrt nach Florenz und Rom streichen kann. 1933 ist nämlich ein »Heiliges Jahr« für die katholische Kirche, das nur alle hundert Jahre gefeiert wird. Der *Gerade*

Weg wollte die Leserreise vom 13. bis zum 19. April 1933, einschließlich einer Audienz bei Papst Pius XI., durchführen.[12]

Wie ein Lauffeuer haben sich in München die Mißhandlung und die Verhaftung Gerlichs herumgesprochen. Sämtliche Zeitungen berichten darüber. In aller Frühe am 10. März ist auch seine Wohnung in der Richard-Wagner-Straße 27 durchsucht worden.[13] Erich Fürst von Waldburg zu Zeil fährt nach München, trifft sich mit Curt Graf Strachwitz, Ludwig Weitmann und Major Josef Hell zur Lagebesprechung in einem abgelegenen Restaurant in der Nähe des Hauptbahnhofs. Fürst Waldburg riskiert seine Verhaftung, als er zusammen mit dem im Gesicht blaugeschlagenen Major ins Staatsministerium geht, um sich nach Gerlich zu erkundigen. Staatskommissar Hermann Esser bestreitet zunächst jede Mißhandlung, »nur die Parteiverräter« würden gequält; Fürst Waldburg zeigt auf das Gesicht des Majors Hell und fordert Esser auf, Gerlich ärztliche Hilfe zu gewähren, was Esser zusagt.[14]

Doch für Gerlichs Zeitung läßt sich nichts mehr machen. Der *Gerade Weg* wird am 13. März 1933 »mit sofortiger Wirksamkeit auf Grund § 1 der Verordnung zum Schutze von Volk und Staat vom 28. Februar 1933 (...) im Interesse der öffentlichen Sicherheit bis 10. April 1933 einschließlich verboten«.[15] Die Bitte Johannes Steiners, mit der Politischen Polizei über die »Möglichkeit des Wiedererscheinens unserer Zeitung« auf »einer vorwiegend religiösen Basis« zu sprechen, wird von Regierungsrat Jakob Beck (Heydrichs Bürochef) am 13. April abgelehnt.[16] Aber es geht Steiner auch darum, mit Gerlich reden zu können, der rechtlich ja noch Treuhänder ist. Vor Ablauf der Frist von vier Wochen wird dann *Der gerade Weg* für immer verboten.

Verhaftungswelle im Verlag Knorr & Hirth

Als am 15. März 1933 in der *Münchner Telegrammzeitung* (Verlag Knorr & Hirth) eine Erklärung Gerlichs veröffentlicht wird, »daß die in der Stadt umlaufenden Gerüchte, daß ich schwer krank sei oder gar gestorben sei, unwahr sind«, hat die große Verhaftungswelle beim größten Verlag Süddeutschlands bereits begonnen. (Unter dieser Meldung ist zu lesen, daß Otto Falckenberg, Direktor der Münchner Kammerspiele, unter dem Verdacht, bolschewistischer Verbindungsmann zu sein, in Haft genommen wurde.)[17]

Am 13. März hatte es um 7 Uhr morgens an der Tür der Familie Aretin in München am Rondell Neuwittelsbach Nr. 3 geklingelt. Erwein Freiherr von Aretin berichtet selbst, was dann geschah: »Im Zimmer, in dem ich schlief, öffnete sich die Türe, und die Jungfer meiner Frau flüsterte heiser vor Aufregung: ›Die Polizei ist da!‹ Ich stand gleich auf und ging in die Bibliothek, wo ein Mann in Zivil auf mich zutrat, mich nach meinem Namen fragte und mir nach Vorweisung meines Ausweises erklärte, er müsse eine Haussuchung vornehmen. Es waren drei Leute in Zivil, die sich, nachdem ich ihnen alle verlangten Schlüssel gegeben hatte, sofort an die Arbeit machten. Soviel ich erkennen konnte, waren zwei davon alte Kriminalkommissäre, der dritte aber, ein ganz junger Mann, der das Abzeichen der SS trug, schien mit der Arbeit sehr wenig vertraut und unsicher. Sonst waren noch vier bis fünf schwerbewaffnete SA-Leute in Uniform und Stahlhelm mit Gewehr und Handgranaten da und fühlten sich nicht ganz wohl in ihrer Haut.«[18]

Auch Curt Graf Strachwitz, der bei seinem Vetter Erwein von Aretin übernachtet hat und der fälschlich als ein Mitarbeiter der *Münchner Neuesten Nachrichten* angesehen wird, gilt das Interesse der Beamten. Er muß ihnen – angeblich zur Überprüfung seiner Aufenthaltsbewilligung – in die Polizeidirektion folgen. Aretin aber wird zunächst zum Verlag Knorr & Hirth gebracht, wo er den ebenfalls verhafteten Hauptschriftleiter Fritz Büchner trifft. Nach der Durchsuchung ihrer Büros werden beide in die Polizeidirektion abgeführt und dort in Schutzhaft genommen. Sie kommen in den vierten Stock, wo die Zellen der politischen Gefangenen liegen und wo sie den bereits am 10. März verhafteten Chefredakteur der auch bei Knorr & Hirth erscheinenden *Süddeutschen Sonntagspost*, Walter Tschuppik, wiedersehen.

Bei Knorr & Hirth erscheinen die *Münchner Neuesten Nachrichten* mit einer täglichen Auflage von 130 000 Exemplaren, die *Münchner Telegrammzeitung* mit täglich 30 000, die *Süddeutsche Sonntagspost* mit wöchentlich 110 000 und die *Münchner Illustrierte Presse (MIP)* mit wöchentlich 600 000 Exemplaren. Der Verlag hat eine große Druckerei, einen Buchverlag, ein Reisebüro und rund 1200 Beschäftigte.[19]

Die Nationalsozialisten gehen aus mehreren Gründen gegen die MNN vor: Einmal wollen sie sich dafür rächen, daß trotz aller Versuche Hitlers, die Angriffe der MNN gegen ihn und gegen die NSDAP mit Druck auf die Industrievertreter Reusch, Haniel und Brandi zu verhindern, die Redaktion der Zeitung standhaft geblieben war. Zum anderen sind die MNN, die MIP und die anderen Objekte Konkurrenten für den *Völkischen Beobachter* und für den *Illustrierten Beobachter*. Ein als Revolution getarnter Staatsstreich ist die beste Gelegenheit, die Feinde auch noch zu berauben. (Hitler hatte das schon 1923 vorgemacht, als er die *Münchener Post* plündern und bestehlen ließ).[20]

Fritz Büchners Leitartikel »War das nötig?«, der sich am 10. März 1933 gegen die Methoden der Nationalsozialisten bei der Entmachtung der bayerischen Regierung gerichtet hatte, war für die SA der Anlaß, mit der Erstürmung der *Münchner Neuesten Nachrichten* zu drohen.[21]

Hakenkreuzflagge am Verlagsgebäude in der Sendlinger Straße

Nach dem Willen der neuen Landesherren hat sich die Übernahme der Macht natürlich auch äußerlich im Stadtbild zu zeigen. »München mußte«, wie Anton Betz, der Verlagsleiter von Knorr & Hirth, berichtet, »drei Tage lang Flaggenschmuck anlegen. Ich ließ gegen die Sendlinger Straße eine deutsche und eine bayerische Fahne heraushängen. Vom Innenministerium, vom Braunen Haus und vom Polizeipräsidium wurde wiederholt angerufen – wahrscheinlich echt und fingiert –, daß das

Verlagsgebäude gestürmt werde, falls nicht die Hakenkreuz-flagge gezeigt werde.«[22]

Am 18. März legt der Vorsitzende des Betriebsrats im Verlags-haus seine Funktion nieder. Das Amt übernimmt der Leiter der NS-Betriebszelle, der von Betz die Hissung der Hakenkreuz-fahne verlangt. Als Betz ablehnt, hängt der Nationalsozialist, ein junger Mann von zwanzig Jahren, selbst eine Hakenkreuz-fahne aus dem Fenster. »Sie ist aber so klein«, schreibt Betz, »daß sie schon durch ihre Unscheinbarkeit die SA reizen mußte.«

Doch die MNN-Redaktion ist gespalten. Der Kern hält zu Büchner, eine Minderheit verlangt die Zusammenarbeit mit Hitler. Leitende Angestellte und ein Redakteur, mit denen Betz gerade noch Abwehrmaßnahmen besprochen hat, erscheinen einige Stunden später mit dem Parteiabzeichen am Rockauf-schlag.[23]

In einer Erklärung vom 16. März teilen Betz und alle Ressort-chefs der MNN mit, daß sie an den gegen Aretin und Büchner erhobenen Verdacht, die »Loslösung Bayerns vom Reich« be-trieben zu haben, nicht glauben. Auch Karl Ludwig Freiherr von und zu Guttenberg, seit Sommer 1932 im Beirat des Verlags und Landesleiter des *Bayerischen Heimat- und Königsbundes*, setzt sich beim Reichskommissar Ritter von Epp für Aretin und Büchner ein.[24]

Auch Stefan Lorant, erfolgreicher Chefredakteur der *Münch-ner Illustrierten Presse* (MIP), ist in Haft. Er befindet sich mit Curt Graf Strachwitz und mit zwei anderen Mitgefangenen in der Zelle 47 im vierten Stock des Polizeigefängnisses. Der 32 Jahre alte Lorant ist seit dem 14. März in Schutzhaft, und zwar wegen des »Verdachts bolschewistischer Umtriebe«. Im Gefängnis denkt er an drei Ereignisse vom 9. März, die er nicht vergessen kann: Mittags wollte er den Mitarbeiter Leo F. Hausleiter mit einem Bericht über die SA und SS beauftragen. Er explodiert, als er erfährt, daß Hausleiter Mitglied der NSDAP ist. Dann plant er das Konterfei Hitlers zum erstenmal als Titelbild zu bringen, und am Abend sieht er von der Setzerei aus, wie *Der gerade Weg* des Fritz Gerlich gestürmt wird.

Das Gebäude der mächtigsten Zeitung Süddeutschlands in der Münchner Sendlinger Straße 80: Die »Münchner Neuesten Nachrichten« (MNN), heute Sitz der »Süddeutschen Zeitung«. Fritz Gerlich, der von 1920 bis 1928 Chefredakteur der MNN war, besaß sowohl die preußische als auch die bayerische Staatsangehörigkeit.

Lorant weiß noch nicht, daß Hausleiter auch Mitglied der Politischen Polizei ist, der Schutzhaftkommission angehört und später unbarmherzig die Entlassung von 75 Verlagsangehörigen durchsetzen wird.[25] Niemand hat den Nationalsozialisten in ihm vermutet, jeder vertraute Hausleiter. Dieser weiß alles und

ist, so gesehen, eine Trumpfkarte in der Hand des noch unbekannten SS-Standartenführers Reinhard Heydrich (*Heiderich* schreibt die Presse damals noch), der in München die Bayerische Politische Polizei aufbaut.

Paul Nikolaus Cossmann, die Graue Eminenz des Verlags,

kommt aus der Kur in Bad Wörishofen nach München zurück und schreibt an Reichskommissar Epp einen Brief, in dem er sich als der Verantwortliche für die Linie der Zeitung erklärt: »Ich bitte, die Verhafteten freizulassen und mich an deren Stelle zu verhaften.« Er bekommt keine Antwort.[26]

Inzwischen ist auch Karl Rabe, der Chefredakteur der *Telegrammzeitung*, verhaftet worden.[27]

Alle Versuche, den Verlag Knorr & Hirth vor dem Zugriff der Nationalsozialisten zu bewahren, sind vergeblich. Selbst die Gespräche, die Anton Betz und der Beiratsvorsitzende Karl Haniel mit Esser, Himmler und Röhm führen, haben keinen Erfolg. Daran ändert auch Haniels Angebot, daß die MNN künftig ein Regierungsblatt sein würden, nichts. Röhm sichert Betz lediglich seinen Schutz zu.[28]

»Brutstätte des Hoch- und Landesverrats«

Um 7 Uhr abends desselben Tages, am 26. März 1933, kommt Betz in die MNN. Um 8 Uhr besetzt ein SA-Trupp das Zimmer des Verlagsleiters und das Sekretariat und weist einen von Reinhard Heydrich unterzeichneten Haftbefehl vor. Gleichzeitig wird die Privatwohnung von Betz durchsucht. Telephonieren darf er nicht mehr, Röhms Schutzzusage hilft ihm wenig.

Zwölf SA-Männer bringen Anton Betz ins Polizeigefängnis an der Ettstraße, wo er von Heydrich empfangen wird mit den Worten, er freue sich, »nunmehr auch den Leithund der schwarzen Herde« in seinem Haus zu sehen.[29]

Betz erinnert sich: »Als sich am nächsten Morgen die Zellentüren öffneten, kamen aus den Zellen fast sämtliche Verhafteten des Verlagshauses. Büchner schritt freudig auf mich zu, drückte mir die Hand und sagte: ›Ist das nicht schöner, daß wir uns hier treffen, als daß wir unser 25jähriges Dienstjubiläum bei den MNN feiern würden?.‹«[30]

Auch der Reporter Werner Friedmann von der *Süddeutschen Sonntagspost* ist inzwischen in Schutzhaft, und am 3. April geraten auch Herausgeber Cossmann (*Süddeutsche Monatshefte*) und die Feuilletonredakteurin Dora Federschmidt in die Hände der Nationalsozialisten. Diese war früher Gerlichs Sekretärin bei den MNN. Ihre Verhaftung ist auf einen persönlichen Racheakt von Frau Hausleiter zurückzuführen, die ebenfalls Agentin bei Heydrich ist.[31]

Mit der Verhaftung Cossmanns ist die gesamte Führungsmannschaft des Verlages Knorr & Hirth ausgeschaltet. Heinrich Himmler setzt seinen Schwager Dr. Wendler als »Rechtsberater« des Unternehmens ein, Leo F. Hausleiter (in dessen Ofenfirma Rudolf Heß beschäftigt war) und der Romanschriftsteller Paul Edmund von Hahn (Balte, verschuldet und von Lorant als »Halunke« bezeichnet)[32], übernehmen als NS-Kommissare den Verlag. Hahns Karriere dauert nicht lange, denn schon am 12. Mai 1933 läßt ihn Hausleiter im Vorzimmer Himmlers verhaften und ins Polizeigefängnis einliefern. Hahn kommt später nach Dachau.

Die »Untersuchungsberichte«, die Wendler und Hausleiter über den »Fall Aretin, Cossmann und Genossen« an SS-Standartenführer Heydrich liefern, dienen dem Zweck, aus den MNN eine angebliche »Brutstätte des Hoch- und Landesverrats« zu machen. An Beschuldigungen werden unter anderem aufgeführt: »Lostrennung Bayerns vom Reich, Anschluß an Österreich mit dem Ziel der Errichtung einer Donauföderation, bolschewistische Umtriebe, Hetze, Freimaurertum, Meinungsmanipulation, Beschäftigung von Juden und deutschfeindlicher Elemente, Korruption und Veruntreuung.« Das Haus Knorr & Hirth ist für die Nationalsozialisten, wie ihren Berichten zu entnehmen ist, »aus diesen Gründen eine der gefährlichsten Zentralen gegen die Reichseinheit in Deutschland überhaupt«.[33]

Die übrige Münchner Presse bleibt relativ ungeschoren. Die *München-Augsburger Abendzeitung* erhält weder ein Verbot, noch wird ein Mitarbeiter entlassen. Der *Bayerische Kurier*, im ersten Stock in der Hofstatt 5 (unter dem *Geraden Weg*) wird erstmals am 13. Juni 1933 beschlagnahmt. Die *Münchener Zeitung* allerdings verliert auf Betreiben Ernst Röhms ihren Chefredakteur

Adolf Schiedt, weil er jüdischer Abstammung ist.[34] Die *Bayerische Staatszeitung* wird nicht behelligt.

In der Schweizer Presse und in den österreichischen Zeitungen hat das Schicksal Gerlichs unterdessen großes Aufsehen erregt. Spaltenlange Berichte erscheinen und enthalten Einzelheiten, die in keiner deutschen Zeitung mehr zu lesen sind. Gerlichs Freunde, zu denen auch die Bischöfe von Chur und St. Gallen gehören, wollen seinen Tod verhindern.

Gerlich, »ein Märtyrer der katholischen Kirche, gefällt vom Hakenkreuzterror«

Bereits am 16. März 1933 erscheint in den Schweizer Blättern eine »Nachschrift der Redaktion«, die folgenden Wortlaut hat: »Es ist dafür gesorgt, daß dieser Bericht weiteste Verbreitung findet. Die (deutsche, Anm. d. Verf.) Reichsregierung wird damit gezwungen sein, Stellung zu beziehen. Sie kann sich mit einer Ableugnung begnügen. Dann identifiziert sie sich mit den Leuten, die als Bestien zu qualifizieren sind. Und zudem ist der Zustand Dr. Gerlichs Beweis für die Barbarei der SA-Leute. Gibt sie die Mißhandlung zu und distanziert sie sich von der Bestialität der Peiniger, stößt sie viele aus der SA aus und entzieht sie diese nicht dem Arm der Gerechtigkeit, dann wird man darin die Möglichkeit sehen, mit einem Regime diplomatischen Verkehr zu pflegen, das ernst genommen werden will. Andernfalls wäre es Pflicht der anständigen Presse des Auslandes, den Fall Gerlich nicht ruhen zu lassen! Die Barbarei würde sich zu nahe an unsern Grenzen breit machen, als daß uns das so gleichgültig sein könnte!«[35]

Den Nationalsozialisten passen solche deutlichen Worte natürlich nicht ins Konzept. So muß auch der Bericht der Innsbrucker Zeitung *Volksruf* vom 10. Mai 1933 unter der Überschrift »Wo ist Dr. Gerlich?« auf Reinhard Heydrich und auf dessen Mitarbeiter wie ein Stich ins Wespennest wirken. Anklagend heißt es im Schlußabsatz des Artikels: »Dafür, für dieses mannhaft katholische Eintreten für Recht und Gerechtigkeit mußte Dr. Gerlich sterben. Denn Dr. Gerlich ist tot(,) und wenn hunderte Male andere amtliche Meldungen kommen, die besagen, es gehe ihm gut. Gewiß geht es ihm gut, wenn er tot ist; denn dann befindet er sich nicht mehr in den Händen seiner Peiniger. Ist er aber nicht tot, warum läßt man ihn dann nicht frei, daß er sich der Welt zeigt? Warum läßt man ihn nicht selber schreiben, ob er lebt und wie es ihm geht? Da man das von Hakenkreuzseite nicht tut, so straft man die amtlichen Aussprengungen, Dr. Gerlich gehe es gut, selbst Lügen. Wir werden nicht ruhen und rasten, bis wir Klarheit in den Fall Dr. Gerlich gebracht haben, bis wir wissen, ob aus dem Zeugen der katholischen Wahrheit ein Blutzeuge des Glaubens und der Gerechtigkeit geworden ist. Ist Dr. Gerlich tot – und alles spricht dafür –, dann ist er ein Märtyrer der katholischen Kirche, gefällt vom Hakenkreuzterror.«

Die ganze Seite 2 des Blattes greift massiv die Nationalsozialisten an. Die Rassenämter seien ein »Staatsverbrechen«, die Konzentrationslager dienten der »ödesten Gleichschaltung« jener Bürger, die nicht nach der »nationalen Schablone zu denken vermögen. (...) Staatsgewalt gegen den Geist, gegen das freie Denken. Das ist der neueste Triumph für das Volk der Denker und Dichter. (...) Wir in Österreich danken für die ›Gleichschaltung‹, denn sie ist der Tod der Freiheit.«

Der deutsche Generalkonsul in Innsbruck wird von der Bayerischen Staatskanzlei aufgefordert, eine Berichtigung beim *Volksruf* zu erwirken, denn Gerlichs »Gesundheitszustand ist gut«, heißt es im Schreiben der Staatskanzlei vom 16. Mai wörtlich.[36]

»Erschieß dich, du Schwein!«

Das entspricht allerdings nicht den Tatsachen, denn Gerlich liegt am 16. Mai halbtot in der Zelle 35, der schlechtesten im ganzen Gefängnis. Wir zitieren den Bericht eines Häftlings, der auf Gerlichs Angaben beruht und der im Januar 1934 anonym in einer Wiener Zeitung erscheint. Darin heißt es: »In der Nacht vom 15. auf den 16. Mai erfuhr die stumpfe Monotonie der Haft eine schauerliche Unterbrechung. Gegen zwei Uhr morgens erschienen drei SS-Leute im Gefängnistrakt und erzwangen von den beiden diensthabenden Wachtmeistern, denen sie keinen schriftlichen Befehl vorweisen konnten oder wollten, die Herausgabe des Gefangenen von Zelle Nr. 35. Dr. Gerlich wurde geweckt, mußte sich anziehen, dann wurden ihm die Augen verbunden, und fort ging es treppab, treppauf durch das weitläufige Labyrinth der Polizeidirektion.

Schließlich wurde der Gefangene von seinen Begleitern in einen Raum gestoßen, wo man ihm die Binde von den Augen nahm. Er sah sich allein auf einem Podium, geblendet durch das Licht mehrerer Scheinwerfer, die es ihm unmöglich machten, die Gesichter der zahlreichen Uniformierten, deren Umrisse er wahrnehmen konnte, zu erkennen. Es begann ein Verhör, das scheinbar den Zweck verfolgte, Dr. Gerlich die Namen jener Personen zu entreißen, welche ihn über die Vorgänge innerhalb der NSDAP und der KPD so zutreffend informiert hatten. Nachdem diese Szene unter wüsten Drohungen und Beschimpfungen eine Weile gedauert hatte, rief eine Stimme aus dem Dunkel des Hintergrundes: ›Schluß jetzt – los!‹

Von Fäusten gepackt, wurde Gerlich auf einen Tisch geworfen, festgehalten und mit Gummiknüppeln und Lederriemen geprügelt. Was er in diesen Minuten, abgesehen von der seelischen Qual, an körperlichen Schmerzen zu erdulden hatte, kann nur der sich ungefähr vorstellen, der Gelegenheit hatte, die Wirkungen einer solchen Tortur auf den menschlichen Körper aus unmittelbarer Nähe zu untersuchen. Als Dr. Gerlich der Bewußtlosigkeit nahe schien, trat eine Pause ein. Man schob eine Pistole unter seine Hand und ließ ihn mit den Worten: ›Erschieß dich, du Schwein!‹ (allein, Anmerk. d. Verf.). Doch der gepeinigte Mann schoß nicht, er betete.

Als seine Peiniger zurückkehrten, wütend darüber, daß sie ihn nicht auf billige Weise losgeworden waren, fingen sie von

neuem zu prügeln an. Dr. Gerlich fiel in Ohnmacht. Er erwachte
erst wieder in seiner Zelle. Die letzten Worte, die er hörte,
waren: ›Genug für heute, wir holen ihn ein anderesmal und
dann wird Schluß gemacht!‹

Erst morgens, nachdem der Wachtmeister den Gefangenen
Nr. 35 halbtot auf seiner Pritsche gefunden hatte, wurde der
Polizeiarzt veranlaßt, die blutenden Wunden zu verbinden. Ein
Beamter der Politischen Polizei, der im Laufe des Tages bei
Dr. Gerlich erschien, versprach ihm, einen Bericht über die
unmenschliche Mißhandlung an den Kommandeur der Bayeri-
schen Politischen Polizei und Reichsführer der SS, Himmler, zu
befördern. Über das Schicksal dieses Berichtes ist nichts bekannt.

Jedenfalls, obwohl am nächsten Morgen die ganze Stadt über
die Folter des Dr. Gerlich tuschelte, geschah behördlicherseits
nichts, keine Entschuldigung, keine Bestrafung der Übeltäter,
keinerlei Zusicherung, daß derartige unerhörte Vorfälle sich
nicht wiederholen würden. Als aber die ausländische Presse
Berichte über die Mißhandlungen des Dr. Gerlich und anderer
Gefangener brachte, wurde Gerlich genötigt, eine Erklärung zu
unterschreiben, in welcher gesagt war, daß ihm nichts fehle und
daß er sich einer guten Gesundheit erfreue. Als Gegenleistung
für diese Unterschrift, welche mit einer zitternden, blau ange-
schwollenen, bis auf die Knochen entzündeten Hand geleistet
werden mußte, stellte man die baldige Entlassung aus der Haft
in sichere Aussicht. Seither sind mehr als acht Monate vergan-
gen, an die Möglichkeit der Entlassung aber scheint niemand
mehr zu denken.«[37]

»Mit freudigem Herzen die Leiden ertragen«

Stefan Lorant, der in Zelle 47 sitzt und der am 25. September
1933 aus der Haft entlassen wird, schildert die Folter Gerlichs in
seinem Gefängnistagebuch aus dem Jahre 1935 ähnlich.[38]

Nach den späteren Aussagen seiner Mithäftlinge erträgt
Gerlich seine Haft in bewundernswerter Haltung. (Aretin sieht

163

ihn zuletzt am 7. November 1933 auf dem Gang im dritten Stock, als er, zufällig an Gerlich vorbei, nach Dachau abgeführt wird.)[39]

»Wer sich als katholisch bekennt, muß auch den Mut finden, die Folgen seiner Lebensauffassung auf sich zu nehmen und mit freudigem Herzen die Leiden ertragen.« Dies hat ein Mitgefangener über Gerlichs Ansicht aus jenen Tagen notiert.[40]

Und Gerlich muß einiges hinnehmen: Das Disziplinarverfahren, das am 5. April 1933 mit der vorläufigen Dienstenthebung beginnt (wegen seiner Angriffe auf Hitler) und das am 1. September 1933 mit Gerlichs Entlassung aus dem Staatsdienst endet, wird vom neuernannten Präsidenten des Oberlandesgerichts München durchgeführt, der auch Präsident der Disziplinarkammer München für nichtrichterliche Beamte ist. Sein Name garantiert, daß alles im Sinne des Führers und Reichskanzlers Adolf Hitler verläuft: Georg Neithardt. Er ist der Richter, der im Jahre 1924 im Hochverrats-Prozeß gegen den Putschisten Hitler dessen Ausweisung unterließ.[41]

Dann folgt im Oktober 1933 das Dienststrafverfahren, das gegen Gerlich wegen seiner Artikel über Hitler eingeleitet wird. Auf fünf Seiten sind die Titel aufgeführt, durch die der Staatsbeamte Gerlich »die Ehre der Mitmenschen und auch der politischen Gegner gröblichst verletzt« hat.[42] Auch Hitlers Leibphotograph Heinrich Hoffmann meldet sich nochmal: Durch Pfändung verlangt er von Gerlich noch im Gefängnis 140 Mark plus vier Prozent Zinsen.[43] Und der Schreibwarenlieferant Kaut-Bullinger & Co. erhebt sogar wegen einer noch offenen Rechnung in Höhe von 52,31 Mark gegen den inhaftierten Gerlich (»zur Zeit in Schutzhaft in Dachau«) Klage.[44]

Alle Bemühungen, Fritz Gerlich freizubekommen, sind erfolglos. Umsonst sind die Bitten von Caritasdirektor Schlüsener aus Recklinghausen an Reichsstatthalter Epp, »sich des Dr. Gerlich in Erinnerung an die ruhmreichen Oktobertage 1917 anzunehmen«, weil »eine günstige Erledigung des Falles Gerlich in weitesten Kreisen des Auslandes den besten Eindruck machen würde«. Epp aber hat in Sachen Gerlich nichts zu sagen.[45]

Die Tür zur Zelle Nr. 35 im dritten Stock des Polizeigefängnisses in der Münchner Ettstraße, wo Gerlich lange Zeit in Einzelhaft saß.

Gerlichs früherer Mitarbeiter Wilhelm Kiefer, der sich in der Schweiz aufhält, bemüht sich bei den Bischöfen von Chur, Basel und St. Gallen um Unterstützung. Diese schreiben an die päpstliche Nuntiatur in Berlin und bitten um Intervention beim Reichspräsidenten Hindenburg – auch ohne Erfolg.[46]

Gerlich, der am 27. Juli 1933 für eine Woche ins Gefängnis Stadelheim verlegt wird, am 4. August aber wieder in die Ettstraße zurückkommt, hat, trotz aller Bitterkeit über die Haft, sogar Zeitungspläne: Mittels Kassiber, die in einer Ausgabe des Alten Testaments stecken und die Johannes Steiner als Begleitperson der behinderten Frau Gerlich bei Besuchen im Gefängnis überbringt, verständigen sich Steiner und Gerlich über den Entwurf eines Titelblatts. Lange vor dem erwarteten Schlag gegen den *Geraden Weg* haben die beiden Decknamen vereinbart: »Deinhardt« bedeutet Gerlich (der gerne den gleichnamigen Sekt trinkt), »Lapidior« gilt für Steiner, mit »Jakob« ist Therese Neumann gemeint.[47]

Als Begleitperson für Frau Gerlich gelingt es auch Fürst von Waldburg zu Zeil, Professor Wutz und Ludwig Weitmann, mit Gerlich zu sprechen. Waldburg fordert Gerlich bei seinem letzten Besuch Mitte Juni 1934 auf, sich doch endlich an seinem Bruchleiden operieren zu lassen. Aber Gerlich geht darauf nicht ein, sondern bittet seine Frau, dem Fürsten zwei Bücher zu schenken. Die Titel lauten: »Das Leiden im Weltplan« und »Die Kirche der Märtyrer«.[48] Gerlich weiß, daß er seinem Schicksal nicht ausweichen kann. Seine Zelle befindet sich jetzt im vierten Stock.

Graf Strachwitz: Austausch gegen einen Attentäter

Curt Graf Strachwitz, Gerlichs Mitarbeiter beim *Geraden Weg*, hat mehr Glück. Im Juni 1934 befindet er sich schon ein halbes Jahr in Freiheit und in seiner österreichischen Heimat.

Seine Frau, Maria Gräfin Strachwitz, Tochter des Grafen Trapp, hatte sich gleich nach der Festnahme des Ehemannes von Innsbruck aus nach München begeben, um den Inhaftierten zu suchen und ihm zu helfen. Sie schreibt am 31. Oktober 1933 an Reichsstatthalter Epp und fleht ihn an, er möge sich »unserer erbarmen und zur Gerechtigkeit verhelfen«, da doch auch das Reichsgericht in Leipzig weder Grund zur Haft noch zur Anklage sehe.[49]

Es ist nicht genau bekannt, wie Epp reagiert hat. Aber im November wird Maria Gräfin Strachwitz durch Vermittlung des ihr bekannten Barons Konrad von Miller zu einer geheimnisvollen nächtlichen Autofahrt gebeten, die von München aus an einen unbekannten Ort führt. Die Gräfin berichtet darüber in ihren bis heute nicht veröffentlichten Aufzeichnungen: »Endlich kamen wir ›irgendwo‹ an, es schien eine größere Villa zu sein (...), und alsbald erschien der Unbekannte. Vergebens tastete ich im Gedächtnis nach allen mir erinnerlichen Bonzengesichtern. Dieser Mann kam mir völlig unbekannt vor. Das einzige Merkmal war, daß er nur einen Arm hatte. (...) Er nannte keinen klaren Grund, warum er helfen wolle. Vielmehr erzählte er aus seiner Jugend, (...) daß er alle Religion, allen Gottesglauben abgestreift habe. (...) Erst im Nationalsozialismus habe er Bestätigung gefunden (...), dann sagte mir mein Gegenüber, daß er Kurts Artikelserien in *Der gerade Weg* gelesen habe (von seiner

Familie wurde der Vorname auch Kurt – mit K – geschrieben; Anm. d. Verf.).

›Schreiben kann der Mann‹, fügte er hinzu. Und dann kam das Unfaßliche: Er fragte, ob Kurt wohl bereit wäre, mit ihm und für die Sache (also den Nationalsozialismus) zu schreiben und zu arbeiten, ob er sich verpflichten würde, in Österreich Propaganda für den Nationalsozialismus zu machen. Wenn ja, könnten wir jetzt gleich zusammen nach Stadelheim fahren und ihn abholen. Es dröhnte mir in den Ohren. (...) Am liebsten hätte ich geweint. ›Nein, das kommt nicht in Frage‹, sagte ich schließlich.«[50]

Gräfin Strachwitz wird nach München zurückgebracht. Einige Tage später bestellt man sie zu Prinz Ysenburg und Ernst Röhm in den »Bayerischen Hof« zu einem Gespräch über einen Austausch ihres Mannes. Wieder nach Innsbruck zurückgekehrt, mit einer Lungenentzündung zu Bett, meldet sich ein Geistlicher im Palais des Grafen Trapp und versichert, daß die Austauschverhandlungen gut vorwärtsgingen. Das solle er von seinem Bruder, jenem nächtlichen Unbekannten, bestellen. (Bei dem Fremden handelte es sich um Max Amann.)[51]

Am 31. Dezember 1933 steigt Curt Graf Strachwitz in Salzburg aus dem Zug. Er wird gegen den Nationalsozialisten Werner von Alvensleben ausgetauscht, der in Innsbruck ein Attentat auf den Heimwehrführer Dr. Richard Steidle verübt hat.[52]

An den Major Josef Hell, der nach der Ermordung Georg Bells mit Hilfe Graf Trapps über Innsbruck ins versteckte Bergdorf Alers zu Pfarrer Alverà gelangt ist und der sich dann im »Gasthaus Stremitzer« im Südtiroler Brixen einquartiert hat, schreibt Strachwitz am 11. Januar 1934, er sei »überzeugt, daß unzählige Ihrer Landsleute gerne mit Ihnen tauschen würden; und ich kann Ihnen nur aufrichtig und dringend raten, bis auf weiteres an eine Heimkehr nicht zu denken. (...) Man weiß im Ausland viel zu wenig, was eigentlich in Deutschland vorgeht.«[53]

Josef Hell, dem die Nationalsozialisten die Pension gesperrt haben, kehrt erst im Herbst 1934 nach Deutschland zurück. Der aufrechte, patriotische Fliegermajor will um jeden Preis zu seiner Familie zurück.

X.

TOD IM KONZENTRATIONSLAGER DACHAU

Die Zelle 35 im Gebäude der Münchner Polizeidirektion an der Ettstraße liegt gegen Norden und hat nur ein kleines, schmales Milchglasfenster unterhalb der Decke. Selbst im Hochsommer gelangt kaum ein Lichtstrahl in dieses Verlies, das unter den Häftlingen als Kerker verrufen ist. Der Raum ist vier Schritte lang, zwei Schritte breit, eine Holzpritsche, ein Strohsack – das ist alles. Selbst die Wärter haben Mitleid mit dem prominenten politischen Gefangenen der neuen Machthaber Heinrich Himmler und Reinhard Heydrich und bringen einen kleinen Tisch und einen Stuhl für Fritz Michael Gerlich. »Spaziergänge« sind nur in dem zwischen den Zellen liegenden Gang erlaubt, während die Zellen gereinigt werden. Die Situation ist erniedrigend, aber Gerlich erträgt alles mit einer bewundernswerten Gelassenheit.[1]

Ein »demütiger, kreuztragender Jünger Jesu«

Im Herbst 1933 darf Gerlich ab und zu die Gefangenen im vierten Stock besuchen, und Anfang 1934 wird er dorthin verlegt. Er kommt in die Zelle 46. (Am 1. Juli 1934 wird Baron Enoch von Guttenberg dort eingeliefert, dem der Gestapo-Mann Josef Gerum durch eine verzögerte Abfahrt aus Würzburg das Leben gerettet hat.)[2] So lernen viele Gerlich näher kennen und schätzen. Er ermutigt die Mithäftlinge mit seinem Geist, mit seinem trockenen Humor und vor allem mit seinem unerschütterlichen Gottvertrauen. Sein Beispiel erleichtert vielen die Haft, denn sie wissen, daß mit Gerlich ein Todgeweihter vor ihnen steht. Er wird wie ein seltener Mensch betrachtet, von manchen fast bewundert wie einer, der über allen irdischen Problemen steht. Einer, zu dem man einfach reden kann, der einem schon hilft, nur weil er da ist. Fritz Gerlichs Sendungsbewußtsein – keines

der frömmelnden Art, wie man es bei vielen Konvertiten feststellen kann – ist nicht nur auf Theorie gegründet, es sitzt auch
in jeder Faser seines Herzens. Kein Nationalsozialist und kein
Gummiknüppel kann daran etwas ändern.

Gerlich wirkt im Gefängnis gegen den Hitlerismus weiter, obwohl seine Feinde glauben, sie hätten diesen Mann erledigt. Der
Kapuzinerpater und Gefängnisseelsorger Sigisbert Greinwald
aus dem Münchner Kloster St. Anton, bei dem Gerlich vom
August 1933 an – gewöhnlich am Mittwoch – kommuniziert
und mit dem er sich dann immer etwa eine Stunde lang unterhält, notiert in seinem Jahresbericht 1933/34, daß Gerlich auch
»den einen oder anderen« dazu brachte, zu kommunizieren.
Laut Greinwald beschäftigt sich Gerlich mit theologischen
Studien und besonders mit Werken über das Leben Jesu. Dafür
besorgt Pater Sigisbert die Biographie von F. M. Willam.[3]

Gerlich spricht auch von seinem Plan, eine vergleichende
Darstellung der Offenbarungen der Katharina von Emmerich,
der Kreszentia Höß, der Therese Neumann und anderer zu
schreiben, sobald »ihm die Freilassung den Weg dorthin ermöglichte. Von Politik redete er fast nie, selbst dann nicht, wenn die
Zeitungen, die er regelmäßig erhielt, dazu Gelegenheit geboten
hätten. Auch kam ihm nie ein Wort des Hasses über seine politischen Gegner über die Lippen. Was sie ihm angetan hatten,
war seinerseits längst schon verziehen. Der ehemals so starke
politische Kämpfer war im Gefängnis ein demütiger kreuz-
tragender Jünger Jesu geworden.«

Unter Punkt IV. »Rückkehr in die katholische Kirche« führt
Greinwald in seinem Bericht drei »Fälle« an: »Frl. Zoreff (sic!),
Frau Fänderl und Herr Huber.« Ernestine Zoref ist die Haus-
dame und Sekretärin des inzwischen inhaftierten Romanautors
und früheren kommissarischen Leiters bei den *Münchner Neuesten Nachrichten,* Paul Edmund von Hahn.

Fritz Gerlich hat vom Gefängnis aus alles geregelt, was nach
seiner Ansicht in Ordnung sein sollte. Seinem Freund und Firm-
paten Franz Xaver Wutz hat er sein Testament geschickt und
dazu geschrieben, wegen seiner Lebens- und Pensionsversiche-

rungen seien »gewisse Umstellungen wie Feingold statt Dollar etc. notwendig. (...) Dir schicke ich es, um Sophie nicht zu beunruhigen. Hebe es bitte gut auf.« Gerlich sorgt mit diesem verschlüsselten Hinweis an Wutz für die finanzielle Sicherheit seiner Frau im Falle seines Todes.[4]

Die Stunde des Reinhard Heydrich

Am 28. Juni 1934 sitzen in einer Waldlichtung am Rande des Perlacher Forsts, wo das Münchner Stadtviertel Giesing endet, etwa zehn Jugendliche um ihren Katecheten Alfons Beer. Sie gehören zur Pfarrei Heilig-Kreuz in Giesing und haben sich im Wald getroffen, weil ihre Versammlungen in der Pfarrei nicht mehr möglich sind. Die Jungen diskutieren auch über das Gerücht, daß die SA entwaffnet werden solle, als plötzlich ein Trupp SA-Männer auftaucht und die Jugendlichen mit Beer festnimmt. Irgend jemand hat die Versammlung verraten.

Die Jungen, Otto Lindermann, Hugo Scheurer, Adolf Häfner und Alfons Beer, werden im Wittelsbacher Palais, wo jetzt die Bayerische Politische Polizei unter dem inzwischen zum SS-Brigadeführer beförderten Reinhard Heydrich ihren Sitz hat, verhört und festgehalten. Häfner ist als Setzer in der Verlagsanstalt Manz in der Hofstatt 4-6 beschäftigt und kennt Fritz Gerlich vom Sehen.[5]

Alfons Beer wird am 29. Juni in das Polizeigefängnis an der Ettstraße übergeführt und in eine Zelle gesperrt, die neben der Zelle Gerlichs in einem Hauswinkel liegt. In diesen hochsommerlichen Tagen bleiben die Zellentüren geöffnet, und die Häftlinge können bis spät in die Nacht auf den Gang hinaus. Zu Ehren Gerlichs heißt dieser Gang »Gerader Weg«. Die Mitgefangenen haben dafür gesorgt.[6]

Auf diesem Gang lernt der Katechet Gerlich kennen, der Beer sofort Geld fürs Mittagessen anbietet und mit ihm ins Gespräch kommt. Beer erzählt seine Geschichte, und auch Gerlich schildert dem jungen Priester die Stationen seines Lebens. (Alfons

170

Adolf Hitler, der stets Anschläge auf seine Person befürchtete, fühlte sich im Schutz der SS am sichersten. Die Schutzstaffel, die ihn hier im Auto abschirmt, diente ja nicht zuletzt seiner persönlichen Sicherheit.

Beer wird später Stadtpfarrer der Pfarrei »Königin des Friedens« – demonstrativ KdF genannt. Er berichtet, die Begegnung mit Gerlich habe ihm mehr gegeben als der Tag seiner Priesterweihe.)[7]

Am Abend des 29. Juni erläutert Gerlich vor seinen Mithäftlingen das Projekt einer internationalen katholischen Nachrichtenzentrale, dem er nach seiner Entlassung seine ganze Kraft widmen wolle. Anscheinend will Gerlich seine Zuhörer – einen Fabrikbesitzer aus Deutz, einen Münchner Juden, einen verhafteten SS-Mann aus Köln und Alfons Beer – nur unterhalten.[8] Denn er muß wissen, daß er diesen Plan nie durchführen wird.

Auch am Samstag, dem 30. Juni 1934, spricht Gerlich um die Mittagszeit wieder mit Beer über das Projekt, als ein Wachtmeister angerannt kommt und aufgeregt von den ersten Festnahmen und Erschießungen im Zuge des sogenannten Röhm-Putsches berichtet. Fritz Gerlich wird weiß wie die Wand und zieht

171

sich – so erzählt Alfons Beer später – in seine Zelle zurück. Die seit langem befürchtete »Bartholomäusnacht« der Nationalsozialisten hat begonnen. Die Stunde des Reinhard Heydrich ist da.

In seiner Haßliebe zum Katholizismus, die er mit Hitler, Himmler und dem von ihm wenig geschätzten Goebbels teilt (alle sind streng katholisch erzogen worden), denkt Heydrich neidvoll an die organisatorischen Instrumente der Kirche. Nur darin findet der Nationalsozialismus einen Gegner, der ihm – so denkt Heydrich – ebenbürtig ist. »Das raffinierte Doppelspiel der Katholischen Aktion«, schreibt Heydrich in einem Geheimbericht, »kann man keinem der übrigen Gegner zum Vorwurf machen. (...) Unter den überstaatlichen Mächten hat sich (...) der politische Katholizismus immer erneut als Hauptgegner erwiesen.« Die Katholische Aktion, mit ihrem Leiter Dr. Erich Klausener (früher Leiter der Polizeiabteilung im preußischen Innenministerium, dann von Göring nach der NS-Machtergreifung ins Verkehrsministerium abgeschoben) an der Spitze, ist Heydrichs meistgehaßter Feind.[9]

Reinhard Heydrich, über dessen Schreibtisch alle Todeslisten laufen, beschließt – schon im April 1934 – den »Röhm-Putsch«, der die Macht der SA (zugunsten der SS) brechen soll, mit der Ausschaltung der NS-Gegner, besonders der katholischen, zu verbinden. Der katholische Papen-Kreis in Berlin versucht zur selben Zeit, eine Ausbootung Hitlers und die Rückkehr des Vizekanzlers Franz von Papen als Reichskanzler zu erreichen. Der Kreis um Herbert von Bose, Günther von Tschirschky, Erich Klausener und Edgar Jung baut dazu ebenfalls das Gespenst eines gegen die Reichswehr gerichteten SA-Putsches auf, um mit Hilfe von Generaloberst von Fritsch die Reichswehr und den Reichspräsidenten von Hindenburg gegen Hitler zu mobilisieren.[10] Er arbeitet dabei mit ähnlichen Methoden wie Heydrich: gefälschte Dokumente, Gerüchte, Falschinformationen. Aber Heydrich hat mit seinem Sicherheitsdienst (SD), der als einziger Nachrichtendienst der Partei fungiert, die bessere Position. Zudem ist er stellvertretender Chef des Geheimen Staatspolizeiamts (Gestapo) und hat die skrupelloseren Akteure.

Gefahr eines Bürgerkrieges durch die SA?

Vizekanzler Franz von Papen ist ein enttäuschter Mann. Enttäuscht ist er von Adolf Hitler, dem Reichskanzler, den er in den Sattel gehoben hat. Mit einer Rede vor der Jahresversammlung des Universitätsbundes Marburg will sich Papen am 17. Juni 1934 (Namenstag Adolf) als aufrechter, mahnender, um Deutschland besorgter Politiker zeigen. Die sechzehnseitige Rede ist eine deutliche Kritik an Hitler und an dessen Unterdrückungsmethoden. Der Verfasser ist Dr. Edgar Jung, Rechtsanwalt, Mitarbeiter Papens und früher Autor bei den *Münchner Neuesten Nachrichten*.[11]

Der Kopf des Papen-Kreises ist der Pressereferent im Vizekanzleramt, Herbert von Bose, 41 Jahre alt. (Zu ihm hatte auch Gerlichs Informant, Georg Bell, gute Kontakte.) Bose ist der einzige, der Heydrich gewachsen ist. Der ehemalige Nachrichtenoffizier und Pressechef bei Hugenberg unterhält ein Netz von Informanten, auch bei den Nationalsozialisten. Die Rede, zu der Papen nur die eigene Erscheinung beisteuert, macht Furore in Deutschland wie noch nie eine Ansprache zuvor im Dritten Reich.[12] Die angegriffenen Nationalsozialisten verhindern die Verbreitung der Rede durch Presse und Rundfunk. Nur die *Frankfurter Zeitung* bringt sie. Papen – durch Bose dazu animiert – protestiert bei Hitler gegen die Unterdrückung.

Eine Woche später, am 24. Juni, übt Klausener auf dem Katholikentag in Berlin[13] heftige Kritik an den Maßnahmen der Regierung gegen die Kirche, und der observierende Gestapomann, Kriminalrat Josef Meisinger, meldet das seinem Chef Reinhard Heydrich. Klauseners »staatsfeindliche Äußerungen« erregen diesen aufs äußerste, und er setzt Klauseners Name auf eine der Todeslisten, die für die NS-Gegner vorgesehen sind.[14]

Am 25. Juni beginnen die ergänzenden Konkordatsverhandlungen zwischen Berlin und dem Vatikan im Reichsinnenministerium. Es geht um den Artikel 31, der den Status der katholischen Organisationen betrifft. Auch jene sollen wieder etabliert werden, die Heydrichs Gestapo schon aufgelöst hat. (Nach dem

Tode Klauseners bricht die katholische Seite die Gespräche ab. Heydrich hat sich seine »Zielobjekte« erhalten.)[15]

Edgar Jung verschwindet am selben Tag aus seiner Wohnung. Bose findet am 26. Juni das Wort »Gestapo« auf einem Arzneischrank in Jungs Wohnung. Hitler, bei dem Papen wegen Jung intervenieren will, läßt sich verleugnen – er hat Jung verhaften lassen. Von seinem Kontaktmann bei der Reichswehr, Oberst Walter von Reichenau, erfährt Heydrich am 28. Juni, daß Bose und Tschirschky über Oskar von Hindenburg versuchen, einen Besuch Papens bei Reichspräsident Hindenburg am 30. Juni 1934 zu vereinbaren.[16]

Nach Boses Plan sollte Papen vor dem am 1. Juli beginnenden Urlaub der SA bei Hindenburg die Gefahr eines Bürgerkriegs beschwören, der von der SA ausgehe. Dieser Zeitpunkt war mit Bedacht gewählt. Denn eine SA, die sich im Urlaub befindet, wird kaum putschen. Das ist auch dem Drahtzieher Heydrich klar.

Hitler: »Ich werde ein Exempel statuieren«

Aber jetzt hat Heydrich den Termin, den ihm Bose unwissentlich geliefert hat: den 30. Juni. Er informiert Himmler, welcher Hitler und Göring unterrichtet, daß ein unmittelbarer Putsch der SA bevorstehe. Oberst Heinrici von Heeresamt notiert sich, daß Hitler aufsteht und sagt: »Ich habe genug, ich werde ein Exempel statuieren.« Er läßt die gesamte SA-Führung für den 30. Juni nach Bad Wiessee an den Urlaubsort Röhms kommen. Und damit geht Heydrichs Rechnung auf.[17]

Am 30. Juni 1934 fährt gegen 23.30 Uhr ein Pkw in den Hof der Münchner Polizeidirektion. Zwei Männer in Zivil steigen aus, ein dritter Mann bleibt im Auto zurück. Die beiden Männer, ein größerer und ein kleinerer, gehören zur Politischen Polizei und gehen zum Gefängnisverwalter Hans Kopp, damals 44 Jahre alt. Sie verlangen die Herausgabe von Gerlich.

Der Befehlshaber der bayerischen Truppen, Generalleutnant Joseph Ritter von Leeb (Mitte), begrüßt Adolf Hitler nach der Landung des Reichskanzlers am 12. März 1933 auf dem Flugplatz Oberwiesenfeld. Es ist der erste Besuch Hitlers in München nach dem Staatsstreich vom 9. März.

»Infolge der ungewöhnlichen Zeit«, berichtet Kopp, »habe ich zu den beiden Beamten gesagt, daß ich den Gefangenen nur dann herausgebe, wenn sie einen schriftlichen Auftrag zur Abholung vorweisen können. Auf das hin zeigten sie mir ein Schriftstück, das von dem damaligen Leiter der Geheimen Staatspolizei, Regierungsrat Dr. Beck, unterzeichnet war, inhaltlich dessen die beiden Beamten den Auftrag hatten, Dr. Gerlich aus dem Polizeigefängnis abzuholen. Ich habe das Schriftstück selbstverständlich gelesen, und ich entsinne mich noch, daß es die beiden Namen der Beamten und auch den Namen des Gefangenen Dr. Gerlich enthielt. Da ich selbst Interesse daran hatte, zu erfahren, wohin Dr. Gerlich verbracht werden sollte, habe ich die beiden Beamten ausdrücklich gefragt, und sie erklärten mir, daß er nach Dachau verbracht werden muß.«[18]

Jakob Beck bestreitet später diese Darstellung und behauptet, die Unterschrift sei eine Verwechslung mit »Dr. Best«. Dr. Werner Best hat am 30. Juni 1934 in München die Mordaktionen koordiniert.[19]

Kopp schickt den Gefängnisaufseher Josef Fischer, 56 Jahre alt, zur Zelle von Fritz Gerlich. Fischer, der Gerlich oft erlaubt hat, mit anderen Gefangenen in Verbindung zu treten, kommt nach kurzer Zeit mit dem Häftling zurück, der sein gepacktes Köfferchen in der Hand trägt. Gegen 24 Uhr gehen die beiden Beamten mit Gerlich zum Auto und steigen ein.[20] Der im Auto sitzende dritte Mann stellt sich kurz vor: »Röhrbein«.

Paul Röhrbein, 43 Jahre alt, Hauptmann a. D., seit 22. März 1934 in Schutzhaft im Gefängnis Stadelheim in München, weiß angeblich, wer in den Reichstagsbrand verwickelt ist. Er behauptet, er selbst habe einen SA-Trupp angeführt, der den Brand gelegt hat. Röhrbein trägt am linken Handgelenk einen Verband. Der Offizier, der bereits im Sommer 1933 wochenlang im Arrest des Konzentrationslagers Dachau in Einzelhaft gehalten wurde, hat sich in Stadelheim die Pulsadern aufgeschnitten, als er hörte, daß er wieder nach Dachau zurückgebracht werde.[21]

Gerlich in Dachau

Bevor das Auto mit Gerlich in Dachau eintrifft, sieht der Häftling Josef Eckstein aus dem Fenster seiner Baracke, wie ein Auto gegen 23 Uhr vor dem Schutzhaftlager ankommt und bis zur Brücke über den Würmkanal fährt, die zum Lagertor führt. Eine Frau steigt aus dem Wagen und wird auf ein Handzeichen des SS-Sturmbannführers Michael Lippert von SS-Männern umringt und abgeführt. Die Frau hat Todesangst und klammert sich an einen der Männer. Der stößt sie von sich, zieht seine Pistole und schießt sie nieder. Die Frau heißt Ernestine Zoref, 38 Jahre alt, in Wien geborene Tochter des Schriftstellers Ernst Zenker und Freundin des verschwundenen Schriftstellers Paul Edmund von Hahn. Durch dessen Kenntnisse ist sie zur lästigen Mitwisserin geworden und wird, nach ihrer Entlassung aus der Schutzhaft, nun für immer zum Schweigen gebracht.[22]

Das Kommandanturgebäude im Konzentrationslager Dachau steht noch heute. Hier wurde Fritz Gerlich in der Nacht des 30. Juni auf den 1. Juli 1934 erschossen.

Das Auto mit Fritz Gerlich und Paul Röhrbein erreicht das Lager nach Mitternacht. Was dann passiert ist, bleibt im einzelnen widersprüchlich. Johann Steinbrenner, Angehöriger der SS-Wachmannschaft und Kompanieführer im Gefangenenlager, gibt später bei seiner Vernehmung an: »An Dr. Gerlich kann ich mich auch erinnern. Wann er in das Lager kam, weiß ich nicht. (...) Empfindungsmäßig glaube ich, daß Dr. Gerlich vor Kahr und Dr. Schmidt erschossen wurde. In der Sache weiß ich, daß Dr. Gerlich mit einem angeblichen Offizier der Landespolizei – Major – während der Dunkelheit auf dem sogenannten Schießstand erschossen wurde. Der Erschießung habe ich zugesehen. An der Erschießung hat bestimmt (der Lagerkommandant) Eicke teilgenommen bzw. war bei der Erschießung anwesend und hat die Erschießung befohlen. Entweder hat SS-Sturmführer Obermeier oder SS-Sturmführer Breimeier das Peloton der Erschießung befehligt. Dr. Gerlich und der Offizier waren in bürgerlicher Kleidung. (...)

Im Arrest befanden sich zur damaligen Zeit (die SS-Leute, Anmerk. d. Verf.) Kantschuster, Unterhuber und Blank. Andere Männer hatten zum Arrest keinen Zutritt. Aus diesem Grunde ist ersichtlich, daß die Erschießungen nur von diesen drei Männern ausgeführt werden konnten. (...) Die Leiche des Uhl habe ich damals mit der Frau (Zoref) gesehen. (...) Das Geld, das Uhl hatte, soll er für die Ermordung Hitlers erhalten haben. Wohin dieses Geld gekommen sein soll, ist mir unbekannt. Gerlich soll ein großes goldenes Kreuz gehabt haben. Dieses Kreuz habe ich noch vor der Erschießung von Dr. Gerlich gesehen, weil er dieses auf der Brust getragen hatte. Wohin dieses Kreuz gekommen ist, ist mir gleichfalls unbekannt.«[23] Der untersuchende Kriminalkommissar hat den Verdacht, daß Steinbrenner die Täterschaft auf ein nicht mehr feststellbares Exekutionskommando schiebt.

Der Häftling Hugo Fritz Lübben, ehemaliger Gemeinderat von Schliersee, der wegen Beleidigung des NS-Kreisleiters Franz Danninger in Dachau inhaftiert ist, arbeitet dort in der SS-Kantine. Er berichtet über Gerlichs Tod: »Es wurde in der Kantine sehr viel gezecht, u. a. haben wir in zwei Tagen 14 Hektoliter Bier verbraucht, und ich kann sagen, daß die ganze SS gefeiert hat und besoffen war. Im Kantinenraum befand sich ein Tisch, an dem hauptsächlich die Leiter der Kantine sich aufhielten. (...) Ich war auch mit der Abrechnung beauftragt (...), die ich in drei Meter Entfernung von dem Tisch der Kantinenleiter gemacht habe. Etwa ein oder zwei Tage nach dem 30. 6. 34 habe ich an einem Nachmittag gegen etwa 14.30 Uhr wiederum die Abrechnung gemacht. Zu dieser Zeit saß an dem Tisch der Kantinenleiter, die Schwester ›Pia‹ sowie der Arrestverwalter, der SS-Scharführer Kantschuster, und noch einige SS-Scharführer von der Kantinenverwaltung.

Während ich an meinem Tische arbeitete, hörte ich, wie das Gespräch auf Dr. Gerlich kam. Als ich diesen Namen hörte, habe ich sofort aufgehorcht, zumal mir Dr. Gerlich vom Polizeigefängnis München her vom Sehen bekannt war. Auch sonst hatte ich mich schon immer für Dr. Gerlich interessiert, weil ich mit seinen Artikeln im *Geraden Weg* einverstanden war (...).«

»Und dann haben wir draufbrennt...«

Lübben hört, wie Kantschuster über die Einlieferung von Gerlich erzählt. Besonders bleibt ihm das folgende im Gedächtnis haften, das der SS-Mann schildert: »Ich habe zu ihm (Gerlich) gesagt, jetzt mußt du arbeiten, du Hund! Dr. Gerlich hat darauf gesagt, daß er froh sei, wenn er einmal arbeiten dürfte.«

Kantschuster steht dann von seinem Platz auf und schildert, wie er Gerlich aus dem Wagen herausgeholt hat. »Er«, berichtet Lübben, »streckte dabei mit geballter Faust seinen Arm aus und zog ein Bein an, woraus zu schließen war, daß er ihn aus dem Wagen herausgerissen und ihm einen Fußtritt versetzt hat. Sodann sagte er, daß er ihn mit einem Fußtritt in die Zelle gestoßen habe. Weiter sagte Kantschuster wörtlich: ›Und dann haben wir draufbrennt, und zsammgsackt ist er, wie ein Mehlsack.‹«

Auf die Bemerkung Lübbens, das Ausland werde die Erschießung Gerlichs wohl als Mord betrachten, weil Gerlich nichts mit dem »Röhm-Putsch« zu tun haben könne, meint die »Blutordensträgerin« Schwester »Pia« (Eleonore) Baur, das sei doch die beste Gelegenheit gewesen, ihn »umzulegen«.

Mit Fritz Gerlich werden in Dachau am 30. Juni und in der

Nacht zum 1. Juli 1934 außerdem ermordet: der frühere bayerische Generalstaatskommissar Gustav Ritter von Kahr, der Schriftsteller und Hieronymitenpater Bernhard Rudolf Stempfle, der Musikkritiker der MNN, Dr. Willi Schmid, der Redakteur Walter Häbich, Ernestine Zoref, die SA-Männer Edmund Paul Neumayer, Erich Schieweck, Johann Schweighardt, Max Vogel, Heinrich König, Martin Schätzl und Julius Uhl – der Mörder Georg Bells. Auch der Rechtsanwalt Dr. Julius Adler aus Würzburg, der Prokurist Erich Gans aus Nürnberg, der Zementarbeiter Adam Hereth aus Laimeck bei Bayreuth und der Hauptmann a. D. Paul Röhrbein zählen zu den Opfern.[25]

Friedrich Beck vom Studentenwerk München muß in der Nähe von Allach sein Leben lassen. In einem Straßengraben vor Dachau liegt der erstochene Karl Zehnter, der Wirt vom Münchner »Bratwurstglöckl« (der die vertraulichen Gespräche zwischen Röhm und Goebbels kennt). Im Gündinger Wald bei Dachau findet sich die Leiche des erschossenen Diplom-Ingenieurs Otto Ballerstedt, der dafür gesorgt hat, daß Hitler im Jahre 1922 den Überfall auf ihn im »Löwenbräukeller« mit einer Haft im Gefängnis Stadelheim bezahlte, und der Anwalt Alexander Glaser, der gegen den *Völkischen Beobachter* einmal eine einstweilige Verfügung erwirkt hat, wird in seiner Wohnung in der Münchner Amalienstraße ermordet.[26]

Der einzige Hinweis auf die Morde in Dachau und Umgebung, der in der Münchner Presse erscheint, taucht am 6. Juli in den *Münchner Neuesten Nachrichten* auf, die den Tod von Dr. Willi Schmid melden, der »infolge eines Unglücksfalls jäh aus unserem Kreis geschieden ist«. Der renommierte Musikkritiker ist irrtümlich ermordet worden, weil SS-Führer Walter Ilges[27] lange vor dem 30. Juni 1934 einen »Schmidt, Neueste Nachrichten« auf Heydrichs Todesliste setzen mußte. Acht Tage vor dem 30. Juni wird Kriminaldirektor Schreider von der Bayerischen Politischen Polizei durch Regierungsrat Brunner beauftragt, die Adresse dieses Schmidt festzustellen. Er erkundet die Schackstraße Nr. 3 als Wohnung. Bei den MNN gibt es jedoch noch einen Wilhelm Schmidt, SA-Obergruppenführer und Direktor, und einen Paul Schmitt, Angestellter des Verlags.[28] Der letztere versuchte mit Dr. Josef Müller (dem späteren Gründer der CSU, von seinen Freunden »Ochsen-Sepp« genannt), über Rudolf Heß gegen Himmler und Heydrich vorzugehen.

Am 30. Juni wird SA-Führer Schmidt um 19.30 Uhr in Stadelheim erschossen, um 19.20 Uhr wird Dr. Willi Schmid verhaftet und im Auto nach Dachau gefahren. Nach der vermutlich durch Johann Kantschuster erfolgten Erschießung Schmids erhält der Lagerkommandant Theodor Eicke einen Anruf, Schmid zu entlassen. Eicke kann mir noch dessen Tod melden.

In Berlin werden (außer weiteren SA-Führern und Othmar Toifl) erschossen: Herbert von Bose, Erich Klausener, General Kurt von Schleicher und seine Frau, Gregor Strasser, Eugen von Kessel, Adalbert Probst, Edgar Jung und Ferdinand von Bredow.[29]

Mord »als Staatsnotwehr rechtens«

Auch nach der Ermordung des SA-Stabschefs Ernst Röhm im Gefängnis Stadelheim am 1. Juli 1934 um 18 Uhr gehen die »Säuberungsaktionen« weiter. Der Blutrausch der SS wird erst am 2. Juli um 4 Uhr früh gestoppt. Nach dem Massaker sagt Göring auf einer Pressekonferenz in Berlin: »Die Klagen häuften sich, daß Dinge geschehen, die mit dem Rechtsbewußtsein des Volkes nicht mehr übereinstimmten.«[30]

Hitler, Himmler, Göring und Heydrich, die das Rechtsbewußtsein mit Füßen treten und sämtliche unbequemen Mitwisser von früher ohne jedes Gerichtsverfahren zur Strecke bringen und gleichzeitig eine abschreckende Terrorwirkung erzielen, wie es Fritz Gerlich stets prophezeit hat, die Reichswehr auf ihre Seite ziehen und dabei für ihre Schandtaten auch noch von Reichswehrminister von Blomberg beglückwünscht werden[31], gehen noch einen Schritt weiter: Mit Hilfe des Reichsjustizministers Franz Gürtner lassen sie das Blutbad zum legalen Staatsakt erheben. Es ist ein einziger Satz, der im Reichsgesetzblatt als »Gesetz über Maßnahmen der Staatsnotwehr vom 3. Juli 1934«

verkündet und damit sofort wirksam wird: »Die zur Niederschlagung hoch- und landesverräterischer Angriffe am 30. Juni, 1. und 2. Juli 1934 vollzogenen Maßnahmen sind als Staatsnotwehr rechtens.«[32]

Und die Mörder liegen innenpolitisch gar nicht so falsch, denn die meisten Deutschen sehen in den »Maßnahmen« nichts anderes als die Befreiung von den barbarischen, sittenlosen SA-Horden. Die »Maskerade des Bösen«, wie Dietrich Bonhoeffer sagt[33], erkennen sie nicht. Adolf Hitler bestätigt seine Absichten am 13. Juli 1934 im Reichstag: »In dieser Stunde war ich verantwortlich für das Schicksal der deutschen Nation und damit des deutschen Volkes oberster Gerichtsherr. Es soll jeder für alle Zukunft wissen, daß wenn er die Hand zum Schlag gegen den Staat erhebt, der sichere Tod sein Los ist. (...)«[34]

Am Montag, dem 2. Juli 1934, ruft Gerlichs Frau Sophie bei der Polizei an, um ihren Besuch anzumelden. Ihr wird mitgeteilt, daß sie »heute nicht kommen« könne; nach ein paar Tagen teilt man ihr – inoffiziell – den Tod ihres Mannes mit. Auf die Frage nach dem Leichnam des Ermordeten erhält sie die Nachricht, sie könne die Urne – gegen Bezahlung der Verbrennungskosten – haben. »Darauf habe ich aber verzichtet, weil ich ja nicht wußte, ob ich auch die wirkliche Asche von dem verbrannten Leichnam meines Mannes erhalten würde.« Sophie Gerlich bekommt nichts mehr. Auf einen Koffer mit Wäsche verzichtet sie, Gerlichs goldene Uhr und das goldene Kreuz, das er trug, sind verschwunden, eine blutige Brille, die man ihr zeigt, ist nach ihrer Meinung nicht die Brille Gerlichs.[35]

Gerlichs Tod wird nachträglich ins Sterberegister der Gemeinde Prittlbach (die damals als Standesamt für das Konzentrationslager Dachau zuständig gewesen ist) eingetragen: »Verstorben am 1.7. 1934 um 10 Uhr, Sterbebuch Nr. 17.« Gerlich trägt die Nummer 7 von 21 Toten an diesem Tag.[36]

Am 6. Juli meldet die Londoner *Times* den Tod Dr. Glasers und Dr. Gerlichs, »dessen mutige Zeitschrift *Gerader Weg* gegen die Methoden der Nazi aufstand.« Die *Neue Zürcher Zeitung* schreibt am 19. Juli 1934 über die Opfer des 30. Juni in Bayern:

»Die Tatsache der Erschießung von Dr. Fritz Gerlich, dem ehemaligen Chefredakteur der *Münchner Neuesten Nachrichten*, ist zwar amtlich nicht bekannt, aber inoffiziell zugegeben worden. Der Racheakt an diesem Mann ist besonders bezeichnend.«

In Gerlichs Münchner Heimatkirche St. Bonifaz findet am 28. Juli für ihn ein Trauergottesdienst statt.[37] Selbst da spielen die Gefolgsleute Hitlers und Heydrichs noch eine Rolle: Das Trauerbildchen, in der Verlagsanstalt Manz gedruckt, teilt entgegen der Wahrheit mit, Gerlich sei in München gestorben.[38]

Eine Todesanzeige ist bereits am 26. Juli in den MNN auf Seite 12 erschienen. »Statt Karten«, lautet der spärliche Text: »Ich gebe allen lieben Freunden meines Mannes bekannt, daß mein herzensguter Gatte / Dr. Fritz Gerlich / Staatsarchivrat I. Kl., im Alter von 51 Jahren gestorben ist. / München, Richard-Wagner-Straße 27/I lks. / Frau Sofie Gerlich.«[39]

NS-Akte über Gerlich: »Geheime Reichssache«

Für die Nationalsozialisten scheint Gerlich selbst als Toter noch eine Gefahr zu bedeuten. Denn nur so ist zu erklären, weshalb sein Name im Juni 1939 auf einer Geheimliste, die der »Erfassung führender Männer der Systemzeit« dient, zusammen mit 46 anderen Schriftstellern und Journalisten auftaucht. Gerlich steht an 13. Stelle nach Erwein von Aretin, Georg Bernhard, Bert Brecht, Max Brod, Fritz Büchner, Lion Feuchtwanger und vor Oskar Maria Graf, Theodor Heuss, Alfred Kerr, Heinrich, Klaus und Thomas Mann, Kurt Tucholsky, Franz Werfel, Arnold und Stefan Zweig und weiteren. Der Reichsführer SS und Chef der Deutschen Polizei, Heinrich Himmler, bestätigt aber in der Liste, daß Fritz Gerlich »erschossen« wurde. Die Akten der Nationalsozialisten über Fritz Gerlich sind »Geheime Reichssache«.[40] Selbst die Todeserklärung, die der Staatsarchivdirektor Fürst im August 1934 braucht, damit der Generalstaatsanwalt die Voruntersuchung im Disziplinarverfahren gegen den toten Gerlich weiterführen kann (!), wird von der Bayerischen Politi-

schen Polizei nur widerwillig erteilt.[41] Der Witwe eines Staats-
feinds, so lautet ihre Auffassung, braucht man keine Rente zu
zahlen. Gerlichs Restgehalt in Höhe von 752 Reichsmark wird
ihr aber ausbezahlt.

Fritz Gerlich bleibt für die Nationalsozialisten in der Tat über
seinen Tod hinaus ein gefährlicher Mann. Der Historiker Gerlich, der stets die kleindeutsche Geschichtsschreibung angegriffen hat (»unser deutsches Volk wird seit nahezu dreihundert
Jahren über seine Geschichte beschwindelt«), deckte die nationalistische Erbmasse der Demagogen des Dritten Reiches auf.
Friedrich II. und Bismarck hatten in Gerlichs Augen »die einheitliche staatliche Zusammenfassung der europäischen Menschen deutscher Zunge zerschlagen«, weil ihnen eigene Macht-
interessen wichtiger gewesen sind als »alle Interessen des
geschlossenen deutschen Volkes«. Hitler und Hugenberg waren
für Gerlich Vertreter des »verfaulenden 19. Jahrhunderts«.[42]

Nationalsozialisten und Kommunisten sah Gerlich als »Ver-
führer des Volkes« an, die mit verwerflichen Methoden der dop-
pelten Moral, der Lüge und der Verhetzung arbeiteten. Der
kommunistische Genosse, der sich martialisch gebärdende SA-
Mann, auch der nationalistische Parlamentarier waren seiner
Meinung nach »Marionetten ihrer totalitären Ideologien«. Wenn
es gelänge, die Befehlsfäden zu zerschneiden und die Figuren
zu eigenverantwortlichen Menschen zu erziehen, glaubte
Gerlich die Gefahr des »Massenherdentums« gebannt und die
Volksverhetzer ohne Chancen.[43] Im Naturrecht auf christlicher
Basis erblickte Gerlich seine Ausgangsposition im Kampf gegen
den Totalitarismus. Dabei ging er mit einer beispiellosen Konsequenz, mit glasklarer Logik Schritt für Schritt vor, um den Leser
zu überzeugen – nicht zu überreden. Natürlich waren seine
Artikel zu lang, aber man kann nur erstaunt feststellen, wie
faszinierend seine Beweisführungen heute noch sind.

Unwirsch und abweisend zeigt sich Adolf Hitler in den Straßen Münchens bei seinem ersten Besuch in der bayerischen Landeshauptstadt nach dem Sturz der Regierung Held. Dem vorauseilenden Reichskanzler folgen mit Mühe (von links) Ministerpräsident Ludwig Siebert, Franz Ritter von Epp und Ernst Röhm.

Eine Bewegung, die »höchstens zerstören kann«: »Gott sei uns gnädig«

So schrieb Gerlich am 18. Mai 1928 in den MNN: »Ähnlicher dem, was der Schrei nach dem Führer bezweckt, sind die Diktaturen eines Cäsars, der römischen Imperatoren oder Napoleons I. Aber sie waren sämtlich militärische Gewaltherrschaften, die auch dauernd – wie die Willkür der prätorianischen Leibgarden und die Aufstände der Provinzlegionen zeigen – in Abhängigkeit von ihren Truppen geblieben. Eine gefestigte staatliche Ordnung, wie wir sie uns vorstellen, trat eigentlich nie ein. (...) Vom bereits uralten naturrechtlichen Standpunkte aus aber ist jeder fürstliche Absolutismus (...) verwerflich. Denn er nimmt den Menschen die Selbstverantwortung und macht sie zum Eigentum der Herrscher. (...) Ein Mensch im vollen Sinne des Wortes ist nur der, der sein ganzes Leben – also auch sein Leben in der staatlichen Gemeinschaft – aus eigener Verantwortung führt. (...) Die Forderung unbedingten Gehorsams gegenüber dem politischen Führer ist im tiefsten Sinne unsittlich und ein Rückfall in vergangene traurige Jahrhunderte deutscher Geschichte. Die Forderung des Führers selbst aber ist verblendete Überheblichkeit. Denn er stellt sich ohne jegliche Legitimation zwischen die Gewissen seiner Mitbürger und dem, dem sie im Gewissen für ihr Tun auf Erden verantwortlich sind. Es ist nichts weiter als aus Selbstüberhebung geborenes menschliches Götzentum. Dieser Führertypus stammt aus Asien. Er erlangte seine volle Ausbildung, als die römischen Cäsaren mit dem degenerierten Vorderasien in Berührung kamen. (...) Sie ließen sich auch Tempel bauen und ihre Statuen darin aufstellen. Unsere heutigen Führer sind noch nicht soweit. Sie begnügen sich noch mit der lauten Bezeugung ehrfurchtsvoller Devotion bei ihrem Erscheinen in Parteiversammlungen. Die Huldigungsräume der Untertanen sind eben in den verschiedenen Zeiten verschieden.

Was aber sollen wir Deutschen mit einer degenerierten asiatischen Führerform?«

Niemand in Deutschland hat als Publizist Hitler und die Nationalsozialisten so kompromißlos, klar und konsequent bekämpft wie Fritz Gerlich. Die Umwandlung eines kleinen, unbedeutenden, katholischen Sonntagsblattes innerhalb von nur zwei Jahren in das auch im Ausland vielbeachtete Kampfblatt ist eine pressegeschichtlich einmalige Leistung. Selten hat ein Journalist auch so restlos recht behalten mit seinen Artikeln, die heute als die besten Analysen gelten, die jemals in deutschen Zeitungen über den Nationalsozialismus erschienen sind. Die Ursachen sind in Gerlichs Wesen zu suchen, der Wahrheit mit einem ungeheuren Wissen und einer beispiellosen, logischen Unerbittlichkeit auf den Grund zu gehen.

Joseph Görres kämpfte gegen einen Tyrannen, Gerlich gegen den Geist einer Tyrannei, der den Mythos des Blutes so bitter ernstnimmt, daß er einen mörderischen Rassenkampf als politisches Programm verkaufen kann.

Gerlich schreibt am 8. Juni 1921 in den MNN: »Irgend eine ernsthafte politisch aufbauende Macht kann diese vom Radau-antisemitismus geführte Bewegung niemals werden. Sie kann höchstens zerstören. Denn ihr positives Programm ist wirt-schaftlich und kulturell von einer Torheit und Dürftigkeit, die ihresgleichen suchen.«

Am 22. Januar 1933, eine Woche vor Hitlers Auftritt als Kanz-ler, warnt Gerlich: »Wir haben schon vor längeren Monaten ein-mal den Gedanken ausgesprochen, daß das Schicksal des deut-schen Volkes, das heißt die Gewinnung einer besseren Zukunft, offenbar über einen furchtbaren Zusammenbruch, nämlich über den der preußischen Geschichtslegende und des kleindeutschen Reiches führen müsse. (…) Wir sehen in dem neuen Kabinett der ›nationalen Konzentration‹ nichts weiter als den Übergang vom schleichenden zum offenen Zusammenbruch des jetzigen Deutschen Reiches. Wir endeten damals mit den Worten ›Gott sei uns gnädig‹; wir haben heute dem nichts hinzuzufügen.«

ANHANG

Anmerkungen

I. Der Kampf gegen die Tyrannei

[1] Zitiert nach Horst Karasek, *Der Brandstifter. Lehr- und Wanderjahre des Maurergesellen Marinus van der Lubbe, der 1933 auszog, den Reichstag anzuzünden.* Berlin 1980, S. 48.
[2] Karasek, S. 44–49 (s. Anm. 1).
[3] Zitiert nach Karasek, S. 60 (s. Anm. 1).
[4] Karasek, S. 80f. (s. Anm. 1).
[5] Zitiert nach Karasek, S. 82 (s. Anm. 1).
[6] Zitiert nach Karasek, S. 90 (s. Anm. 1).
[7] Ebd.
[8] Fritz Tobias, *Der Reichstagsbrand. Legende und Wirklichkeit.* Rastatt/Baden 1962, S. 12, 14f. – Die ersten Feuer legte van der Lubbe im Plenarsaal des Reichstagsgebäudes um 21.17 Uhr. (Vgl. Expertise des Instituts für Thermodynamik der Technischen Universität Berlin vom 17. Februar 1970, in: Walther Hofer u. a., *Der Reichstagsbrand. Eine wissenschaftliche Dokumentation.* Freiburg 1992, S. 103f.).
[9] Gegen die These von der Alleintäterschaft van der Lubbes, die Fritz Tobias vertritt, wendet sich neben anderen Forschern vor allem der Schweizer Historiker Professor Dr. Walther Hofer. Siehe dazu die wissenschaftliche Dokumentation *Der Reichstagsbrand* von Walther Hofer, Edouard Ćalić, Christoph Graf und Friedrich Zipfel, im September 1992 von Alexander Bahar bearbeitet und neu herausgegeben.
[10] Wilhelm Hoegner, *Die verratene Republik. Deutsche Geschichte 1919–1933.* Frankfurt am Main/Berlin 1989, S. 387.
[11] »Verordnung zum Schutze von Volk und Staat« vom 28. Februar 1933 (zitiert nach den *Münchner Neuesten Nachrichten* vom 1. März 1933, Nr. 59).
[12] Hoegner, S. 388 (s. Anm. 10).
[13] »Verordnung zum Schutze von Volk und Staat« (s. Anm. 11).
[14] *MNN* vom 25. Februar 1933 (Nr. 55).
[15] *MNN* vom 21. Februar 1933 (Nr. 51).
[16] Zitiert nach den *MNN* vom 22. Februar 1933 (Nr. 52).
[17] Zitiert nach den *MNN* vom 25. Februar 1933 (Nr. 55).
[18] Zitiert nach den *MNN* vom 20. Februar 1933 (Nr. 50).
[19] Erwein von Aretin, *Krone und Ketten. Erinnerungen eines bayerischen Edelmannes.* Herausgegeben von Karl Buchheim und Karl Otmar von Aretin, München 1955, S. 143.
[20] Aretin berichtet, daß Held bereits im Jahre 1932 Bayerns Rückkehr zur Monarchie erwog. »Am 2. Mai 1932«, erinnert er sich, »bat mich Ministerpräsident Dr. Held spätabends zu sich in das Palais an der Königinstraße.« (Anm.: Mit dem ›Palais‹ ist das Prinz-Carl-Palais in München gemeint, das seit 1924 dem Ministerpräsidenten Held als Wohnsitz diente. Vgl. Inge Feuchtmayr, *Das Prinz Carl-Palais in München. Gestalten und Begebenheiten,* München 1966, S. 81.) In einem eindringlichen Gespräch betonte er, daß es

gegenüber der Hitlerbewegung in Bayern nur ein wirkungsvolles Gegenmittel, nämlich die Rückkehr zur Monarchie, gebe. Dr. Held bat mich, hierfür die Vorbereitungen zu treffen und eine Proklamation gemeinsam zu verfassen, was dann wenigstens in Umrissen noch in seinem Empfangszimmer geschah.« (Zitiert nach Joe J. Heydecker, *Kronprinz Rupprecht von Bayern. Ein Lebensbild*. München 1953, S. 107.) – In seinem Buch *Krone und Ketten* (siehe Anm. 19) geht Aretin noch ausführlicher auf die nächtliche Zusammenkunft mit Held im Prinz-Carl-Palais ein: S. 82-86.

21 Aretin, S. 145 (s. Anm. 19).
22 Aretin, S. 146f. (s. Anm. 19).
23 Zitiert nach Heydecker, S. 109f. (s. Anm. 20).
24 Aretin, S. 147f. (s. Anm. 19) und Heydecker, S. 110 (s. Anm. 20).
25 Aretin, S. 149 (s. Anm. 19).
26 *MNN* vom 25. Februar 1933 (Nr. 55).
27 Zitiert nach den *MNN* vom 25. Februar 1933 (Nr. 55).
28 Aretin, S. 150 (s. Anm. 19).
29 Fritz Gerlich, »Provokateure in der S. A. Generalstaatskommissar Röhm und Landeskommissare?« In: *Der gerade Weg*, München, vom 26. Februar 1933 (Nr. 17).
30 *Der gerade Weg*, München, vom 1. Februar 1933 (Nr. 10).

II. Anwalt der Wahrheit: Fritz Gerlich

1 *Illustrierter Sonntag*, München, 1929–1931 (ab 3. Januar 1932 *Der gerade Weg*). Vgl. Franz Herre, »Die Straße, welche die gerade heißt«, S. 339, in: *Neues Abendland*, München, 9. Jg. 1954.
2 Karl Alexander von Müller: *Im Wandel einer Welt*, Bd. 3, München 1966, S. 103.
3 In dieser Reihenfolge werden die Vornamen Gerlichs im Reifezeugnis vom 12. September 1901 genannt. Photokopie i. Bes. d. Verf. (Schumann).
4 Erwein Freiherr von Aretin: *Fritz Michael Gerlich. Lebensbild des Publizisten und christlichen Widerstandskämpfers*. München 1983, S. 17ff.
5 Personalakt Gerlichs, Bayer. Hauptstaatsarchiv, GDP 85.
6 a.a.O.
7 a.a.O.
8 *Münchener Post* vom 26. März 1918.
9 *MNN*, (Nr. 649) vom 23. Dezember 1917.
10 *Illustrierter Sonntag*, München, (Nr. 32) vom 9. August 1931, S. 7.
11 Brief Gerlichs vom 5. August 1933 an Generaldirektor Riedner. Photokopie i. Bes. d. Verf. (Schumann).
12 a.a.O.
13 a.a.O.
14 Erschienen im Verlag F. Bruckmann, München 1920.
15 Brief Gerlichs vom 5. August 1933.
16 *MNN*, (Nr. 25) vom 23. Juni 1920; vgl. Festschrift »75 Jahre Münchner Neueste Nachrichten 1848–1922«, München.
17 *Illustrierter Sonntag*, München, vom 19. Juli 1931; vgl. Aretin, *Gerlich*, S. 82.
18 Aretin, *Gerlich*, S. 38 (s. Anm. 4).
19 *MNN*, (Nr. 305) vom 10. November 1923, S. 1 (s. Anm. 4).
20 *MNN*-Beilage »Die Einkehr«, (Nr. 29) vom 2. Mai 1926.
21 Aretin, *Gerlich*, S. 51ff. (s. Anm. 4).

22 Brief von Generaldirektor Riedner an Gerlich vom 12. Juli 1929. Photokopie im Bes. d. Verf. (Schumann).

23 Helmut Witetschek, *Pater Ingbert Naab*. München-Zürich 1985, S. 47.

24 a. a. O.

25 Johannes Steiner in *Deutsche Tagespost*, Würzburg, 15. Februar 1983, S. 8.

26 Der Taufpate Gerlichs war der Eichstätter Theologieprofessor Franz Xaver Wutz. Unmittelbar nach der Taufe erfolgte die kirchliche Trauung, da Gerlich und seine Frau Sophie am 9. Oktober 1920 in München nur zivil getraut worden waren. (Vgl. Witetschek, *Naab*, S. 45); Therese Neumann schenkte Gerlich ein gerahmtes Kreuzigungsbild Christi. Am 9. November 1931 wurde Gerlich in der Privatkapelle Michael Kardinal Faulhabers gefirmt. (Vgl. Steiner in *Deutsche Tagespost*, Würzburg, vom 15. Februar 1983.)

27 Photokopie im Bes. d. Verf. (Schumann).

28 Vgl. Anzeige in *Der gerade Weg*, München, (Nr. 15) vom 10. April 1932.

29 s. Urteil des Amtsgerichts München, Berlin Document Center (BDC).

30 *Münchner Telegrammzeitung* vom 15. April 1932.

31 Photokopie im Bes. d. Verf. (Schumann)

32 *Der gerade Weg*, München, (Nr. 30) vom 24. Juli 1932, S. 1.

33 Plakatanschlag des *Geraden Weg* vom 4. August 1932.

34 *Sonntag-Morgenpost*, München, vom 20. November 1932.

35 *Münchener Post* vom 15. November 1932.

36 *Völkischer Beobachter* Ausgabe A/Münchener Ausgabe vom 20. November 1932 (Nr. 325/6).

III. Röhms Alleingang ohne Hitler

(Alle Dokumente, die mit einem Stern versehen sind, entstammen der Hinterlassenschaft von Georg Bell. Die österreichische Polizei fand sie im Gepäck des Ermordeten am Tatort in Durchholzen.)

1 Josef Hell, »Zum Gedächtnis von Ingenieur Bell« (Manuskript), S. 2f., Akte »Kuchler-Prozeß« (Gt 01.02), Institut für Zeitgeschichte, München.

2 Vgl. Polizeimeldebogen (Stadtarchiv München: PMB, B 164) und Einwohnermeldekarte (Stadtarchiv München: EWK 65, B 247) für Georg Bell.

3 Befragung von Hildegard Wieland geb. Huber (Bells Braut) am 18. Februar 1992 in Krottenmühl und Professor Dr. Albert Aschl (Sohn eines Bundesbruders und Jugendfreundes von Bell) am 11. Februar 1992 in Rosenheim durch den Verf. (Richardi) sowie Vernehmung von Paul Konrad (Bells Vertrautem) durch das Bundes-Polizeikommissariat Innsbruck am 4. April 1933 in Durchholzen (Österreichisches Staatsarchiv, Wien/Akte Bell).

4 Siehe die Berichterstattung der *Münchner Neuesten Nachrichten* über den Tscherwonzenfälscher-Prozeß im Januar/Februar 1930 in Berlin: *MNN* vom 4. Januar 1930 (Nr. 4), 8. Januar (Nr. 7), 9. Januar (Nr. 8), 10. Januar (Nr. 9), 14. Januar (Nr. 13), 17. Januar (Nr. 16), 21. Januar (Nr. 20), 22. Januar (Nr. 21), 28. Januar (Nr. 27), 30. Januar (Nr. 29), 31. Januar (Nr. 30), 4. Februar (Nr. 34), 5. Februar (Nr. 35), 6. Februar (Nr. 36) und 10. Februar 1930 (Nr. 40).

5 Vgl. Broschüre *Von der Brandstiftung zum Fememord. Glück und Ende des Nationalsozialisten Bell* (Verfasser unbekannt), Saarbrücken o. J. (Institut für Zeitgeschichte, München/Kk 60) und anonymes Flugblatt »Wer war Bell?« aus der Sammlung F. J. M. Rehse, Archiv für Zeitgeschichte und Publizistik, München.

6 Befragung von Albert Aschl (s. Anm. 3).

7 Brief von Georg Bell an Baron von Plessen im Auswärtigen Amt in Berlin vom 9. Februar 1933 (Österreichisches Staatsarchiv, Wien/Akte Bell).*

8 Vernehmung von Paul Konrad durch die Kriminalpolizei am 1. September 1946, Akte »Kuchler-Prozeß« (Gt 01.02), Institut für Zeitgeschichte, München.

9 Ebd.

10 Ebd.

11 Aussage von Josef Hell im Protokoll über die Hauptverhandlung der Großen Strafkammer des Landgerichts Traunstein in der Strafsache gegen Ludwig Kuchler und Erich Sparmann wegen Mordes am 28. und 29. Juli 1948, Akte »Kuchler-Prozeß« (Gt 01.02), Institut für Zeitgeschichte, München.

12 Josef Hell, Zum Gedächtnis von Ingenieur Bell, S. 1 (s. Anm. 1).

13 Ebd.

14 a.a.O., S. 3.

15 a.a.O., S. 4.

16 a.a.O., S. 3.

17 Ebd.

18 Brief mit neuen Informationen aus Berlin von Georg Bell an Dr. Fritz Gerlich vom 1. Februar 1933 (Photokopie im Besitz d. Verf., Richardi).

19 Bericht von Georg Bell über seine Tätigkeit für Ernst Röhm, S. 1 (Photokopie im Besitz der Verfasser, Richardi; s. Anhang: Dokumente [B]).

20 Zeugen-Vernehmung von Dr. Karl Léon Graf Du Moulin-Eckart durch den Ermittlungsrichter beim Amtsgericht Neuburg an der Donau am 23. März 1948, Akte »Kuchler-Prozeß« (Gt 01.02), Institut für Zeitgeschichte, München.

21 Rundschreiben des OSAF-Stabschefs (OSAF = Oberster SA-Führer) vom 17. Dezember 1930 über den Dienstantritt von Oberstleutnant Ernst Röhm als Stabschef der SA am 5. Januar 1931 (Berlin Document Center).

22 Zitiert nach Hans-Günter Richardi, *Hitler und seine Hintermänner. Neue Fakten zur Frühgeschichte der NSDAP*. München 1991, S. 384.

23 Vertrauliche Mitteilung über eine Ansprache des Berliner SA-Führers Dr. Kempe an SA-Unterführer, ohne Datum (Berlin Document Center, OPG/Akte Stennes).

24 Bericht von Karl Gayer über Äußerungen des Breslauer Gausturm-Adjutanten Valentin Nowack vom 22. Januar 1931 (Berlin Document Center, Akte 49/Meuterei Stennes).

25 Schreiben des Breslauer Gausturm-Adjutanten Valentin Nowack an den Untersuchungs- und Schlichtungs-Ausschuß des Gaus Schlesien (NSDAP) vom 10. Februar 1931 (Berlin Document Center, Akte 49/Meuterei Stennes).

26 Rundschreiben des Stennes-Anhängers J. Veltjens an Angehörige der SA vom 7. April 1931, S. 3 (Berlin Document Center, OPG/Akte Stennes).

27 Bericht von Georg Bell über seine Tätigkeit für Ernst Röhm, S. 2 (s. Anm. 19).

28 Verfügung des Chefs des Stabes, Ernst Röhm, über Sparmaßnahmen in der SA vom 9. Juni 1931 (Berlin Document Center, 403 SA/Ordner Röhm).

29 Rundschreiben des Stennes-Anhängers J. Veltjens, S. 2 (s. Anm. 26).

30 Bericht von Georg Bell über seine Tätigkeit für Ernst Röhm, S. 1 (s. Anm. 19).

31 Ebd.

32 Brief des Grafen Du Moulin-Eckart an Georg Bell vom 22. April 1931 (Berlin Document Center, 403 SA/Ordner Röhm).

33 Schreiben von Ernst Röhm an Georg Bell vom 15. April 1931 (Berlin Document Center, 403 SA/Ordner Röhm).

34 Außenpolitisches Exposé von Ernst Röhm, S. 3f. (Berlin Document Center, 403 SA/Ordner Röhm; s. Anhang: Dokumente [A]).

35 a.a.O., S. 5.

36 Ebd.

37 a.a.O., S. 5f.

38 a.a.O., S. 6.

39 a.a.O., S. 6f.

40 a.a.O., S. 7.

41 a.a.O., S. 8.

42 a.a.O., S. 9.

43 Ebd.

44 Ausweis für Georg Bell als »Angehörige(n) der Pressestelle des Obersten SA-Führers« in München vom 23. April 1931 (Österreichisches Staatsarchiv, Wien/Akte Bell).*

45 Eidesstattliche Versicherung des Generalmajors a. D. Franz Ritter von Hörauf zur Vorlage beim Internationalen Militärgerichtshof in Nürnberg vom 24. Juni 1946 (Staatsarchiv Nürnberg, MGN 6, Vert.-Dok.-B. Gattineau 6a, Dok. Gattineau 300).

46 Zeugen-Vernehmung von Dr. Karl Léon. Graf Du Moulin-Eckart (s. Anm. 20).

47 Zitiert nach dem Bericht von Georg Bell über seine Tätigkeit für Ernst Röhm, S. 2 (s. Anm. 19).

48 a.a.O., S. 5.

49 a.a.O., S. 4.

50 Ebd.

IV. Mordpläne im »Braunen Haus« in München

1 Bericht über die Mitteilungen des SA-Obertruppführers Martin Schätzl, Landgericht Traunstein (Stempel vom 4. August 1948), Akte »Kuchler-Prozeß« (Gt 01.02), Institut für Zeitgeschichte, München, und Winfried Martini, »Die Geschichte eines Rollkommandos. Hitler sollte schon 1932 von der SA ermordet werden«, in: *Süddeutsche Zeitung*, München, vom 31. Juli 1948, S. 4 (Nr. 61).

2 Vgl. Stab des Obersten SA-Führers, in: Neuaufstellung der SA und SS. Führerbefehl Nr. 1 vom 1. Juli 1932 (Berlin Document Center, 403 SA/Ordner Röhm).

3 Max Domarus, *Hitler. Reden und Proklamationen 1932-1945*. I. Band: *Triumph (1932-1938)*. Würzburg 1962, S. 419, Fußnote 168.

4 Zitiert nach den *MNN* vom 14. Juli 1934, S. 3 (Nr. 188). – Die Zeitung veröffentlichte den Wortlaut der Rede Hitlers auf vier Seiten im vollen Umfang.

5 Der Tod von Julius Uhl (»am 1. 7. 1934 um 3 Uhr«) ist im Sterbebuch der Gemeinde Prittlbach (Landkreis Dachau) vermerkt (Sterbebuch Nr. 19).

6 Bericht über die Mitteilungen des SA-Obertruppführers Martin Schätzl (s. Anm. 1). – Martin Schätzl, geboren am 13. März 1909 in München, schloß sich am 1. November 1930 der NSDAP (Mitgliedsnummer: 348 934) an. Im Februar 1931 trat der Kunstmaler und Graphiker dann in die SA ein, wo er am 15. November 1933 zum Scharführer, am 1. Februar 1934 zum Truppführer und am 20. April 1934 zum Obertruppführer befördert wurde. Mit der Ernennung zum Truppführer war seine Versetzung in den Stab des Obersten SA-Führers (Adjutantur) verbunden. (Siehe Personalakte im Berlin Document Center.)

7   Der Tod von Martin Schätzl (»am 1.7.1934 um 4 Uhr«) ist im Sterbebuch der Gemeine Prittlbach vermerkt (Sterbebuch Nr. 21).

8   Schreiben des SA-Scharführers Karl Hilpoltsteiner an den Untersuchungs- und Schlichtungs-Ausschuß bei der Reichsleitung der NSDAP in München vom 28. August 1934, Akte »Kuchler-Prozeß« (Gt 01.02), Institut für Zeitgeschichte, München.

9   Zeugenaussage des Rechtsanwalts Dr. Max Zerkiebel auf Anordnung des »Counter Intelligence Corps« (CIC) vom 26. Juli 1946, Akte »Kuchler-Prozeß« (Gt 01.02), Institut für Zeitgeschichte, München.

10 Zeugen-Vernehmung von Dr. Karl Léon Graf Du Moulin-Eckart durch den Ermittlungsrichter beim Amtsgericht Neuburg an der Donau am 23. März 1948, Akte »Kuchler-Prozeß« (Gt 01.02), Institut für Zeitgeschichte, München.

11 Siehe den vollen Wortlaut des Schreibens in: *Von der Brandstiftung zum Fememord. Glück und Ende des Nationalsozialisten Bell* (Verfasser unbekannt), Saarbrücken o. J. (Institut für Zeitgeschichte, München/Kk 60), S. 15, und *Arbeiter-Zeitung. Zentralorgan der Sozialdemokratie Deutschösterreichs*, Wien, vom 5. April 1933, S. 3 (»Auf den Hintertreppen des Braunen Hauses«), Nr. 94.

12 Zeugen-Vernehmung von Dr. Karl Léon Graf Du Moulin-Eckart (s. Anm. 10).

13 Vgl. *MNN* vom 6. Juli 1932 (Nr. 181). – Wie gut Emil Danzeisen über die eigenen politischen Aktivitäten Röhms hinter dem Rücken von Hitler unterrichtet war, beweisen die Aussagen, die er am 1. August 1932 in seiner Wohnung in München-Laim machte: »(Er) sagte, daß um den Stabschef Röhm eine Mauer von zuverlässigen Leuten geschaffen werden müsse, die treu ergeben zu dem Führer ständen und alle selbständigen Handlungen des Stabschefs unmöglich machen würden. Es sei doch schon vorgekommen, daß Röhm über den Führer hinweg Verhandlungen mit anderen Parteien gepflogen hätte. Anfänge für eine Beaufsichtigung des Stabschefs seien schon gemacht, und zwar seien die eigentlichen Oberführer General Hörauf und Oberst Hierl, wodurch der Stabschef oft zu einer reinen Schachfigur geworden sei. Entfernen könne der Führer den Stabschef nicht, da er zuviel noch von 1923 wisse, und im übrigen seien ihm die Gruppenführer treu ergeben, wobei besonders der Gruppenführer Heines zu beachten sei.« Der SA-Standartenführer Emil Danzeisen war am 25. August 1931 aus der SA ausgetreten und arbeitete seitdem nachrichtendienstlich für die Partei. (Siehe Burkhard Jellonnek, *Homosexuelle unter dem Hakenkreuz. Die Verfolgung von Homosexuellen im Dritten Reich*. Paderborn 1990, S. 69f.) Danzeisen, der bereits im Jahre 1923 der NSDAP beitrat, war in München Führer der Ortsgruppe Laim. Als Mitglied des NSKK, dem er sich am 18. Juli 1931 anschloß, gehörte der Fabrikant der Motor-Brigade Hochland an. (Vgl. Personalkarte von Danzeisen im Berlin Document Center.)

14 Bericht von Georg Bell über seine Tätigkeit für Ernst Röhm, S. 5f. (Photokopie im Bes. d. Verf., Richardi).

15 Einschreiben von Georg Bell mit seiner Austrittserklärung aus der Partei an die Reichsleitung der NSDAP vom 8. Oktober 1932 (Berlin Document Center, OPG-Na/Akte Georg Bell).

16 Brief des Gaugeschäftsführers (Gau München-Oberbayern) an die Reichsleitung der NSDAP vom 12. Oktober 1932 (Berlin Document Center, OPG-Na/Akte Georg Bell).

17 Einschreiben von Georg Bell mit seiner Austrittserklärung aus der Partei (s. Anm. 15).

18 Eidesstattliche Erklärung von Erich Fürst von Waldburg zu Zeil zur Vorlage beim Internationalen Militärgerichtshof in Nürnberg vom 12. Mai 1946 (Staatsarchiv Nürnberg, MGN 6, Vert.-Dok.-B. Gattineau 6a, Dok. Gattineau 301). – In der Erklärung heißt es weiter: »Das Original dieses Vertrages, von Bell beiseite gebracht, ist in Dr. Gerlichs und meinen Händen gewesen. Dr. Weitmann hat es, soviel ich weiß, in sechs Exemplaren vervielfältigen lassen. Das Dokument ist zum Zwecke der Aufklärung des Reichspräsidenten von Hindenburg von mir dem später ermordeten Württembergischen Staatspräsidenten Bolz in Stuttgart in Anwesenheit Gerlichs und Bells überreicht worden. Nach der totalen Machtergreifung habe ich es durch meinen Bruder, den Grafen Konstantin Waldburg-Zeil, in Stuttgart abholen und in die Schweiz verbringen lassen. Er hat es im Safe einer Schweizer Bank, soviel ich weiß in Zürich oder in Chur, deponiert. Ich wollte selbst den Aufbewahrungsort nicht wissen, wegen der Gefahr eines peinlichen Verhörs. (...) Die übrigen Exemplare des Vertrages zwischen Deterding und der Partei hat Dr. Weitmann vor der Besetzung des Naturrechtsverlages (...) durch Parteiangehörige am 9. März 1933 vernichtet. Möglicherweise ist das Dokument auch von dem jetzt amtierenden Württembergischen Justizminister Dr. Beyerle eingesehen worden.«

19 Wilhelm Hoegner, *Der schwierige Außenseiter. Erinnerungen eines bayerischen Sozialdemokraten*. Hof (Saale) 1975, S. 82.

20 Georg Bell in seinem Bericht »Papen – warum nicht?«, S. 6 (Photokopie im Besitz der Verfasser). – Wie sehr sich die Partei dagegen wehrte, ihren Kämpfern Fesseln anzulegen, belegt die folgende »Begründung« des Obersten Parteirichters, Major a. D. Walther Buch, vom 9. Oktober 1931, mit der ein Parteigenosse von der Anklage des parteischädigenden Verhaltens freigesprochen wurde: »Die NSDAP ist (...) kein Sittlichkeitsverein oder ein Club von Blaukreuzlern. Die NSDAP ist das letzte Aufgebot deutscher Kraft, die nach der Macht im Staate strebt. Errungen wird diese Macht nur durch Kämpfer, nicht durch Betschwestern oder Bettelmönche. Kämpfer sind Männer, die nach allen Seiten hin Männer sind. An sie heißt es einen anderen Maßstab anlegen als an alte Jungfern. Wer willens ist(,) für den Sieg der Bewegung Leib und Leben einzusetzen, dem müssen auf der anderen Seite Ausgleichsmöglichkeiten gegönnt sein, die ein Mann, der nichts einsetzt, nicht für sich in Anspruch nehmen darf.« (Berlin Document Center, OPG/Akte Stennes.)

21 Fritz Tobias, *Der Reichstagsbrand. Legende und Wirklichkeit*. Rastatt/Baden 1962, S. 200.

22 *Der gerade Weg*, München, vom 26. Februar 1933 (Nr. 17).

23 André François-Poncet, *Als Botschafter in Berlin 1931-1938*. Mainz 1947, S. 91.

24 Zitiert nach Tobias, S. 200 (s. Anm. 21).

25 *MNN* vom 4. März 1933 (Nr. 62).

26 Rudolf Diels, *Lucifer ante portas. Es spricht der erste Chef der Gestapo*. Stuttgart 1950, S. 350.

27 Fritz Gerlich, »Aufmarschbefehl der SA. gegen Berlin«, in: *Der gerade Weg*, München, vom 1. März 1933, S. 7 (Nr. 18).

28 Ebd.

29 Tobias, S. 167-170, 196f. (s. Anm. 21).

30 Zitiert nach Tobias, S. 197, (s. Anm. 21).

31 Zitiert nach Tobias, S. 198. (s. Anm. 21).

[32] Alfred Milatz, *Das Ende der Parteien im Spiegel der Wahlen 1930 bis 1933*, in: Erich Matthias und Rudolf Morsey (Hrsg.), *Das Ende der Parteien 1933*, Kommission für Geschichte des Parlamentarismus und der politischen Parteien in Bonn, Düsseldorf 1960, S. 790.

[33] a.a.O., S. 793.

[34] a.a.O., S. 790f.

[35] a.a.O., S. 791f.

[36] *MNN* vom 6. März 1933 (Nr. 64).

[37] Hoegner, S. 83f. (s. Anm. 19).

V. In geheimer Mission nach Stuttgart

[1] *Der gerade Weg*, München, vom 1. Februar 1933.

[2] *Vom Preußen zum Großdeutschen*. Gespräche Dr. Gerlichs mit Verus, Innsbruck 1935, S. 72. (Hinter dem Pseudonym »Verus« verbarg sich der Autor und Mitarbeiter Gerlichs, Curt Graf Strachwitz.)

[3] Interview mit Ferdinand Neumann am 27. Februar 1992 (Schumann).

[4] Verus, S. 72 (s. Anm. 2).

[5] *Der gerade Weg*, München, vom 8. März 1933.

[6] Aus: Erich Fürst von Waldburg zu Zeil, unveröffentlichte Memoiren (mit freundlicher Erlaubnis des Fürsten Georg von Waldburg zu Zeil).

[7] *Schwäbischer Merkur*, Stuttgart, vom 7. März 1933, S. 1.

[8] Zit. nach *Schwäbischer Merkur*, Stuttgart, vom 7. März 1933, S. 5.

[9] *Schwäbischer Merkur*, Stuttgart, vom 9. März 1933, S. 5.

[10] *MNN* vom 29. November 1932.

[11] *Augsburger Postzeitung* vom 14. Februar 1933.

[12] *Stuttgarter Zeitung* vom 23. Januar 1946, vgl. Annedore Leber, *Das Gewissen entscheidet. Bereiche des deutschen Widerstandes von 1933-1945 in Lebensbildern*, in Zusammenarbeit mit Willy Brandt und Karl Dietrich Bracher, Frankfurt a. M. 1957.

[13] Ausführlich s. Roland Müller, *Stuttgart zur Zeit des Nationalsozialismus*, Stuttgart 1988.

[14] *Schwäbischer Merkur*, Stuttgart, vom 9. März 1933, S. 5.

[15] Ebd.

[16] Karl Schwend (S. 534), zitiert nach Waldemar Besson, *Württemberg und die deutsche Staatskrise 1928–1933*, Stuttgart 1959, S. 345.

[17] Besson, S. 346.

[18] Ebd.

[19] s. Roland Müller, S. 42 (s. Anm. 13).

[20] *Schwäbischer Merkur*, Stuttgart, vom 10. März 1933, S. 5.

[21] Ebd.

[22] Ebd.

[23] Zitiert nach Besson, S. 347 (s. Anm. 16).

[24] Memoiren des Fürsten Erich von Waldburg zu Zeil. (s. Anm. 6).

[25] Brief seines Schwiegervaters, Fürst zu Löwenstein, an Fürst Erich vom 12. Juli 1932.

[26] Brief von Karl Ludwig Freiherr zu Guttenbergs an Fürst Erich von Waldburg zu Zeil vom 12. Juli 1932 aus Salzburg.

VI. Der Staatsstreich in Bayern

1 Zitiert nach den *MNN* (»Die Chronik der Ereignisse«, S. 1) vom 10. März 1933 (Nr. 68).

2 Ortwin Domröse, *Der NS-Staat in Bayern von der Machtergreifung bis zum Röhm-Putsch*, Miscellanea Bavarica Monacensia, Heft 47, München 1974, S. 64.

3 »Wie es zum Umschwung in Bayern kam. Ein Interview mit General von Epp und Stabschef Röhm«, in: *Völkischer Beobachter* (VB), Ausgabe A / Münchener Ausgabe vom 18./19. März 1933, S. 1f. (Nr. 77/78).

4 *MNN* vom 9. März 1933 (Nr. 67).

5 Karl Schwend, *Bayern zwischen Monarchie und Diktatur. Beiträge zur bayerischen Frage in der Zeit von 1918 bis 1933*. München 1954, S. 534.

6 Domröse, S. 64f. (s. Anm. 2), und Schwend, S. 534f. (s. Anm. 5).

7 Domröse, S. 65. – Abfahrtszeit und Nummer des Zuges, mit dem Röhm und Wagner von Berlin nach München reisten, sind dem damaligen Kursbuch der Deutschen Reichsbahn entnommen.

8 *MNN* vom 10. März 1933 (Nr. 68).

9 Zitiert nach den *MNN* vom 9. März 1933 (Nr. 67).

10 Zeitangabe der Ankunft laut Kursbuch der Deutschen Reichsbahn.

11 Otto Zierer, *Die Abenteuer der vielgeliebten Stadt München*. Band II: *Die Jahre seit 1914*, München 1958, S. 225.

12 »Wie es zum Umschwung in Bayern kam« (VB) (s. Anm. 3).

13 Domröse, S. 66 (s. Anm. 2).

14 Domröse, S. 66 (s. Anm. 2), und Schwend, S. 536 (s. Anm. 5).

15 *MNN* vom 10. März 1933 (Nr. 68) und Domröse, S. 70 (s. Anm. 2).

16 Josef Müller, *Bis zur letzten Konsequenz. Ein Leben für Frieden und Freiheit*. München 1975, S. 43, und Schwend, S. 536.

17 »Wie es zum Umschwung in Bayern kam« (VB) (s. Anm. 3).

18 *MNN* vom 10. März 1933 (Nr. 68) und Schwend, S. 536 (s. Anm. 5).

19 Domröse, S. 71 (s. Anm. 2), Müller, S. 43 (s. Anm. 16), und Schwend, S. 536f. (s. Anm. 5).

20 »Wie es zum Umschwung in Bayern kam« (VB) (s. Anm. 3).

21 »S.A. bewaffnet«, in: *MNN* vom 10. März 1933, S. 3 (Nr. 68).

22 »Die gestrigen Vorgänge in München«, in: *Völkischer Beobachter*, Ausgabe A / Münchener Ausgabe vom 10. März 1933 (Nr. 69).

23 »Das Volk steht auf«, in: *Münchener Beobachter* (Lokalteil des VB), Ausgabe A / Münchener Ausgabe vom 10. März 1933 (Nr. 69).

24 *MNN* vom 10. März 1933 (Nr. 68) und Schwend, S. 537 (s. Anm. 5).

25 »Wie es zum Umschwung in Bayern kam« (VB) (s. Anm. 3).

26 Schwend, S. 537f. (s. Anm. 5).

27 Zitiert nach Domröse, S. 71f. (s. Anm. 2).

28 »Wie es zum Umschwung in Bayern kam« (VB) (s. Anm. 3).

29 »Die Flaggenhissung auf dem Rathause«, in: *MNN* vom 10. März 1933, S. 2 (Nr. 68).

30 Ebd.

31 »Wie es zum Umschwung in Bayern kam« (VB) (s. Anm. 3).

32 Domröse, S. 73 (s. Anm. 2).

33 »Mißglückter Störungsversuch«, in: *Völkischer Beobachter*, Ausgabe A / Münchener Ausgabe vom 10. März 1933, S. 1 (Nr. 69).

34 »Wie es zum Umschwung in Bayern kam« (VB) (s. Anm. 3).

35 Das Dokument befindet sich jetzt im Geheimen Staatsarchiv München, MA (= Ministerialablage) 105 255.

36 Schwend, S. 538f. (s. Anm. 5).

37 »Die Chronik der Ereignisse«, in: *MNN* vom 10. März 1933, S. 1 (Nr. 68).

38 »Wie es zum Umschwung in Bayern kam« (VB) (s. Anm. 3).

39 »Die neuen Männer«, in: *MNN* vom 10. März 1933, S. 2 (Nr. 68).

40 »Die Maßnahmen des Polizeipräsidenten«, in: *MNN* vom 13. März 1933, S. 9 (Nr. 71).

41 Hans-Günter Richardi, *Schule der Gewalt. Die Anfänge des Konzentrationslagers Dachau 1933–1934*. München 1983, S. 36ff.

VII. Sturm auf den »Geraden Weg«

1 *MNN* vom 10. März, 11. März 1933.

2 Günther Gerstenberg: »Das alte Gewerkschaftshaus in der Pestalozzistraße. Ein Kapitel aus der politischen und kulturellen Geschichte Münchens«, Ausstellung vom 6. 12. 1989–16. 2. 1990 im DGB-Haus, München, Schwanthalerstr. 64, S. 32–34: Bericht von Rudi Stescal.

3 Walter Hornung (d. i. Julius Zerfaß), *Dachau. Eine Chronik*, Zürich 1936, S. 10.

4 Schiefer befand sich vom 15. März–5. Mai 1933 im Schwabinger Krankenhaus, wurde dann ins Polizeigefängnis in der Ettstraße gebracht und war bis 25. August 1933 im Gefängnis Stadelheim inhaftiert. Nach dem Attentat vom 20. Juli 1944 auf Hitler kam Schiefer ins KL Dachau. (Angaben Schiefers 1945 vor der US-Militärregierung in München.)

5 Aufzeichnungen des Grafen Strachwitz, 1935, Photokopie im Bes. d. Verf. (Schumann).

6 Aussage Georg von Mallinckrodts am 23. Mai 1947 vor dem Amtsgericht Neckarbischofsheim, Staatsarchiv München 19038, Akten der Staatsanwaltschaft München I.

7 Aufzeichnungen Hells 1933, Photokopien im Bes. d. Verf. (Schumann).

8 Johannes Steiner in *Süddeutsche Zeitung*, München, (Nr. 20) vom 8. März 1946.

9 Aufzeichnungen des Grafen Strachwitz.

10 Bericht Amalie Breit (1933), Photokopie im Bes. d. Verf. (Schumann). Vgl. Aufzeichnungen des Grafen Strachwitz.

11 Aufzeichnungen Hells 1933, ff. (s. Anm. 7).

12 Amalie Breit (s. Anm. 10).

13 Gespräche mit Amalie Breit am 1. Mai und am 30. August 1992 (Schumann); Aufzeichnungen Breit.

14 Bericht von Amalie Breit. – Vgl. Klaus Schumann in *Süddeutsche Zeitung*, Beilage *Münchner Stadtanzeiger* vom 11. März 1988 (Nr. 10).

15 Schreiben Dr. Ludwig Weitmanns vom 25. Oktober 1946 an die Staatsanwaltschaft beim Landgericht München I.

16 Steiner in *Süddeutsche Zeitung*, München, vom 8. März 1946 (Nr. 20).

17 von Aretin: *Gerlich. Lebensbild*, ... München 1983, S. 117; vgl. Stefan Lorant, *Ich war Hitlers Gefangener*. München 1985, S. 22.

18 Bericht von Amalie Breit (s. Anm. 10).

19 *Der gerade Weg*, München, vom 9. Oktober 1932 (Nr. 41).

20 Aussage Hells am 4. April 1947 vor der Landpolizei in Neuhaus/Schliersee.

21 Aufzeichnungen Hells 1933 (s. Anm. 7).

22 Haftbuch der Polizeidirektion München, Staatsarchiv München, 8563, vom
   März 1933.
23 Aufzeichnungen Hells 1933 (s. Anm. 7), dem Georg Bell die Einzelheiten
   seiner Flucht ausführlich schilderte.

VIII. Von Röhm und Heydrich gejagt

*(Alle Dokumente, die mit einem Stern versehen sind, entstammen der Hinterlassen-
schaft von Georg Bell. Die österreichische Polizei fand sie im Gepäck des Ermordeten
am Tatort in Durchholzen.)*

 1 Hans-Günter Richardi, *Schule der Gewalt. Die Anfänge des Konzentrationslagers Dachau 1933–1934*. München 1983, S. 33.
 2 Rudolf Diels, *Lucifer ante portas. Es spricht der erste Chef der Gestapo*. Stuttgart
   1950, S. 123.
 3 Befragung von Hildegard Wieland geb. Huber (Bells Braut) am 18. Februar
   1992 in Krottenmühl durch d. Verf. (Richardi).
 4 Zeugen-Vernehmung von Dr. Karl Léon Graf Du Moulin-Eckart durch den
   Ermittlungsrichter beim Amtsgericht Neuburg an der Donau am 23. März
   1948, Akte »Kuchler-Prozeß« (Gt 01.02), Institut für Zeitgeschichte,
   München.
 5 Vernehmung von Hildegard Wieland durch die Stadtpolizei Rosenheim am
   9. Mai 1947, Akte »Kuchler-Prozeß« (Gt 01.02), Institut für Zeitgeschichte,
   München.
 6 Befragung von Hildegard Wieland (s. Anm. 3) sowie deren Vernehmung
   durch die Stadtpolizei Rosenheim (s. Anm. 5).
 7 Unveröffentlichte »Memoiren Seiner Durchlaucht des Fürsten Erich von
   Waldburg-Zeil«, abgeschlossen am 21. März 1941, S. 165.
 8 Abschrift der Eintragungen von Georg Bell über die Stationen seiner Flucht
   in »Frommes Wiener Taschen-Vormerk-Kalender für das Jahr 1933« (Österreichisches Staatsarchiv, Wien / Akte Bell).*
 9 Vernehmung von Paul Konrad durch die Kriminalpolizei am 1. September
   1946, Akte »Kuchler-Prozeß« (Gt 01.02), Institut für Zeitgeschichte,
   München.
10 Vernehmung von Hildegard Wieland (s. Anm. 5).
11 Vernehmung von Paul Konrad (s. Anm. 9).
12 Vernehmung von Hildegard Wieland (s. Anm. 5).
13 Befragung von Hildegard Wieland (s. Anm. 3).
14 Vernehmung von Hildegard Wieland (s. Anm. 5).
15 Befragung von Hildegard Wieland (s. Anm. 3).
16 Ebd.
17 Vernehmung von Hildegard Wieland (s. Anm. 5). – Vgl. Notiz der Stadtpolizei Rosenheim vom 13. Mai 1947 über den Empfang der Erklärung des
   Grafen Spreti aus den Händen von Hildegard Wieland, Akte »Kuchler-
   Prozeß« (Gt 01.02), Institut für Zeitgeschichte, München.
18 Telegrammtext von Georg Bell, mit Bleistift auf die Rückseite eines Briefes
   geschrieben (Österreichisches Staatsarchiv, Wien / Akte Bell).*
19 Schreiben von Georg Bell aus Durchholzen (Deckname: Michel Aufheiner,
   Deckadresse: Hotel Tyrol, Innsbruck) an Hans Kesel in Garmisch vom
   1. April 1933 (Österreichisches Staatsarchiv, Wien / Akte Bell).*
20 Vernehmung von Paul Konrad (s. Anm. 9).
21 Vernehmung von Hildegard Wieland (s. Anm. 5) und Paul Konrad (s. Anm. 9).

22 Vernehmung von Josef Hell durch das Bundes-Polizeikommissariat Innsbruck am 4. April 1933 in Kufstein (Österreichisches Staatsarchiv, Wien / Akte Bell).

23 Befragung von Hildegard Wieland (s. Anm. 3).

24 Vernehmung von Josef Hell (s. Anm. 22).

25 Befragung von Hildegard Wieland (s. Anm. 3).

26 Abschrift der Eintragungen von Georg Bell über die Stationen seiner Flucht (s. Anm. 8).

27 Ebd.

28 Vernehmung von Josef Hell (s. Anm. 22).

29 Brief eines anonymen Schreibers an Josef Hell (»Herr M« genannt; »M« steht für »Major«) in Durchholzen, aufgegeben am 3. April 1933 in Brannenburg (Österreichisches Staatsarchiv, Wien / Akte Bell).*

30 Vernehmung von Paul Konrad (s. Anm. 9) sowie Befragung von Hildegard Wieland (s. Anm. 3) und deren Vernehmung (s. Anm. 5).

31 Vernehmung von Paul Konrad (s. Anm. 9).

32 Aussage von Erich Sparmann im Protokoll über die Hauptverhandlung der Großen Strafkammer des Landgerichts Traunstein in der Strafsache gegen Ludwig Kuchler und Erich Sparmann wegen Mordes am 28. und 29. Juli 1948, Akte »Kuchler-Prozeß« (Gt 01.02), Institut für Zeitgeschichte, München.

33 Vernehmung von Paul Konrad (s. Anm. 9), Zeugenaussage des Rechtsanwalts Dr. Max Zerkiebel auf Anordnung des »Counter Intelligence Corps« (CIC) vom 25. Juli 1946 und Vernehmung desselben durch die Stadtpolizei Rosenheim am 28. März 1947 sowie Zeugen-Vernehmung von Maria Ampferl (Lehrmädchen in der Kanzlei von Zerkiebel) durch den Ermittlungsrichter beim Landgericht Traunstein am 29. April 1948. Alle Unterlagen in der Akte »Kuchler-Prozeß« (Gt 01.02), Institut für Zeitgeschichte, München.

34 Vernehmung von Paul Konrad (s. Anm. 9).

35 Aussage von Erich Sparmann (s. Anm. 32).

36 Das »Gasthaus des Joh. Blattl«, kurz »Gasthaus Blattl« genannt, trug auch den Namen »Gasthaus Durchholzen«. (Vgl. Photographien der Polizei vom Tatort, Österreichisches Staatsarchiv, Wien / Akte Bell, Photo S. 141).

37 Zur Tarnung des Unternehmens standen Bells Verfolger für die Fahrt nach Durchholzen zwei Autos zur Verfügung, die eigens dafür ausgewählt worden waren. Bei der Beschaffung der Fahrzeuge bedienten sich die Verantwortlichen sogar krimineller Methoden. So war der eine Wagen mit einem falschen polizeilichen Kennzeichen versehen und der andere gestohlen. Im sogenannten Tatbestandsbericht der Sicherheitsdirektion für das Bundesland Tirol über den Mord an Georg Bell vom 26. Juni 1946 (Akte »Kuchler-Prozeß«, Gt 01.02, Institut für Zeitgeschichte, München) heißt es dazu: »Nach Mitteilung der bayrischen politischen Polizei, Dienststellenzeichen: I 1 9444/33 vom 31. Juli 1933, geht hervor, daß für einen *polizeilichen Kraftwagen* das Kennzeichen II A 18026 nie ausgegeben wurde, wohl trug dieses Kennzeichen in der Zeit vom 18. III. 1932 bis 17. VI. 1932 ein achtsitziger Mercedes-Wagen, gehörig dem Ingenieur Josef Vogel aus München. Auf Befragung erklärte dieser, daß dieser Wagen in der fraglichen Zeit nicht fahrbar gewesen sei. Erst im Mai 1933 wurde der Wagen beim Münchner Revisionsverein neuerdings zugelassen und an den Pensionsinhaber Murmann in Bad Wiessee verkauft. Der Wagen II A 6043 gehörte der Löwenbrauerei München und war in einer

Münchner Privatgarage seit 9. März 1933 polizeilich sichergestellt. Von dort wurde der Wagen von unbekannten Personen weggefahren, nach einigen Tagen wurde er in München in schwer beschädigtem Zustand wieder aufgefunden. Ermittlungen nach dem Fahrer oder die Mitfahrer blieben ergebnislos.«

Mit dieser Auskunft deckte die Bayerische Politische Polizei im Juli 1933 die Täter, die ihr ja bekannt gewesen sein müssen, vor der österreichischen Polizei.

38 Aussage von Ludwig Kuchler im Protokoll über die Hauptverhandlung der Großen Strafkammer des Landgerichts Traunstein in der Strafsache gegen Ludwig Kuchler und Erich Sparmann wegen Mordes am 28. und 29. Juli 1948, Akte »Kuchler-Prozeß« (Gt 01.02), Institut für Zeitgeschichte, München.

39 Aussage von Erich Sparmann (s. Anm. 32).

40 Vernehmung von Paul Konrad (s. Anm. 9) und dessen Aussage vor dem Bundes-Polizeikommissariat Innsbruck am 4. April 1933 in Durchholzen (Österreichisches Staatsarchiv, Wien/Akte Bell).

41 Aussage des gerichtsmedizinischen Sachverständigen, Professor Dr. Karl Meixner (Innsbruck), im Protokoll über die Hauptverhandlung der Großen Strafkammer des Landgerichts Traunstein in der Strafsache gegen Ludwig Kuchler und Erich Sparmann wegen Mordes am 28. und 29. Juli 1948, Akte »Kuchler-Prozeß« (Gt 01.02), Institut für Zeitgeschichte, München.

42 Bericht des Bundes-Polizeikommissariats Innsbruck über die Ermordung von Georg Bell an das Bundeskanzleramt in Wien vom 6. April 1933, S. 1 und 6, sowie Bilddokumentation über den Mord (13 Photographien), zusammengestellt für das Bundeskanzleramt in Wien am 13. April 1933 vom Amt der Tiroler Landesregierung (Landespolizeistelle) in Innsbruck. (Gesamtes Material im Österreichischen Staatsarchiv, Wien/Akte Bell.)

43 Aussage von Ludwig Kuchler (s. Anm. 38).

44 Zeugen-Vernehmung von Josef Hell durch den Ermittlungsrichter beim Amtsgericht Miesbach am 22. Januar 1948, Akte »Kuchler-Prozeß« (Gt 01.02), Institut für Zeitgeschichte, München.

45 Vernehmung von Josef Hell durch das Bundes-Polizeikommissariat Innsbruck (s. Anm. 22).

46 Ebd.

47 Aussage von Ludwig Kuchler (s. Anm. 38).

48 Vernehmung von Josef Hell durch das Bundes-Polizeikommissariat Innsbruck (s. Anm. 22).

49 Gutachten von Professor Dr. Karl Meixner, Vorstand des gerichtsmedizinischen Institutes der Universität Innsbruck, und Dr. Franz Josef Holzer, 1. Assistent des Institutes, vom 21. April 1933, Akte »Kuchler-Prozeß« (Gt 01.02), Institut für Zeitgeschichte, München.

50 Aussage des gerichtsmedizinischen Sachverständigen, Professor Dr. Karl Meixner (s. Anm. 41).

51 Ebd.

52 Vernehmung von Josef Hell durch das Bundes-Polizeikommissariat Innsbruck (s. Anm. 22).

53 Aussage von Alois Brunner, Oberkontrollor im Österreichischen Grenzzollamt Niederndorf, in: Bericht des Bundes-Polizeikommissariats Innsbruck über die Ermordung von Georg Bell an das Bundeskanzleramt in Wien vom 6. April 1933, S. 20 (Österreichisches Staatsarchiv, Wien/Akte Bell). – Paul Konrad blieb in Durchholzen zurück und stellte sich dort der Polizei. Auf

Antrag seines Verteidigers wurde er am 12. Mai 1933 aus der Untersuchungshaft entlassen. Siehe *Arbeiter-Zeitung*, Wien, vom 13. Mai 1933.

54 Aussage des Zollassistenten a. D. Franz Heiserer im Protokoll über die Hauptverhandlung der Großen Strafkammer des Landgerichts Traunstein in der Strafsache gegen Ludwig Kuchler und Erich Sparmann wegen Mordes am 28. und 29. Juli 1948, Akte »Kuchler-Prozeß« (Gt 01.02), Institut für Zeitgeschichte, München.

55 Aussage von Ludwig Kuchler (s. Anm. 38) und Erich Sparmann (s. Anm. 32).

56 Die Große Strafkammer des Landgerichts Traunstein verurteilte Ludwig Kuchler zunächst wegen »eines Verbrechens der Beihilfe zu einem Verbrechen des Totschlags« zu sieben Jahren Zuchthaus. (Siehe Urteil vom 29. Juli 1948, Akte »Kuchler-Prozeß« (Gt 01.02), Institut für Zeitgeschichte, München.)
In einer zweiten Verhandlung, die am 30. März 1949 ebenfalls vor der Großen Strafkammer des Landgerichts Traunstein stattfand, wurde dann das Urteil gegen Kuchler gemildert. Wegen »eines in Mittäterschaft begangenen Verbrechens der Freiheitsberaubung mit Todesfolge« erhielt er nun ebenso wie Erich Sparmann, gegen den das Verfahren in der ersten Verhandlung eingestellt worden war, eine Gefängnisstrafe von drei Jahren. (Vgl. Urteil in der Akte »Kuchler-Prozeß«.)

57 Zeugen-Vernehmung von Hans Rauscher durch den Ermittlungsrichter beim Landgericht Traunstein am 29. April 1948, Akte »Kuchler-Prozeß« (Gt 01.02), Institut für Zeitgeschichte, München.

58 Aussage von Josef Hell im Protokoll über die Hauptverhandlung der Großen Strafkammer des Landgerichts Traunstein in der Strafsache gegen Ludwig Kuchler und Erich Sparmann wegen Mordes am 28. und 29. Juli 1948, Akte »Kuchler-Prozeß« (Gt 01.02), Institut für Zeitgeschichte, München.

59 Aussage von Erich Sparmann (s. Anm. 32): »Am nächsten Tag (nach Bells Tod, Anm. d. Verf.) brachte ich den Wagen nach München und wollte auch Näheres über dieses Unternehmen wissen. Da Heydrich nicht anwesend war, wurde ich von einem gewissen Herrn Müller empfangen, und dieser erklärte mir, daß es sich um einen Spionagefall handelte, daß die Polizei bereits Bericht erstattet habe, und ich solle nach Rosenheim zurückfahren und mich nicht weiter um die Sache bekümmern. Ich übernachtete dann im Braunen Haus und erzählte auch von der Sache, und da fiel auch der Name Uhl.«

60 Vernehmung von Hildegard Wieland (s. Anm. 5).

61 Bericht über die Mitteilungen von Martin Schätzl, Landgericht Traunstein (Stempel vom 4. August 1948), Akte »Kuchler-Prozeß« (Gt 01.02), Institut für Zeitgeschichte, München. Darin heißt es: »Uhl, der zu befürchten hatte, daß Bell in einem Reueanfall Röhm von der Verschwörung zur Ermordung Hitlers informieren werde, fuhr sofort an den Walchsee, wo er mit mehreren Polizeibeamten, die (...) zur Überwachung Bells bestellt waren(,) zusammentraf. Uhl war es(,) der Bell niederschoß. (Dieser Satz ist gesperrt geschrieben und unterstrichen, Anm. d. Verf.) Daraufhin hat der Oberste Parteirichter Walther Buch gegen Uhl ein Verfahren eingeleitet bzw. eine Untersuchung begonnen, als deren Resultat der 30. Juni 1934 betrachtet werden kann.«

62 Diels, S. 123 (s. Anm. 2).

63 Zeugen-Vernehmung von Dr. Karl Léon Graf Du Moulin-Eckart (s. Anm. 4).

IX. Gefangener des Diktators

1 Adolf Hans Sotier: *Und so hab' ich es mitbekommen … Jugend und Studium unter NS-Herrschaft,* in: *Verdunkeltes München,* Buchendorf 1987, S. 131f.

2 a.a.O., S. 130.

3 Wilhelm Hoegner: *Der schwierige Außenseiter. Erinnerungen eines bayerischen Sozialdemokraten.* Hof (Saale) 1975, S. 86.

4 Hans Dollinger: *Edmund Goldschagg 1886–1971.* München 1986, S. 126.

5 *MNN* (Nr. 69) vom 11. März 1933, S. 13. Vgl. Paul Hoser, *Die politischen, wirtschaftlichen und sozialen Hintergründe der Münchner Tagespresse zwischen 1914 und 1934. Methoden der Pressebeeinflussung,* Teil 2, S. 1003, Frankfurt, Bern, New York, Paris, 1990.

6 *MNN* (Nr. 68) vom 10. März 1933.

7 Ebd.

8 Ebd.

9 Niederschrift von Dr. Heinrich Held; zit. nach Josef Müller, *Bis zur letzten Konsequenz.* München 1975, S. 376.

10 Aretin, *Gerlich. Lebensbild …* München 1983, S. 109.

11 a.a.O., S. 123.

12 *Der gerade Weg,* München (Nr. 19) vom 8. März 1933, S. 15.

13 *Die Ostschweiz,* St. Gallen, vom 16. März 1933.

14 Memoiren des Fürsten Erich von Waldburg zu Zeil.

15 Bekanntmachung Heinrich Himmlers vom 13. März 1933.

16 Schreiben der Polizeidirektion München vom 13. April 1933 an den Naturrechtsverlag, München. Photokopie im Bes. d. Verf. (Schumann).

17 Gerlichs Erklärung, die vom Oberverwalter des Polizeigefängnisses, Linder, bestätigt wurde, ging als Abschrift am 28. März 1933 beim Reichsstatthalter Epp (Stempel: »Der Beauftragte der Reichsregierung«) ein.

18 Aretin, *Krone und Ketten. Erinnerungen eines bayerischen Edelmannes.* München 1955, S. 167ff.

19 Vgl. Anton Betz: »Tragödie der Münchner Neuesten Nachrichten 1932/33«, S. 26, Vortrag am 12. Februar 1959 im Zeitungswissenschaftlichen Institut der Universität München.

20 John Dornberg, *Hitlers Marsch zur Feldherrnhalle.* München 1983, S. 191ff.

21 Der Leitartikel Büchners vom 10. März 1933 erschien nur in einem Teil der Auflage unter diesem Titel. Die Überschrift »War das nötig?« war von bis heute unbekannt gebliebener Seite »verstichelt« worden. Vgl. Betz, *Tragödie …,* S. 36 (s. Anm. 19).

22 Betz: *Tragödie …,* S. 37 (s. Anm. 19).

23 a.a.O., S. 38.

24 *MNN* (Nr. 77) vom 19. März 1933.

25 Betz, *Tragödie …,* S. 40 (s. Anm. 19).

26 a.a.O., S. 38.

27 Ebd.

28 a.a.O., S. 39.

29 Ebd.

30 Ebd.

31 a.a.O., S. 41.

32 Stefan Lorant, *Ich war Hitlers Gefangener. Ein Tagebuch 1933.* München 1985, S. 58.

33 Wendler-Berichte vom 9. und 27. Mai 1933, vgl. Reichsstatthalter 791 (Bay. HStA).

[34] Paul Hoser: *Die politischen, wirtschaftlichen und sozialen Hintergründe der Münchner Tagespresse zwischen 1914 und 1934*, Frankfurt, Bern, New York, Paris, 1990, S. 1042.

[35] *Der Morgen*, Olten, vom 16. März 1933; *Die Ostschweiz*, St. Gallen, vom 16. März 1933.

[36] Schreiben Nr. III 14144 vom 16. Mai 1933 mit Vermerk »Eilt sehr« an Deutsches Generalkonsulat Innsbruck (Bay. HStA, 106465/7).

[37] *Reichspost*, Wien: »Das Schicksal Dr. Gerlichs«, 24. Januar 1934.

[38] Lorant, *Ich war Hitlers Gefangener*, München 1985, S. 100ff.

[39] Aretin, *Gerlich*, München 1983, S. 132.

[40] a.a.O., S. 133.

[41] Schreiben Nr. I 44522 des Bayerischen Staatsministeriums für Unterricht und Kultus vom 22. September 1933 an das Oberlandesgericht München, Photokopie im Besitz der Verfasser (Schumann).

[42] Schreiben Nr. I 9702 des Bayer. Staatsmin. für Unterricht und Kultus vom 28. Februar 1934 an den Generaldirektor der Staatsarchive Bayerns.

[43] Benachrichtigung der Rechtsanwälte Hoffmanns an die Gerichtsvollzieherei des Amtsgerichts München vom 20. April 1934.

[44] Schreiben von RA Alfons Hartmann vom 11. Mai 1933 an das Amtsgericht München, Photokopie im Bes. d.. Verf. (Schumann).

[45] Brief vom 22. Mai 1933 an Epp, Photokopie im Bes. d. Verf. (Schumann).

[46] Brief von Aloisius Bischof von St. Gallen vom 9. Februar 1934 an Wilhelm Kiefer. Photokopie im Bes. d. Verf. (Schumann).

[47] Aretin, *Gerlich*, München 1983, S. 130.

[48] a.a.O., S. 137.

[49] Photokopie im Bes. d. Verf. (Schumann).

[50] Maria Gräfin Strachwitz-Trapp, *Schicksalsjahre 1933 und 1938*. Wien 1975 (mit freundlicher Erlaubnis ihrer Töchter Maria Antonia Fürstin von Hanau-Schaumburg und Elisabeth Gräfin Fries von Friesenberg).

[51] a.a.O.

[52] International Biographical Dictionary of Central European Emigres 1933, Bd. 1–3, S. 738, Institut für Zeitgeschichte, München, 1980–1983.

[53] Photokopie im Besitz der Verfasser (Schumann).

X. Tod im Konzentrationslager Dachau

[1] Aufzeichnungen des Grafen Strachwitz 1935, vgl. Klaus Schumann in *Süddeutsche Zeitung* vom 1. Juli 1989 (Nr. 148).

[2] Elisabeth zu Guttenberg, *Beim Namen gerufen*. Berlin 1990, S. 128.

[3] Franz Michel Willam, *Das Leben Jesu*. Freiburg 1932, 1. Auflage.

[4] Brief Gerlichs an F. X. Wutz vom 18. Juni 1933. Photokopie im Bes. d. Verf. (Schumann).

[5] Gespräch mit Adolf Häfner am 19. Mai 1992 (Schumann).

[6] Aretin, *Gerlich*, München 1983, S. 137.

[7] a.a.O., S. 138.

[8] Ebd.

[9] Günther Deschner, *Reinhard Heydrich. Statthalter der totalen Macht*. München 1986, S. 115.

[10] Heinz Höhne, *Mordsache Röhm. Hitlers Durchbruch zur Alleinherrschaft 1933–1934*. Reinbek 1984, S. 233.

[11] Höhne, *Röhm*, S. 235. Vgl. Josef Held in *Tagesanzeiger*, Regensburg, 30. Juni 1951. Vgl. Paul Hoser, *Die politischen. wirtschaftlichen und sozialen Hintergründe der Münchner Tagespresse...* (1990), Teil 2, S. 1008.

[12] Höhne, *Röhm*, S. 236 (s. Anm. 10).

[13] Deschner, *Heydrich*, München 1986, S. 116 (s. Anm. 9).

[14] Ebd.

[15] a.a.O., S. 117; vgl. Archiv des Erzbistums München und Freising, Nachlaß Faulhaber, Nr. 7304, Galen an Faulhaber am 5. August 1934.

[16] Höhne, *Röhm*, S. 250 (s. Anm. 10).

[17] a. a. O., S. 256, 257 (s. Anm. 10).

[18] Niederschrift der Vernehmung von Kopp am 16. November 1948 vor Kriminalkommissar Koppmair, Kripo München K 1.

[19] Vernehmung von Beck am 9. Dezember 1948, Kriminalaußenstelle Straubing.

[20] Vernehmung von Fischer am 16. November 1948 vor Koppmair.

[21] Hans-Günter Richardi, *Schule der Gewalt*. München 1983, S. 238. – Vgl. Aussage von Polizeihauptwachtmeister Franz Berwein vom 15. November 1948 in München vor Koppmair.

[22] a.a.O.; vgl. Richardi, *Schule der Gewalt*, München 1983, S. 236.

[23] Aussagen Steinbrenners am 24. Mai 1949 vor Kommissar Koppmair in München.

[24] Aussage Lübbens am 4. Mai 1949 in Schliersee vor Kommissar Koppmair. Richardi, *Schule der Gewalt*, München 1983, S. 237.

[25] Richardi, *Schule der Gewalt*, München 1983, S. 237.

[26] *Süddeutsche Zeitung*, München, vom 2. Juli 1946: »Der ›Röhmputsch‹ und seine Hintergründe«.

[27] Aussage von Josef Schreieder, zit. nach dem Bericht des Generalstaatsanwalts München am 5. Oktober 1949 an das Bayerische Staatsministerium der Justiz.

[28] Eidesstattliche Erklärung von Dr. Josef Müller im Spruchkammerverfahren gegen Josef Gerum am 5. März 1947 in Nürnberg, BK. III 4208, Bl. 73.

[29] Höhne, *Röhm*, S. 277ff. (s. Anm. 10).

[30] *Süddeutsche Zeitung*, München, vom 2. Juli 1946: »Der ›Röhmputsch‹ und seine Hintergründe«.

[31] Keesings Archiv der Gegenwart vom 3. Juli 1934, S. 1508 C.

[32] Reichsgesetzblatt Nr. 71, Teil 1, vom 3. Juli 1934, S. 529.

[33] Höhne, *Röhm*, S. 306.

[34] Rede Hitlers, zit. nach Domarus, *Hitler, Reden und Proklamationen 1932–1945*. München 1965, S. 421.

[35] Aussagen Franz Berweins vom 15. November 1948; vgl. erste Aussagen von Sophie Gerlich am 21. Februar 1949.

[36] Das Konzentrationslager wurde im Sterbebuch als »Werk Dachau« bezeichnet.

[37] Brief Johannes Steiners vom 23. Juli 1934 an Erich Fürst von Waldburg zu Zeil. Privatarchiv Waldburg-Zeil.

[38] Original im Bes. d. Verf. (Schumann).

[39] Die Schlagzeile der *MNN* vom 26. Juli 1934 verkündete auf S. 1: »Bundeskanzler Dollfuß erschossen«.

[40] Der Reichsführer SS, (geheim!), »Erfassung führender Männer der Systemzeit«. Juni 1939. (BDC).

[41] Personalakte Gerlich.

[42] Herre, »Die Straße, welche die gerade heißt«, in: *Neues Abendland*, München, 9. Jg., 1954, S. 343.

[43] Ebd.

Dokumente

A. DAS AUSSENPOLITISCHE EXPOSÉ VON ERNST RÖHM ÜBER DIE ZUKUNFT EUROPAS

*Nach dem bisher unveröffentlichten Typoskript, verfaßt im April 1931.
Der Text folgt trotz unterschiedlicher Schreibweise und Interpunktion
exakt der Typoskriptvorlage.*

Die rasche Entwicklung der N.S.D.A.P., die masslosen Angriffe
auf die Idee und die Führer der Partei, sowie die nicht ver-
meidbaren Kinderkrankheiten einer verhältnismässig jungen
Organisation haben selbst ernsthaften und objektiven Beobach-
tern nicht immer das richtige Bild von der Richtung, von der
Kraft und dem tatsächlichen Bestand der N.S.D.A.P. vermittelt.
Das Wort vom Hass und von der Gunst der Parteien, die beide
in gleichem Masse das Charakterbild entstellen, hatte niemals
grössere Geltung, als zu der Zeit, da es auf die N.S.D.A.P. ange-
wendet wurde.

In diesem Exposee soll deshalb der Versuch gemacht werden,
in gedrängter Form das Notwendige und Wesentliche dar-
zustellen, was über die Partei zu wissen erforderlich und wün-
schenswert ist.

Es ist ein weitverbreiteter Irrtum, dass die Partei der Nationalsozialisten ihre Entstehung dem militärischen, wirtschaftlichen oder gar moralischen Zusammenbruch des Deutschen
Reiches verdanke; im Gegenteil, der Parteigedanke hat mit
diesen Verhältnissen nichts zu tun und bestand längst vor dem
Weltkrieg. Lediglich die Tatsache, dass Männer der Idee klar erkannten, wie wenig die Führer des neuen Deutschland von 1918
hinsichtlich ihrer politischen Kurse und Systeme den wahren
Interessen des deutschen Volkes und den Interessen des kriegs-
wunden Europas gerecht wurden, formulierte die nationalsozialistische Idee zur Bewegung. Die N.S.D.A.P. hätte sich also
auch im alten, kaiserlichen Deutschland nach Beendigung des

Krieges auf Grund der gemachten Erfahrungen konstituiert, da sich die nationalsozialistischen Führer auch in schroffem Gegensatz zu den Männern des wilhelminischen Reiches befanden, besonders in den Punkten, die die Ziele und die Leitung eines Staates wie Deutschland betrafen.

Daraus ergibt sich auch, dass die N.S.D.A.P. heute zwangsläufig im Gegensatz zu den übrigen Parteien Deutschlands stehen muss. Die heutigen Parteien des Reichstages stellen einerseits die übertriebene Reagenz auf ein früheres System, andererseits den Versuch zu mehr oder weniger starres Festhalten an eben diesem überlebten System dar. Hiezu kommt, dass die Schwächen der heutigen deutschen Regierungen, die nur in der Parteizersplitterung und der dadurch möglichen Parteipolitik zu suchen sind, von irgendwie interessierten, sozusagen aber unpolitischen d. h. an Deutschland als Nation jedenfalls vollkommen desinteressierten Leuten, ausgenützt werden.

Die Leute – Gruppen –, zu jung noch um den feinen Unterschied zwischen Politik und Geschäft wahrnehmen zu können, oder zu skrupellos, um aus diesen Erkenntnissen staatspolitische Konsequenzen zu ziehen, wurden der wahre spiritus rector im Beamtenkörper der offiziellen deutschen Republik. Die N.S.D.A.P. versucht deshalb, das Reich innerpolitisch so zu erfassen, dass alle organisatorischen und produktiven Kräfte zum Wohle des Volksganzen – unter Ausschaltung der privaten Interessen – ausgenützt werden. Damit erst würde Deutschland – zunächst auch in den Augen der Welt – wieder ein einheitliches Ganzes und zu einem zuverlässigen Faktor in der Weltpolitik. Die Aussenpolitik wird dann klar, eindeutig von den Interessen des deutschen Volkes und nicht von einzelnen geschäftlichen Gesichtspunkten Industrieller oder ehrgeiziger Auch-Politiker bestimmt. »Das erste Erfordernis für die Befreiung Europas ist dann erreicht.« Wenn die N.S.D.A.P. sich in diesem Streben propagandistisch und organisatorisch auf eine nationale Basis stellt und den von der Sozialdemokratie vertretenen Internationalismus für irrig und ungeeignet hält, so hat dies seinen Grund in der besseren Erkenntnis vom Charakter und der Mentalität des deutschen Volkes. Die Umstände bedingen diese Form. Die Betonung des Nationalen verfolgt aber auch den weiteren Zweck, den Boden für einen wahren Internationalismus zu schaffen; denn die N.S.D.A.P. versteht unter diesem Begriff nur die Beziehungen zwischen Staaten, die sich gleich achten. Diese Betonung des Nationalen in der nationalsozialistischen Bewegung als Ausgangsbasis hat also nichts mit Chauvinismus zu tun oder würde gar die Vermutung rechtfertigen, dass die N.S.D.A.P. zu den geistigen Nachfolgern wilhelminischer Diplomaten bestimmt sei.

Wenn die Gegner der N.S.D.A.P. sich im Ringen um die Führung in Deutschland über die Methoden der Partei entrüsten, so ist das eine bewusste Unaufrichtigkeit. Die Partei als jüngste politische Partei war bisher stets gezwungen, die Angriffe der Gegenparteien mit gleichen Argumenten zu beantworten. Einen besonderen Stein des Anstosses bilden hier die Sturmabteilungen der NSDAP. Die Führung ist sich bewusst, dass nur die besonderen Missstände die Aufstellung derartiger Formationen notwendig gemacht haben.

Die Führung der N.S.D.A.P. übersieht nicht, dass eine Versammlung von Männern, die nach militärischen Gesichtspunkten organisiert ist, zweifellos gewisse Schärfen in den politischen Kampf bringen kann, die leider oft nicht vermieden werden können. Die Leitung der Partei weiss aber auch, dass diese S.A.-Organisationen im Sinne einer militärischen Truppe überhaupt nicht anzusprechen sind, und demnach sind die S.A.-Abteilungen vielleicht später überflüssig. Wenn heute eine Auflösung nicht durchgeführt werden kann, so liegt dies vor allem daran, dass die Sozialdemokratie und ähnliche Parteien seit Jahren fortgesetzt die Freiheit der Strasse unterdrückt und dadurch die N.S.D.A.P. gezwungen haben, zum eigenen Schutz ähnliche Organisationen zu schaffen. Die S.A.-Abteilungen der NSDAP sind also keine kommende Revanchearmee oder ähnliches, sondern haben lediglich den Zweck des Parteischutzes und der Sicherung der Parteiarbeit und Propaganda. Die S.A.-Abteilungen sollen auch nicht – wie bei anderen Parteien – die Parteipolitik unterstützen oder etwa den sogenannten Militarismus herbeiführen, wie dies vielfach mit nicht zu verkennender Absicht breitgetreten wird. Es handelt sich bei den Sturmabteilungen der NSDAP durchaus nicht um eine bequeme Soldatenspielerei, sondern einzig und allein um den Schutz der Strasse und der Versammlungstätigkeit, auf den die Partei bei den heute üblichen politischen Kampfformen in Deutschland nicht verzichten kann. Nur durch die Aufstellung solcher Formationen ist es möglich, vorsorglich einem Terror der untersten Schichten des Volkes entgegenzuarbeiten.

Abgesehen von den verschiedenen programmatischen und innerpolitischen Gründen steht die NSDAP aber vor allem auf aussenpolitsche(m) Gebiet im Gegensatz zu allen anderen Parteien Deutschlands. Die Partei vertritt hier die Ansicht, dass die katastrophalen Zustände in Deutschland ihre Ursache nicht allein in den übertriebenen Forderungen der Westmächte haben, sondern in der von den offiziellen Vertretern der Regierung betriebenen Aussenpolitik, die heute nur eine Fortsetzung der Parteipolitik auf anderem Wege ist.

Es ist klar, dass eine Aussenpolitik, die von solchen Motiven geleitet wird, nicht nur ein Fiasko für das Land, sondern eine Gefahr Europas bedeutet. Die NSDAP ist sich dessen wohl bewusst und sieht ihre erste und wichtigste Aufgabe darin, die verschiedenen Strömungen in der deutschen Aussenpolitik so entscheidend zu beeinflussen, dass Deutschland künftig eine Politik treibt, die ausschliesslich den Interessen des ganzen Volkes dient, nicht aber nur einer Gruppe von Interessenten. Zu den einzelnen Möglichkeiten – soweit man die politischen Richtungen der anderen Parteien als Möglichkeiten bezeichnen kann, – steht die NSDAP etwa folgendermassen:

Die sowjetrussische Politik, die das Auswärtige Amt und das Reichswehrministerium (als Erbe Seeckts) oder besser die Industriegruppen und Hintermänner dieser Ministerien betreiben, wird von der NSDAP für irrig gehalten. Es gilt als staatspolitisches Axiom, dass ein Staat, der nicht selbst bolschewistisch regiert wird, keine Alliance mit einem Sowjetstaat eingehen kann, ohne nicht selbst bolschewisiert zu werden. Die Auffassung des A.A. und des R.W.M., wonach man sehr wohl mit Sowjetrussland arbeiten könne, ohne selbst infiziert zu werden, teilt die NSDAP nicht.

Um hier gefeit zu sein, müssten andere Vorbedingungen gegeben sein(.) Die Mentalität des deutschen Volkes ist geradezu die Prädestination für eine Ansteckung durch die bolschewistische Idee. An der »Objektivität« der deutschen Intel(l)ektuellen würde das heutige Deutschland zu grunde gehen, womit auch das übrige Europa der Ausbreitung des Bolschewismus ausgeliefert sein würde. Den bekannten Hinweis auf den roten Bruder in Moskau, mit dem so viele Innen- und Aussenminister des Reiches tatsächlich arbeiten, hält die NSDAP für überflüssig, da man einen weitblickenden und gut orientierten, also wirklichen Staatsmann damit nicht ernstlich dupieren kann.

Das andere, in offiziellen Kreisen und damit auch in gewissen Kreisen des Volkes beliebt gewordene Projekt ist Amerika. Von dort erwartet sich der »andere« Politiker Deutschlands Heil. Die NSDAP lehnt auch diese Richtung aus bestimmten Gründen ab. Nach Auffassung der NSDAP ist Deutschland in erster Linie als eine europäische Macht anzusehen.

Der Krieg und vor allem die Nachkriegszeit hat wie keine andere Periode der Geschichte gezeigt, dass die Wohlfahrt, ja der Bestand eines Volkes weniger von seiner tatsächlichen Beschaffenheit, als vielmehr von den Beziehungen, die dieses Volk zu den anderen Staaten unterhält, abhängt.

Die NSDAP hält es deshalb nicht nur für Deutschland, sondern auch im Interesse Europas für eine conditio sine qua non, dass sich die europäischen Staaten in bestimmter Form zusammenschliessen. Die Partei ist dabei der Ansicht, dass Deutschland das mächtigste Land darstellt, dem es nur an der nötigen Regierung fehlt. Es wird also bei der erstrebten Verbindung d e r Partner gesucht, der d i e s e Eigenschaft in erster Linie besitzt. Nach Ansicht der NSDAP ist der ideale Partner für ein mächtiges Deutschland das Britische Reich. Die Gründe, die zu dieser Ansicht führen, hier im einzelnen aufzuführen, dürfte überflüssig sein. Allein schon der Gedanke einer Verbindung der grössten Seemacht und der heute immer noch grössten Landmacht Europas, ja der Erde, würde genügen, um das vorteilhafte einer Verbindung zu erweisen. »Die Stabilisierung der Erde würde gesichert.«

Eine Annäherung an Frankreich als weiteren Partner nach erfolgter Vereinigung mit England würden vielleicht auch dann keine unüberwindlichen Hindernisse mehr im Wege stehen. Dagegen hält die NSDAP ein Bündnis mit Frankreich in dem Sinne und in der Form, wie es die Sozialdemokratie heute anstrebt, für nicht opportun. Die Gegensätze, die zwischen Deutschland und Frankreich auf Grund der beiderseitigen Interessensphären bestehen, und die Verschiedenheit der Charaktere der beiden Nationen lassen sich nicht ohne weiteres überbrücken bezw. beseitigen. Eine Paralelle, die zeigt, dass zwei Nationen trotz starker Gegensätzlichkeiten doch eine gemeinsame Basis finden können, sieht aber die NSDAP in der Alliance Frankreich/ Italien, die unter englischer Führung letzter Tage zustande kam.

Ich halte es nicht für angebracht(,) diese Fragen hier im Rahmen eines Exposees ausführlicher zu behandeln. Die Partei kann nur die grundsätzliche Bereitschaft erklären, mit England eine enge Bindung einzugehen(,) und im Falle einer prinzipiellen Einigung bereits heute Wege einschlagen und Vorbereitungen treffen, diesen politischen Abmachungen in der Reichspolitik Geltung zu verschaffen und bei der kommenden Übernahme der Regierung den so angebahnten Bestrebungen auch offiziellen Charakter verleihen.

Die Parteileitung hat bereits heute Massnahmen getroffen, diesem als richtig erkannten Kurs innerhalb der Partei die nötige Geltung zu verschaffen. Z. Zt. ist eine Reorganisation der Partei im Gange, die als Grundlage für ein engeres Verhältnis mit England dienen könnte. So wurde eine besondere Stelle für auswärtige Angelegenheiten gebildet, die (aus) eine(m) besonderen Stab, einer eigenen Propagandaabteilung und aus den Vertretern der Partei im Ausland besteht. Die Auslandsvertreter werden als Vertrauensmänner von der Partei sicher noch ernannt.

Das Büro gliedert sich in die Abteilungen für deutsche, englische, westliche und östliche Angelegenheiten. Die Arbeit dieses »Auswärtigen Büros« war bisher zunächst eine vorbereitende. In erster Linie wurde deshalb auch die Propagandatätigkeit in strengster Form vereinheitlicht und den Unterführern bisher zugebilligte Selbständigkeit beschnitten und ihre in gewissen Grenzen gehaltene aussenpolitische Freiheit beschränkt. Diese aussenpolitische Freiheit musste bisher gewährt werden, um eine individuelle Behandlung ihrer jeweiligen Arbeitsgebiete zu ermöglichen. An Stelle der freien Propaganda und persönlichen Stellungnahme der Unterführer zu aussenpolitischen Fragen erhalten diese Unterführer, Versammlungsredner und Agitatoren nunmehr einheitlich geregelte und vo(m) A.B. vorbereitete Richtlinie(n) für ihre aussenpolitischen Ausführungen. Ebenso werden alle Vorträge, Reden und Presseäusserungen einer Zensur durch das A.B. unterstellt. Der öffentliche Informationsdienst wird so gehandhabt, dass das A.B. 14 tägig oder 4 wöchentlich eine zusammenfassende aussenpolitische Rundschau an die Presse, die Unterführer und noch zu bestimmende Interessentengruppen hinausgibt. Damit ist zu hoffen, dass der eingeschlagene aussenpolitische anglophile Kurs in der NSDAP programmässig eingeleitet und auch durchgeführt werden kann. Im übrigen werden die Arbeiten auf aussenpolitischem Gebiet heute schon so geleitet, dass sie ohne Schwierigkeiten in die offizielle Politik übernommen werden können, wenn die NSDAP die Regierung in Deutschland antritt.

Die Stellung der Partei zu anderen Staaten ist im Sinne dieser Organisation geregelt und wird künftig sinngemäss geregelt.

Die Partei legt besonderen Wert auf die Zuverlässigkeit ihrer aussenpolitischen Arbeit. Zu diesem Zweck wurde das Arbeitsgebiet durch Errichtung verschiedener Ressorts planmässig aufgeteilt, ebenso wurde diese Aufteilung auch für die innere Arbeit der Partei vorgenommen. Neben dem A.B., der Verwaltung und dem S.A.-Büro, dem gegenwärtig lediglich die Organisation der S.A.-Abteilungen obliegt, arbeitet das Büro für Innenpolitik und (der) Nachrichtendienst, der wiederum in verschiedene Unterabteilungen gegliedert ist, wie sie die Praxis erfahrungsgemäss notwendig macht. Gerade der Nachrichtendienst ist mit besonderer Sorgfalt ausgebaut und nur dem Führer der Partei verantwortlich, sodass er auch selbständig bestehen kann, ohne besondere Einflüsse fürchten zu müssen.

Natürlich verfügen auch die anderen Ressorts über systematisch ausgebaute Unterabteilungen. So sind dem Büro für Innenpolitik (I.B.) der Propagandadienst und die Pressestelle angegliedert.

Da der Aufstieg der Partei ein über alle Erwartungen hinausgehendes Mass angenommen hat, ist der Ausbau der NSDAP mit ziemlichen Schwierigkeiten verknüpft, die nur durch diese straffe (..., *Textstelle nicht leserlich; Anm. d. Verf.*) bedingungslose Einhaltung der gegebenen Richtlinien gewährleistet, überwunden werden können.

Naturgemäss sind zur Abwehr der Angriffe jener Gegner, denen der gesamte Staatsapparat zur Verfügung steht, und zum Ausbau der Partei erhebliche Mittel notwendig, welche die Partei aus sich heraus nicht aufbringen kann. Die Annahme irgendwelcher Unterstützung aus Kreisen, die nicht Anhänger der nationalsozialistischen Idee sind, ist ausgeschlossen, da die Parteileitung keine den allgemeinen Richtlinien des Parteigedankens zuwiderlaufende Konzessionen machen würde, die erfahrungsgemäss immer mit der Hergabe von Beträgen verbunden sind, mindestens aber gewünscht werden. Die Partei ist sich sehr wohl bewusst, dass sie mit der Annahme von Unterstützungen aus nicht ausgesprochen nationalsozialistischen Kreisen immer in eine – zum mindesten moralische – Abhängigkeit kommen würde. Anders dagegen verhält es sich mit Unterstützungen und Vertragspartnern mit dem Zweck gemeinsamer Arbeit mit gleichen Zielen. In diesem Falle wird die Unterstützung als Beteiligung an eine(m) gemeinsamen idealen Werk aufgefasst, das (..., *unleserlich, Anm. d. Verf.*) paritätisch seine Erfüllung finden kann.

Über die Leistungen und Gegenleistungen finanzieller Art, ihre Grundlagen und Auswirkungen kann im Rahmen eines Exposee's nichts Näheres gesagt werden. Im Bedarfsfalle würden einige wenige mündliche Besprechungen genügen, die erforderliche Basis der Zusammenarbeit zu finden. Zweck des Exposee's ist lediglich die prinzipielle Geneigtheit der NSDAP, die heute eine wohlorganisierte und täglich sich verstärkende Macht in Deutschland vorstellt, zur Zusammenarbeit mit Partnern zu zeigen, die die endgültige Verwirklichung des nationalsozialistischen Gedankens gewährleisten und gewillt sind, dem kommenden dritten Reich auf aussenpolitische(m) Gebiet zuverlässige Vertragspartner zu sein.

Röhm
(eigenhändige Unterschrift)

B. BERICHT VON GEORG BELL ÜBER SEINE TÄTIGKEIT FÜR ERNST RÖHM

Nach dem Typoskript des Rechenschaftsberichtes, den Bell im Herbst 1932 seinem Anwalt übergab, um gegen Röhm einen Prozeß wegen noch ausstehenden Zahlungen einzuleiten. Der Text folgt in Schreibweise und Interpunktion exakt der bisher unveröffentlichten Typoskript-Vorlage.

Herrn Röhm kenne ich seit den Jahren 1919 bis 1923, wo er I.A.-Offizier bei der Reichsflagge des Herrn Heiss war. Dann verlor ich jede Fühlungnahme und wurde erst im November 1930 wieder mit ihm bekannt. Röhm sprach mich auf der Strasse vor der Herzoggarage, als er mich wiedererkannte, an. Wir unterhielten uns mehrmals und tauschten dabei unsere Erlebnisse in den vergangenen Jahren seit unserer Trennung aus. Röhm war damals bereits der Stabschef Hitlers und bat mich auf Grund meiner politischen Beziehungen im In- und Ausland für ihn insofern tätig zu sein, als ich ihn über die politische Lage poli-

tische Faktoren und politische Vorgänge in Deutschland unterrichten sollte. Dies geschah teils direkt, teils über den Grafen Du
Moulin-Eckart, den Röhm mir als seinen Offizier z. b. V. vorstellte. Nach mehreren einzelnen Spezialaufträgen, die ich in
der Schweiz und in Berlin für Röhm ausführte, fanden dann bereits Vorbesprechungen statt, die dahin gingen, dass ich restlos
in den Dienst Röhms eintreten sollte.

Am 20. IV. 31 suchte mich Graf du Moulin im Auftrag Röhms
in Krottenmühl auf, um diese meine Mitarbeit, vor allen die Bedingungen dafür eingehend zu besprechen und festzulegen. Bereits anderntags, am 21. IV. 31, erfolgte dann durch Röhm in dessen Wohnung Hohenzollernstrasse 110/Ir. (= I. *Stockwerk, rechts,
Anm. d. Verf.)* in Gegenwart des Grafen Du Moulin mein Engagement durch Röhm (nachmittags 15 Uhr). Dabei wurde vereinbart, dass ich jede persönliche politische Tätigkeit aufgebe und
alle meine Beziehungen und Verbindungen Röhm zur Verfügung stelle und einzig und allein für ihn arbeite. Röhm sagte dabei wörtlich: »Es muss Ihnen damit klar sein, dass wir damit auf
Gedeih und Verderb zusammenhalten müssen und dass diese
Zusammenarbeit auf Lebensdauer gilt.« Er betonte, dass ich mit
ihm stehe und falle. Diese Vereinbarung wurde durch feierlichen
Handschlag dann bekräftigt und mit seinem Ehrenwort besiegelt.

Meine Aufgaben erstreckten sich auf Grund des Röhm'schen
Planes – die S. A. so vollkommen auszubauen, dass sie unabhängig von der Partei bestehen könne und praktisch die Partei darstelle, um den »Politikern«, die Röhm nur als Demagogen bezeichnete, auszuschalten,

1.) Aufstellung und Ausbau eines grossen Nachrichtendienstes
der S. A. im In- und Ausland

2.) Errichtung einer eigenen Pressestelle für die S. A. mit Einführung einer eigenen Zeitung (der heutige S. A.-Mann)

3.) Errichtung einer Propagandastelle für Röhm persönlich und
die S. A. (Ausland und Inland)

4.) Beschaffung von Geld für diese Zwecke bzw. Umleitung der
bisher an die Politiker der Partei geflossenen Mittel an die
S. A. aus der Industrie.

Ich habe meine Arbeit sofort aufgenommen und bin bereits am 22. IV. 31(,) 21.30 Uhr zu diesem Zwecke nach Berlin gefahren.

Die finanzielle Seite dieses Anstellungsverhältnisses wurde dabei folgendermassen geregelt. Ich erhalte monatlich 350 RM netto und für jede Reise die erforderlichen Spesen, wie Reisespesen, Aufwandsentschädigung und besondere Auslagen vergütet. Es ist vorweggenommen, dass Röhm im Laufe dieser Tätigkeit die tatsächlich erforderlichen Gelder nicht voll aufgebracht hat, die ich notwendig gehabt habe, um die Spezialaufträge in seinem Wunsch völlig zu erledigen. Ich habe aber, um die gestellten Aufgaben zu lösen, meinen monatlichen Gehalt und weiterhin mir persönlich geliehene Gelder vorgeschossen. In einem Brief, den Sie bereits beim Akt haben, hat mir Röhm von Garching aus geschrieben, dass seine Mittel beschränkt seien. In wiederholten Besprechungen hat er mir dann zugesagt, dass er mir all diese Gelder ersetzen werde, sobald ihm die Macht in der Partei restlos zufallen wird. Röhm hoffte, von der Bevormundung des Reichsschatzministers *(richtig: Reichsschatzmeisters, Anm. d. Verf.)* Schwarz bald erlöst zu sein. Auch Du Moulin hat mir auf wiederholte Vorstellung und Klagen immer wieder versichert, dass mir meine Auslagen ersetzt würden und mir mehr Geld zur Verfügung gestellt werde, wenn Röhm selbst im Besitz der entsprechenden Summe sei. Inzwischen wurde meine Vergütung in der Weise vorgenommen, dass ich für die verschiedenen Aufträge im einzelnen eine Summe überwiesen erhielt, teils von Röhm persönlich, teils durch Graf Du Moulin, die in den meisten Fällen nicht ausreichte. Den aus meiner Tasche erlegten Ueberschuss ersetzte mir Röhm dann teilweise nach Massgabe seiner verfügbaren Mittel, für den Rest vertröstete er mich teils bis zur Machtergreifung, teils bis zum Eingang irgendwelcher neuer Gelder, die er sich erhoffte. Auf diese Weise blieb im Laufe der Jahre ein ungedeckter Rest von über 1800 RM. In meinem Brief vom 31. Mai 32 an seinen Adjutanten (also lange vor einer beabsichtigten Klage) habe ich bereits auf diese Summe hingewiesen und sie auch begründet. Auf Grund der feierlichen Versprechung Röhms hatte ich keine Veranlassung, um die endgültige Liquidierung dieser Beträge besorgt zu sein. Erst die grundlose Lösung meines Anstellungsverhältnisses zwingt mich, die verauslagten Beträge einzufordern.

Meine Tätigkeit für Röhm hat sich im einzelnen wie folgt abgespielt:

23.–29. IV. 31 Reise nach Berlin.

Orientierung der Presse und der mir bekannten Politiker im Sinne Röhms; Bekanntmachung Röhms mit Ausland(s) korrespondenten (Daily Express, Daily Mail u. a.); Ergebnis dieser Arbeiten: Leitartikel in englischen Zeitungen über die NSDAP und besonders Röhm. Meinen schriftlichen Bericht über diese Arbeit hat Röhm trotz meiner Vorstellungen nicht herausgegeben.

Nach meiner Rückkehr von Berlin arbeitete ich den Organisationsplan über den Nachrichtendienst aus, ein ca. 30 Seiten langes Exposee mit den entsprechenden Kartenunterlagen. In der Wohnung Du Moulins wurde damals ein Büro eingerichtet, in dem die direkte Bearbeitung des Nachrichtendienstes erfolgen konnte. (Einen Durchschlag dieses Exposees hat am 25. IV. 32 der Reichs-SS.-Führer Himler erbeten und von mir erhalten.)

Durch die inzwischen einsetzenden gegnerischen Angriffe betr. § 175 gegen Röhm bedingten eine völlige Umstellung meiner Arbeit, die sich im Folgenden ausschliesslich mit der Abwehr dieser Angriffe zu befassen hatte. Diese Aufgabe wurde nach Rücksprache mit Röhm in der Weise gelöst, dass 1.) die Politiker in der NSDAP, die sich die Zwangslage Röhms zu Nutze machen wollten, ebenfalls angegriffen wurden, 2.) die eigentlichen Gegner wie Spicker, Strasser, Stennes, Major Mayer, Ehrhard u. a. durch Verhandlungen zur Einstellung der Angriffe bewogen werden. Zu diesem Zweck reiste ich wiederholt nach Berlin, Magdeburg usw. und führte diese Verhandlungen, mit dem Erfolg, dass Röhms Stellung in der Partei unerschüttert blieb und die Angriffe von aussen sichtlich abflauten.

Am 12. V. 31 reiste ich auftragsgemäss zur Völkerbundstagung nach Genf, um bei den dort anwesenden ausländischen

Politikern und Journalisten für Röhm zu wirken, bzw. aussen-politische Informationen für Röhm zu erhalten. Dabei hatte ich in Bern und Zürich Verhandlungen mit ausländischen Finan-ziers, um das Augenmerk dieser Leute auf Röhm zu lenken und ihm Geld zu verschaffen als dem kommenden politischen Faktor in Deutschland. Da sich die Verhandlungen länger hin-zogen(,) sandte mir Röhm auf meinen Bericht hin telegraphisch 300 RM nach Lausanne (16. V. 31). Auf Grund meiner telepho-nischen Berichterstattung aus Lausanne beorderte mich dann Röhm nach Paris zu Verhandlungen mit einer französischen Finanzgruppe. Vom 17. V. bis 19. V. war ich zu diesem Zweck in Paris. Hier nahm ich auch Fühlung mit neuen englischen Kreisen. Am 19. V. 31(,) 22.30 Uhr reiste ich von Paris nach Genua ab, wo weitere Besprechungen mit massgebenden eng-lisch-französischen Konsortien stattfanden. Man sicherte hier Röhm jeden Kredit zu unter 4 Bedingungen:

1.) er muss sich innerhalb 2–3 Monate in der NSDAP an die Spitze setzen

2.) die Presse der NSDAP unter englischen Einfluss bringen

3.) ein aussenpolitisches Büro gründen, dessen Tendenz noch festzulegen ist(,)

4.) ein militärpolitisches Büro, das die wehrpolitischen Fragen in einem noch zu erörternden Sinne behandelt.

Ich habe Röhm darüber ausführlich berichtet. Am 29. V. 31 habe ich dann nach persönlicher Rücksprache Paris und Lon-don verständigt, da(ß) Röhm die Bedingungen annimmt und versuchen wird, sie zu erfüllen. Am 1. VI. wurde ich aus Paris benachrichtigt und auf Grund des übermittelnden Resultates zu einer neuen Besprechung aufgefordert. Röhm schickte mich am 2. VI. 31(,) 13.15 Uhr mit einem Flugzeug nach Paris. Am 4. VI. setzte ich die Besprechung in London fort; am 9. VI. reiste ich wieder zurück, um Röhm neuerdings zu berichten. Bei diesen Verhandlungen habe ich das Exposee für London, das ich für Röhm ausgearbeitet habe und das im Original bei Ihren Akten ist, als Grundlage benützt. Nach meiner Rückkehr habe ich mich neuerdings mit der Abwehr der Angriffe auf Röhm zu befassen gehabt und zu diesem Zweck mit Graf Du Moulin die Angriffe auf die Politiker in der eigenen Partei eröffnet. Am 3. VIII. 31 war ich wieder in Berlin, um den Nachrichtendienst gründlicher zu organisieren. Am 12. VIII. versuchte ich(,) mit Schultz-Gregor Strasser einen Waffenstillstand für Röhm bzw. diese Herren für Röhm zu gewinnen. Dies war aber erfolglos, da man Röhm auf Grund seiner Abnormalität für die Partei als untragbar hielt.

Im letzten Vierteljahr 1931 bin ich dann wiederholt in Berlin usw. gewesen, um Röhm die nötigen Informationen über die politische Lage zu verschaffen und Röhms Position in politischen Kreisen zu stärken. Ich vermittelte dabei eine Reihe von vertraulichen Aussprachen mit Gegnern Röhms bzw. der Partei, die alle den Zweck hatten, Röhm zu entlasten bzw. zu stärken und ihm den nötigen Rückhalt gegen seine eigenen Leute zu geben. Röhm versuchte nun eine neue Allianz mit den Deutschnationalen bzw. mit dem Stahlhelm. Ich verhandelte zu diesem Zweck mit den Exponenten dieser Organisation in Berlin und in Innsbruck vom 7.–23. I. 32. Die Einzelheiten darüber habe ich in einem besonderen Bericht Röhm mitgeteilt. Röhms Ziel war die Unterstützung dieser Partei bzw. des Verbandes zu bekommen(, um) gegen Hitler Front machen zu können. Am 4. II. 32 war ich zum persönlichen Vortrag bei Röhm in dessen Wohnung, um die bevorstehende Abrüstungskonferenz in Genf zu besprechen. Ich erhielt den Auftrag, nach Genf zu fahren, um dort im gleichen Sinne wie früher zu wirken. Ich bin zu diesem Zweck ca. 3 Wochen auf der Abrüstungskonferenz gewesen. Ich hatte den Spezialauftrag, mit den Regierungsvertretern Deutschlands Fühlung zu suchen zwecks einer ev. Koalition Röhms (d. i. der S.A. und nicht der Partei). In der Zwischenzeit erfolgten neue Angriffe auf Röhm bzw. § 175, die wiederum meine Aufmerksamkeit auf die Abwehr lenkten. Meine Besprechung in Genf hat aber auch die seinerzeitigen mit London und Paris wieder aufleben lassen, sodass mich Röhm am 3. III. 32 neuerdings nach London schickte. Im März und im April 32 bin ich für Röhm dann wiederholt noch in Berlin speziell mit dem Auftrag, unter allen Umständen (Paul) Schulz zu erledigen, den

Röhm für den Träger der Angriffe auf ihn hält, tätig gewesen.
Am 19. IV. 32 erfolgte eine grosse Aussprache mit Röhm. Die
S.A. war inzwischen aufgelöst worden(,) und die Angriffe der
Gegner innerhalb der Partei haben sich so verstärkt, dass Röhm
es für geboten hielt, jede Tätigkeit zunächst einzustellen.
Insbesondere war Röhm durch den geplanten Mordanschlag
auf ihn und auf mich schwer erschüttert. Auch machte die vollständige Beschneidung seines Etats jede weitere Tätigkeit unmöglich. Das Misstrauen seiner Parteigenossen, (...) speziell auf
Grund der Veröffentlichungen in der »Münch(e)ner Post«, die
auf Röhms Veranlassung geschahen, wuchs zu dem Grade, dass
jede Tätigkeit für Röhm unerwünscht erschien. Am 19. IV. ver-
sicherte mir Röhm aber in Gegenwart Rainers *(richtig: Reiner,
Anm. d. Verf.)*, seiner grössten Dankbarkeit für die ihm geleiste-
ten Dienste, erklärte mir nochmals sein restloses Vertrauen und
forderte mich neuerdings auf, ihm im schärfsten Kampf gegen
die Reichsleitung beizustehen. Am 30. IV. habe ich einen Brief an
Röhm gerichtet, in dem ich ihn bat, mich gegen die Angriffe der
Partei in Schutz zu nehmen. Bereits diese(n) Brief beantwortete
Röhm nicht mehr. Durch seinen Adjutanten Rainer erfuhr ich
dann Anfang Mai 32, dass Röhm ohne jeden Grund den Verkehr
mit mir abgebrochen habe und auch seinen Adjutanten ver-
bieten würde, weiter mit mir zu verkehren. *(Anm. d. Verf.: Rolf
Reiner, am 18. Dezember 1931 zum Oberführer ernannt, war seit dem
1. Juli 1932 offiziell einer der Adjutanten des Stabschefs; am 1. März
1933 stieg er zum SS-Gruppenführer im Stab der Obersten SA-
Führung auf; vgl. seine Personalakte im Berlin Document Center.)*
Am 31. V. 32 schrieb ich Rainer, dass ich mir das Verhalten
Röhms nicht erklären könne(,) und bat um Regelung wenigstens der finanziellen Seite der Arbeit für Röhm: »Da meine
offizielle Entlassung durch Herrn Röhm aus den Diensten bis
heute noch nicht ausgesprochen wurde und (er) nur durch sein
unqualifizierbares Benehmen mir gegenüber zum Ausdruck
bringt, dass er eine Weiterarbeit mit mir anscheinend nicht mehr
wünscht, so nehme ich entgegenkommender Weise (den) 15. V.
32 als Kündigungstag für den 1. Juli 32 (an). Da ich monatliches

Gehalt bezogen habe(,) und zwar i(m) festen Verhältnis seit über einem Jahre, so darf ich 1050 RM fordern. Ausserdem habe ich in Ihrer Gegenwart den ausdrücklichen Auftrag der Weiterarbeit besonders in Richtung Schulz bekommen, dementsprechend liquidiere ich für meine Reise nach Berlin mit zwei Tagen Aufenthalt wie bisher üblich pauschal 250 RM (besondere Ausgaben gegen Schulz). Ferner habe ich an Telefongebühren rückständige Forderung verauslagt 149.98 RM, gemäss beiliegender Quittungen.«

Auf Grund telefonischer Unterhaltungen hat Rainer nun wiederholt zugesagt, dass Röhm mir zwar nicht 1449 RM (aus Gehalt und Telefonrechnungen)(,) immerhin aber doch 1000 RM überweisen wird, allerdings unter der Bedingung, dass ich in den damals für Röhm fälligen Prozessen günstig aussage. Ich bin als Zeuge nicht vernommen worden und habe deshalb bis heute auch von Röhm nichts erhalten. Auch den Brief des Anwaltes Dr. Zerkiebel an Röhm liess dieser unbeantwortet. Dieser Brief muss bei Ihrem Akt sein.

Alle angeführten Daten kann ich auf Grund eines Auszuges aus den Tagebüchern genau mit Stunde und speziellen Namen bis ins kleinste belegen.

C. »HITLER VERBIRGT SICH, ER FASST KEINE ENTSCHLÜSSE, ER FÜHRT NICHT MEHR, SONDERN ER LÄSST DIE DINGE TREIBEN...«

Auszüge aus den Tagebüchern von Joseph Goebbels aus den Jahren 1930 und 1931, zitiert nach der von Ralf Georg Reuth herausgegebenen und in der Serie Piper erschienenen Ausgabe der Tagebücher, Band 2: 1930–1934, München 1992.

Die starken Vorbehalte, die Anfang der dreißiger Jahre in der SA gegen die Parteiführung der NSDAP in München bestanden, bestätigt Joseph Goebbels in seinen Tagebüchern. Er beklagt darin auch immer wieder die Führungsschwäche Hitlers, die den Stabschef der SA, Ernst Röhm, schließlich veranlaßte, selbst politisch aktiv zu werden.

So schreibt Goebbels am 20. Januar 1930 nach einem Gespräch mit Hermann Göring über die Parteispitze in München: »Göring schimpfte sehr über München. Auch über Hitler, z. T. sogar bei ihm mit Recht. Er arbeitet zu wenig (...).« Am 29. Januar kritisiert auch Goebbels die Unentschlossenheit des Parteichefs: »Hitler trifft wie gewöhnlich wieder keine Entscheidung. Es ist zum Kotzen mit ihm! Er muß aus der Münchener Atmosphäre heraus. Dort verbittert und versauert er ganz. (...) So geht das nicht weiter. Und hat nicht den Mut, Entscheidungen zu fällen. Er führt nicht mehr.«

Noch massiver lautet am 16. Februar die Kritik Goebbels' an Hitler: »Anarchie in der Partei. Hitler allein trägt die Schuld, da er nicht entscheidet und seine Autorität in Anspruch nimmt. Auch Schemm (...) klagte sehr über München.« Am 20. Februar fügt Goebbels hinzu: »Manchmal empfinde ich einen lähmenden Überdruß. Das liegt in der Hauptsache an der Richtungs- und Führungslosigkeit in München. Gebe Gott, daß dort eine Umkehr stattfindet.« Am 5. März klagt Goebbels angesichts des schwachen Hitler: »Die politische Lage ist verzweifelt. Das Kabinett *(der Reichsregierung, Anm. d. Verf.)* liegt in den letzten Zügen. (...) Unsere Zeit ist nahe. Hätten wir eine zielbewußte, straffe Führung! Aber? Armer Hitler!«

Am 16. März steigert sich Goebbels' Unmut zum Zorn: »München, incl. Chef, hat bei mir allen Kredit verloren. Ich glaube ihnen nichts mehr. Hitler hat mir – aus welchen Gründen, das ist egal – 5 mal das Wort gebrochen. Das ist eine bittere Erkenntnis, und ich ziehe daraus innerlich meine Schlüsse. Hitler verbirgt sich, er faßt keine Entschlüsse, er führt nicht mehr, sondern er läßt die Dinge treiben.« Und am 28. März setzt Goebbels hinzu: »Wie sollte das später einmal werden, wenn er in Deutschland den Diktator spielen muß?«

Goebbels, seit dem 28. April 1930 Reichspropagandachef der

Partei (offiziell »Vorsitzender des Propaganda-Ausschusses« genannt), bleibt auch in den folgenden Monaten bei seiner Meinung über Hitler. Am 29. Juni vermerkt er in seinem Tagebuch: »Der drückt sich vor der Entscheidung. (...) Das ist der alte Hitler. Der Zauderer! Der ewige Hinhalter! Damit wird die Bewegung erledigt. Und die Defaitisten nehmen das Heft in die Hand.« Am 25. März 1931 stellt Goebbels fest: »Das Braune Haus wird wirklich ein Kunstwerk. Wäre es unsere Münchener Politik nur auch.«

Über die aufmüpfige SA, die sich immer schwerer bändigen läßt, schreibt Goebbels am 11. September 1930 in seinen Aufzeichnungen: »Wir debattieren über den Fall S.A. (...) Der Einfluß der politischen Führer muß verstärkt werden. Die S.A. darf keine politischen Ehrgeize haben.« Doch am 27. November zeigt Goebbels auch Verständnis für die Unruhe in der SA: »Die S.A.Könige wenden sich mit Recht gegen den skandalösen Saustall in München. Hitler ist in falscher Umgebung. Man muß ihn von den Spießern befreien.«

Goebbels erkennt aber auch die Gefahr, die der Partei durch die SA droht. »Starke Mißstimmung in der S.A. gegen München«, registriert er am 4. März 1931. »Taktik und Legalität, das waren die Themen. Sie werden uns wohl noch oft beschäftigen. Die S.A. überschätzt ihre Kraft. Da muß man rechtzeitig bremsen. Ich selbst stehe mit den Leuten sehr gut. Dieses Verhältnis werde ich auch weiter pflegen. Morgen werde ich in München sein. Große Aussprache unter vier Augen mit Hitler. Jetzt muß auch München etwas tuen.«

Am 17. Mai sieht Goebbels sein Mißtrauen gegen die SA gerechtfertigt. »Die Spitzelplage«, klagt er, »macht uns in München und Berlin viel zu schaffen. Dazu stellt die S.A. zuviel Leute ein, die erst jung in der Partei sind. Das macht viel böses Blut. Die Partei gerät mehr und mehr in die Gefahr der Bürgerlichkeit. Und dann der § 175. Da traue ich manchem nicht. Röhm? Man muß Hitler rechtzeitig warnen.«

Der Verdruß über Hitlers Schwäche führt schließlich so weit, daß die Münchner Parteispitze in aller Offenheit erwägt, Hitler die Führung der NSDAP zu nehmen. Über die dramatische Sitzung, der auch Hitler beiwohnte, berichtet Goebbels am 10. Juni 1931 in seinem Tagebuch: »Braunes Haus: Konferenz der Führung. Auch Frick und der ekelhafte Göring sind da. (Gregor) Straßer eröffnet den Angriff auf Hitler. Es soll ein Generalsekretär der Partei – natürlich Straßer – eingesetzt werden. Dem soll Organisation und Propaganda unterstehen. Dreiteilung der Partei: S.A., Staat (Hierl) und kämpfende Bewegung (Straßer). Zudem ein Kommissar für Preußen. Man will also den Chef zum Ehrenvorsitzenden machen und mich kalt stellen. (...) Chef verteidigt sich klug und heftig. Alles ... abgelehnt. Das andere wäre auch Selbstmord. (...) Abends rede ich noch lange mit dem Chef. Er ist wütend über diese hinterhältige Attacke. Das kann mir nur recht sein. Er denkt nicht daran, Preußen oder die absolute Führung der Partei aufzugeben.«

Verzeichnis der benutzten Literatur

Aretin, Erwein von: *Krone und Ketten. Erinnerungen eines bayerischen Edelmannes,* herausgegeben von Karl Buchheim und Karl Otmar von Aretin. München 1955.

Aretin, Erwein von: *Fritz Michael Gerlich. Lebensbild des Publizisten und christlichen Widerstandskämpfers.* München 1983.

Besson, Waldemar: *Württemberg und die deutsche Staatskrise 1928–1933.* Stuttgart 1959.

Deschner, Günther: *Reinhard Heydrich. Statthalter der totalen Macht.* München 1986.

Diels, Rudolf: *Lucifer ante portas. Es spricht der erste Chef der Gestapo.* Stuttgart 1950.

Dollinger, Hans: *Edmund Goldschagg. 1886–1971.* München 1986.

Domarus, Max: *Hitler. Reden und Proklamationen 1932*–1945. I. Band, *Triumph (1932–1938);* II. Band, *Untergang (1939–1945).* Würzburg 1962/63.

Domröse, Ortwin: *Der NS-Staat in Bayern von der Machtergreifung bis zum Röhm-Putsch.* Erschienen in der Reihe »Miscellanea Bavarica Monacensia«, Heft 47. München 1974.

Dornberg, John: *Hitlers Marsch zur Feldherrnhalle. München, 8. und 9. November 1923.* München/Wien 1985.

François-Poncet, André: *Als Botschafter in Berlin 1931–1938.* Mainz 1947.

Guttenberg, Elisabeth zu: *Beim Namen gerufen. Erinnerungen.* Berlin/ Frankfurt a. M. 1990.

Heydecker, Joe J.: *Kronprinz Rupprecht von Bayern. Ein Lebensbild.* München 1953.

Hoegner, Wilhelm: *Der schwierige Außenseiter. Erinnerungen eines bayerischen Sozialdemokraten.* Hof (Saale) 1975.

Hoegner, Wilhelm: *Die verratene Republik. Deutsche Geschichte 1919–1933.* Frankfurt am Main/Berlin 1989.

Hofer, Walther und andere: *Der Reichstagsbrand. Eine wissenschaftliche Dokumentation,* bearbeitet und neu herausgegeben von Alexander Bahar. Freiburg 1992.

Höhne, Heinz: *Mordsache Röhm. Hitlers Durchbruch zur Alleinherrschaft 1933–34.* Reinbek 1984.

Hornung, Walter (d. i. Julius Zerfaß): *Dachau. Eine Chronik.* Zürich 1936.

Hoser, Paul: *Die politischen, wirtschaftlichen und sozialen Hintergründe der Münchner Tagespresse zwischen 1914 und 1934. Methoden der Pressebeeinflussung,* Teil 1 und 2. Frankfurt am Main 1990.

Jellonnek, Burkhard: *Homosexuelle unter dem Hakenkreuz. Die Verfolgung von Homosexuellen im Dritten Reich.* Paderborn 1990.

Karasek, Horst: *Der Brandstifter. Lehr- und Wanderjahre des Maurergesellen Marinus van der Lubbe, der 1933 auszog, den Reichstag anzuzünden.* Berlin 1980.

Krauss, Marita (Redaktion): *Verdunkeltes München.* Geschichtswettbewerb 1985/1986: *Die nationalsozialistische Gewaltherrschaft, ihr Ende und ihre Folgen,* herausgegeben von der Landeshauptstadt München. Buchendorf 1987.

Leber, Annedore: *Das Gewissen entscheidet. Bereiche des deutschen Widerstandes von 1933–1945 in Lebensbildern,* in Zusammenarbeit mit Willy Brandt und Karl Dietrich Bracher. Frankfurt a. M. 1957.

Lorant, Stefan: *Ich war Hitlers Gefangener. Ein Tagebuch 1933.* München 1985.

Matthias, Erich und Morsey, Rudolf (Hrsg.): *Das Ende der Parteien 1933.* Herausgegeben von der Kommission für Geschichte des Parlamentarismus und der politischen Parteien in Bonn. Düsseldorf 1960.

Müller, Josef: *Bis zur letzten Konsequenz. Ein Leben für Frieden und Freiheit.* München 1975.

Müller, Karl Alexander von: *Im Wandel einer Welt. Erinnerungen,* Band 3: 1919–1932. München 1966.

Müller, Roland: *Stuttgart zur Zeit des Nationalsozialismus.* Stuttgart 1988.

Richardi, Hans-Günter: *Schule der Gewalt. Die Anfänge des Konzentrationslagers Dachau 1933–1934.* München 1983.

Richardi, Hans-Günter: *Hitler und seine Hintermänner. Neue Fakten zur Frühgeschichte der NSDAP.* München 1991.

Schwend, Karl: *Bayern zwischen Monarchie und Diktatur.* Beiträge zur bayerischen Frage in der Zeit von 1918 bis 1933. München 1954.

Strachwitz-Trapp, Maria Gräfin: *Schicksalsjahre 1933 und 1938* (unveröffentlicht).

Tobias, Fritz: *Der Reichstagsbrand. Legende und Wirklichkeit.* Rastatt/Baden 1962.

Witetschek, Helmut: *Pater Ingbert Naab. Ein Prophet wider den Zeitgeist.* München/Zürich 1985.

Zierer, Otto: *Die Abenteuer der vielgeliebten Stadt München.* Band I und II *(Die Jahre seit 1914).* München 1958.

Personenregister

Kursiv gedruckte Seitenzahlen verweisen auf Bilder

228

Quellennachweis der Bilder

Archiv der KZ-Gedenkstätte Dachau: 138. – Archiv Richardi: 54, 55, 61, 130/131,
135. – Archiv Schumann: 26, 30, 49, 90/91, 96, 118, 122. – Berlin Document
Center (BDC): 73. – Bilderdienst Süddeutscher Verlag, München: 14, 16/17, 21,
22, 57, 65, 68/69, 77, 80, 102, 104, 109, 111, 114, 148/149, 171, 175, 185. – Foto
Klaus Schumann: 33, 39, 165, 177. – Foto Johannes Steiner: 41. – Österreichisches
Staatsarchiv, Wien: 141, 143. – Privatbesitz, 37, 42, 44, 88, 156/157.

Münchens dunkelste Stunden...

Vor fünfzig Jahren, am
29. August 1942, erlebte
München den ersten schwe-
ren Luftangriff im Zweiten
Weltkrieg, dem dann bis
Kriegsende noch über 30
weitere große »raids« der
britischen und amerika-
nischen Luftflotten folgten.

Die erste umfassende
Reportage des Bomben-
krieges gegen München,
erarbeitet anhand zeit-
genössischer Original-
dokumente und ge-
stützt auf viele
Berichte und
Aufzeichnungen
von Augenzeugen.

Hans-Günter
Richardi
**Bomber über
München**
Der Luftkrieg
1939 bis 1945.
496 Seiten mit rund
40 s/w Abb.,
gebunden mit
Schutzumschlag.
DM 48,–

Hans-Günter Richardi

Bomber über München

Der Luftkrieg 1939 bis 1945

Ludwig

Ludwig
Bücher für Bayern

»Liebhaber Münchens werden auf ihre Kosten kommen.«

Frankfurter Allgemeine Zeitung

Die Geschichte der Stadt München und ihrer Bürger in den vergangenen eineinhalb Jahrhunderten wird hier erzählt.

»Eine seriöse und doch flüssig lesbare, mit historischen Fakten reich gespickte und doch die großen Zusammenhänge betonende Darstellung der Stadtgeschichte für ein breites Publikum.«

Charivari

Band 1: Von 1158 bis 1854.
320 Seiten. DM 39,80.
Band 2: Von 1854 bis zur Gegenwart.
400 Seiten. DM 48,–.

HANS F NÖHBAUER
MÜNCHEN
EINE GESCHICHTE DER STADT UND IHRER BÜRGER
VON 1158 BI[S]

HANS F NÖHBAUER
MÜNCHEN
EINE GESCHICHTE DER STADT UND IHRER BÜRGER
VON 1854 BIS ZUR GEGENWART

Ludwig

Ludwig
Bücher für Bayern